LOS HECHOS DEL 11 DE SEPTIEMBRE DE 2001 EN NUEVA YORK Y WASHINGTON YA HABÍAN SIDO PROFETIZADOS POR NOSTRADAMUS

He aquí las dos cuartetas que anunciaban los trágicos aconteci-mientos de Nueva York y Washington, impresas y comentadas por Jean Charles de Fontbrune en 1995 y reinterpretadas el 21 de septiembre de 2001:

II, 30

Un qui des dieux d'Annibal infernaux,
Fera renaistre, effrayeur des humains:
Oncq'plus d'horreur ne plus dire journaulx,
Qu'avint viendra par Babel aux Romains.

Uno de los dioses de Aníbal infernales,
Hará renacer, terror de los humanos:
Nunca mayor horror pudieron decir periódicos,
Que sucedió vendrá por Babel a los Romanos.

Los *dioses de Aníbal infernales* designan muy probablemente el integrismo islámico. *Avint* es un afrancesamiento de la palabra latina *adventus*, acontecimiento. Babel es el nombre hebreo de Babilonia y, por lo tanto, designa a Irak.

Un personaje referido al integrismo islámico hará nacer el es-panto de los humanos: nunca los periódicos habrán tenido que describir tanto horror como el del acontecimiento que ocurrirá a los romanos por causa de Irak.

Explicación complementaria:
Babel se refiere a Irak pero también a la célebre Torre. Ro-mano, en árabe, se dice Rumi y designa siempre a los cristianos.

Pleurer le ciel à-il cela fait faire,
La mer s'appreste. Annibal fait ses ruses:
Denys mouille. Classe tarde. ne taire,
Na sœur secret. & à quoy tu t'amuses.

LLorar al cielo, ay, eso hace hacer,
El mar se apresta. Aníbal usa sus artimañas:
Denis moja. Flota tarda en no callar,
No ha sabido secreto & en qué te diviertes.

Llorar al cielo es una expresión que significa dolerse de su destino. La palabra Denis puede referirse a la ciudad de Saint-Denis, cerca de París, pero también al puerto español de Denia, en la provincia de Alicante, a orillas del Mediterráneo; este mar debe ser escenario de grandes batallas.

Llorar sobre su suerte, eso es lo que hace hacer: la flota se prepara mientras el jefe musulmán hace sus artimañas. La flota fondeada en el puerto de Denia tarda demasiado en manifestarse, porque no ha sabido lo que se tramaba y pensaban en divertirse.

La cuarteta debe vincularse a II, 78 («Por el tardío esfuerzo»).

Explicación complementaria:
Denia designa, más ampliamente, el Mediterráneo. Catorce navíos de guerra americanos, tras zarpar de Norfolk, en Inglaterra, navegan hacia el Mediterráneo.

Nostradamus 2000-2025

Jean-Charles de Fontbrune

Nostradamus 2000-2025

Traducción de
Manuel Serrat Crespo

Si usted desea que le mantengamos informado de nuestras publicaciones, sólo tiene que remitirnos su nombre y dirección, indicando qué temas le interesan, y gustosamente complaceremos su petición.

ediciones Robinbook
información bibliográfica
apdo. 94085 - 08080 Barcelona
e-mail: info@robinbook.com

www.robinbook.com

Título original: *Nostradamus, de 1999 à l'Âge d'or.*
© 1999, Éditions du Rocher.
© 2001, Ediciones Robinbook, s. l.
 Apdo. 94085 - 08080 Barcelona.
Diseño cubierta: Regina Richling.
ISBN: 84-7927-575-8.
Depósito legal: B-42.521-2001.
Impreso por Limpergraf, Mogoda, 29-31 (Can Salvatella),
08210 Barberà del Vallès.

Impreso en España - *Printed in Spain*

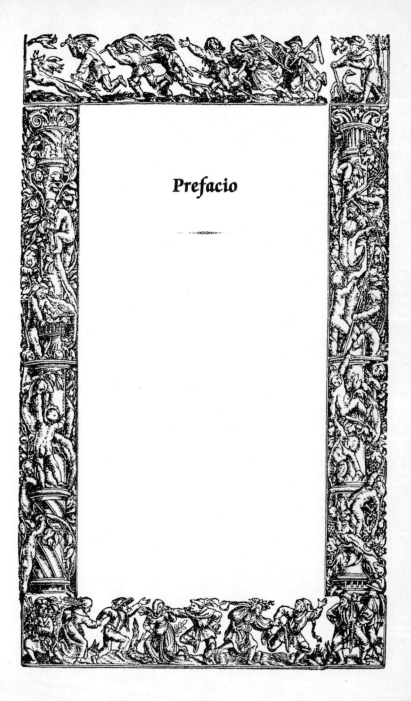

Prefacio

El primer semestre del año 1999, los medios de comunicación fueron movilizados, en gran parte, por una de las fechas dadas por Nostradamus en sus centurias, a saber mil novecientos noventa y nueve siete meses. Hasta el 11 de agosto, se interesaron más por las elucubraciones de una astróloga que hacía caer la sonda Cassini sobre París, el 11 de agosto, con doscientos mil muertos, y por un modisto que, por su parte, hacía caer la estación MIR, que por las advertencias dadas por Nostradamus y de las que yo había hablado el 23 de mayo en *Bouillon de culture*. Lástima...

Recordemos la famosa cuarteta que ofrece, hoy, una explicación complementaria dados los hechos de Nueva York y Washington:

X, 72

L'an mil neuf cents nonante neuf sept mois.
Du ciel viendra un grand Roy d'effraieur
Ressusciter le grand Roy d'Angoulmois.
Avant apres Mars regner par bonheur.

El año mil novecientos noventa y nueve siete meses,
Del cielo vendrá un gran rey de terror,
Resucitar el gran rey de Angoulmois,
Antes después Marte reinar por fortuna.

Con el fin de dejar al hombre su «libre arbitrio», de acuerdo con la propia expresión de Nostradamus, algunas partes de la cuarteta sólo son comprensibles cuando los acontecimientos anunciados han ocurrido y la actualidad aporta precisiones que no eran previsibles antaño. Es la razón esencial por la que son reales los riesgos de error. Sin embargo, como vamos a mostrar una vez más, otras partes de la cuarteta pueden comprenderse «antes».

En primer lugar, debemos preguntarnos qué oculta el primer verso de la cuarteta. En efecto, eran posibles varias interpretaciones. Todos los exegetas de las centurias tomaron su sentido en primer grado. Lo que no era del todo erróneo. En efecto, si se recuerda que Nostradamus se desplaza por el espacio-tiempo, 1999 representa el anuncio de la catástrofe por venir.

El 23 de mayo de 1999, Bernard Pivot me invitó a su emisión *Bouillon de culture* consagrada a Nostradamus. Fui el único de los cinco invitados que habló de esa fecha como de un término fijo y, sosteniendo también, sólo, el carácter profético del texto de Nostradamus, avisé a la humanidad de un peligro islámico, hasta el punto que Bernard Pivot me preguntó varias veces sobre el tema. Insistiendo en la faceta «advertencias» de la profecía, dije que, si los problemas de los Balcanes y del Oriente Medio no estaban resueltos antes del 30 de junio de 1999, el esquema que he descubierto en Nostradamus tenía muchas posibilidades de realizarse. Recuerdo las pequeñas sonrisas irónicas de algunos invitados... ¿Reirán todavía?

Forzoso es advertir que estos dos focos de tensión no han sido resueltos sino que, por el contrario, se han agravado.

Veamos el sentido oculto de este primer verso. Descomponiendo el texto de este modo: el año *mil neuf* (el nuevo año 1000, es decir el nuevo milenio, 2001) —199 (días)— siete meses (septiembre). Antiguamente el año comenzaba en marzo y septiembre era el séptimo mes del año (september, en latín). Si se calculan 199 días a partir de marzo, llegamos a la primera quincena de septiembre, siempre que se tengan en cuenta los diez días añadidos por la reforma gregoriana en 1585, lo que nos daría, como interpretación, el año del nuevo milenio (2001), en el día 199, en septiembre, un gran rey aterrador llegará del cielo. Nostradamus habría ocultado, pues, en este primer verso la fecha de la advertencia, 1999 (no escuchada por los humanos) y el cumplimiento de su profecía. No fui el único, en 1999, que advirtió del peligro islámico, puesto que el propio Bin Laden había declarado, con respecto al conflicto israelo-palestino: «El deseo de participar en la guerra santa corre por las venas de los musulmanes como electricidad. La verdadera vida está más allá. Y quiero actuar en este mundo para el más allá» (*Sud-Ouest-Dimanche*, 16 de septiembre de 2001). Ni Nostradamus ni Bin Laden fueron escuchados.

Para comprender el tercer verso, es preciso primero citar la cuarteta que anunciaba el acontecimiento, tal como yo lo traduje en 1995:

II, 30

Un qui des dieux d'Annibal infernaux,
Fera renaistre, effrayeur des humains:
Oncq'plus d'horreur ne plus dire journaulx,
Qu'avint viendra par Babel aux Romains.

Uno de los dioses de Aníbal infernales,
Hará renacer, terror de los humanos:
Nunca mayor horror pudieron decir periódicos,
Que sucedió vendrá por Babel a los Romanos.

Los *dioses de Aníbal infernales* designan muy probablemente el integrismo islámico. *Avint* es un afrancesamiento de la palabra latina *adventus*, acontecimiento. Babel es el nombre hebreo de Babilonia y, por lo tanto, designa a Irak.

Un personaje referido al integrismo islámico hará nacer el espanto de los humanos: nunca los periódicos habrán tenido que describir tanto horror como el del acontecimiento que ocurrirá a los romanos por causa de Irak.

Babel se refiere a Irak, pero también a la célebre Torre[1]. Debe saberse, por otra parte, que «Baber» (1483-1530) fundó la dinastía mongol en la India y conquistó y unificó el Afganistán entre 1505 y 1529. Descendía por su madre de Gengis Khan y

---

1. Babel: el relato bíblico suscitó, en el siglo XVI, una serie de representaciones pintadas, de Pieter Brueguel a Paul Brit, donde los recuerdos transpuestos del Coliseo eran magnificados hasta evocar una estructura de pisos y numerosos ventanales, a la vez en obras y amenazando ruina. *Encyclopaedia Universalis*. Sorprendente descripción de las dos torres del World Trade Center...

por su padre de Tamerlán. Nostradamus me ha acostumbrado a este tipo de atajos cuya concisión sigue sorprendiéndome. Ahora se comprende por qué ese jefe islámico instalado en Afganistán hace revivir al *gran rey de Angoulmois* o de los mongoles. Hacia finales del siglo IV, los hunos eftalitas o hunos blancos, hordas turco-mongoles, asolaron Galia y ocuparon Bactriana, gran imperio que estaba en el Afganistán de hoy. Por lo que se refiere a la palabra *Romanos* he aquí su definición en el diccionario: Rumí (de Roma, en realidad Romano), nombre con el que los árabes designan a un cristiano. Nostradamus utiliza un término que se usaba en el siglo XVI para designar a los cristianos. Los acontecimientos de Nueva York y Washington conciernen a todo el mundo cristiano, que los medios de comunicación llaman, púdicamente, Occidente o los países democráticos. Una ilustración de ello la da la cubierta del *Express* n.º 2619, del 13 al 19 de septiembre: *Los «islamistas» declaran la guerra a Occidente*. He aquí lo que, en este mismo número, escriben Denis Jeambat y Alain Louyot: «El martes 11 de septiembre de 2001 aparece pues, por la magnitud del asalto y las víctimas que provocó, como el primer día de esta "guerra de civilizaciones" entre el Islam y Occidente. Pero es también el curso de la historia que se embala. Como se ha estado produciendo ya desde hace **catorce siglos** en las relaciones entre el mundo musulmán y el mundo cristiano, convertido en occidental...». El lector encontrará ahí el título del más importante capítulo de este libro, a saber: *Islam-Cristiandad: trece siglos de enfrentamientos*. Sin comentarios...

La cuarteta siguiente indica el 11 de septiembre. De acuerdo con lo que acostumbra, Nostradamus nunca da una fecha completa (año, mes, día). Por ejemplo, para el final de la monarquía, da el año 1792, pero no el 22 de septiembre (proclamación de la I República). Ello determina, sin duda, que las fechas son menos importantes que los acontecimientos y su desarrollo. Por desgracia, mucha gente desearía que las centurias fueran un calendario que anunciase, día tras día, lo que va a ocurrir en el mundo. Pero entonces, ¿dónde estaría el libre arbitrio de los hombres?

Presagio 11, septiembre

Pleurer le ciel à-il cela fait faire,
La mer s'appreste. Annibal fait ses ruses:
Denys mouille. Classe tarde. ne taire,
Na sœur secret. & à quoy tu t'amuses.

LLorar al cielo, ay, eso hace hacer,
El mar se apresta. Aníbal usa sus artimañas:
Denis moja. Flota tarda en no callar,
No ha sabido secreto & en qué te diviertes.

Llorar al cielo es una expresión que significa llorar sobre la propia suerte. *Air* es una forma arcaica. Los términos Aníbal, púnico, Poenus que se encuentran en varias cuartetas, designan el integrismo islámico. En efecto, tuvieron lugar tres guerras entre los cartagineses y los romanos, llamadas *guerras púnicas*, entre 264 y 146 a. C. y terminaron con la toma y destrucción de Cartago. Los cartagineses sentían por los romanos un odio implacable, razón por la cual Nostradamus establece este paralelismo con el integrismo islámico. La palabra Denis puede referirse a la ciudad de Saint-Denis, cerca de París, pero también al puerto español de Denia, en la provincia de Alicante, a orillas del Mediterráneo; este mar debe ser escenario de grandes batallas.

He aquí lo que hacer «llorar sobre su suerte»: la flota se prepara mientras el jefe musulmán prepara sus artimañas. La flota atracada en el puerto de Denia tarda excesivamente en manifestarse, porque no ha sabido lo que se tramaba y pensaban en divertirse. Denia designa, más ampliamente, el Mediterráneo. Catorce navíos de guerra americanos, tras zarpar de Norfolk, en Inglaterra, navegan hacia el Mediterráneo.

Nostradamus advierte el ombliguismo de Occidente, que se lamenta de su suerte y no tiene en cuenta lo que contra él se trama. Más adelante encontraremos la cuarteta que coincide con esta advertencia: «Por la discordia y la negligencia de los franceses, será paso a Mahoma abierto...».

Con la ilustración aportada a la catástrofe que afecta a todos los países cristianos, se comprenden pues los siguientes pasajes de la Carta a Enrique, rey de Francia segundo, que yo traduje y publiqué en 1982[2]: «Luego el gran imperio del Anticristo comenzará en los montes Altai y en Sevrej de donde descenderá con innumerables tropas, como si fuera la venida del Espíritu Santo que avanza siguiendo los 48° de longitud, cambiará de lugar, expulsado por la abominación del Anticristo que hará la guerra contra el gran rey que desempeñará un papel de gran Vicario de Jesucristo, en el tiempo útil y el momento favorable; este acontecimiento precederá a un eclipse de sol[3], el más oscuro y tenebroso que se haya visto desde la creación del mundo hasta la muerte y pasión de Jesucristo, y desde entonces hasta aquí: luego, en el mes de octubre, tendrá lugar una gran transición, hasta el punto que se creerá que la Tierra ha perdido su movimiento natural y se ha hundido en las tinieblas perpetuas. Antes se habrán producido signos en el equinoccio de primavera». Sabemos pues que estos acontecimientos deben ser posteriores al 11 de agosto de 2001, pero, como de costumbre, lo más difícil de situar en la profecía es la cronología. Algo más adelante, Nostradamus aporta otras precisiones: «Entonces se hundirá el principal jefe de la Unión Soviética[4]. Transcurridos estos once años[5], surgirá su aliado meridional (Irán, Siria, Irak, Afganistán, palestinos, etc.) que perseguirá con mayor violencia aún, durante tres años, a la gente de la Iglesia, por medio de una seducción apostática[6] de un personaje[7] que tendrá su omnipotencia de la Iglesia militante (integrismo musulmán). Y el

---

2. *Nostradamus, historien et prophète*, tomo 2, Editions du Rocher (edición española *Nuevas profecías de Nostradamus, historiador y profeta*, Juan Granica, S.A., 1983).

3. El eclipse total de sol del 11 de agosto de 1999 pasaba por París, que se sitúa en el paralelo 48, como Ulan Bator, capital de Mongolia.

4. 1990.

5. 1990 + 11 = 2001.

6. En esta misma carta, Nostradamus habla de «la execrable seducción de los sarracenos» (nombre que los occidentales, en la Edad Media, daban a los musulmanes).

7. Bin Laden.

santo pueblo de Dios, observador de su Ley, y todas las órdenes religiosas serán muy perseguidas y afligidas, de modo que la sangre de los verdaderos eclesiásticos nadará por todas partes, y uno de los horribles reyes temporales[8] recibirá de sus partidarios[9] tales alabanzas que las aprovechará para verter más sangre humana de inocentes hombres de iglesia que vino nadie podría tener[10]. Y este jefe cometerá increíbles exacciones contra la Iglesia, hasta el punto de que la sangre humana correrá por las calles y por las iglesias como el agua de fuertes lluvias; y los ríos que nos son próximos enrojecerán de sangre y, además, la mar enrojecerá por una gran guerra naval, de modo que las relaciones que se hagan de un jefe de Estado a otro podrán decir: las guerras navales han enrojecido la superficie del mar. Luego, en este mismo año y en los siguientes, ello acarreará la más horrenda pestilencia[11] que se añadirá al hambre precedente y se conocerán tan grandes tribulaciones como jamás han ocurrido otras desde la fundación de la Iglesia de Cristo, y ello en todas las regiones de Italia. Y ello dejará huellas en todas las regiones de España. Entonces será cuando el tercer jefe de Rusia, escuchando la queja del pueblo y su principal reivindicación, levantará un gran ejército y cruzará los estrechos[12] que habían sido ambicionados por sus abuelos y bisabuelos, para devolverlo a su estado, luego el gran Vicario de la Capa[13] será devuelto a su estado primitivo; pero finalmente su reino será desolado y todo será abandonado, hasta llegar a la destrucción del Santo de los Santos (Roma) por el paganismo. El

8. Ídem.
9. Los talibanes.
10. Alusión a la conversión de vino en sangre de Cristo.
11. En otro pasaje de la *Carta a Enrique, rey de Francia segundo*, Nostradamus escribe: «Entretanto nacerá tan grande pestilencia que de tres partes del mundo más de dos desaparecerán, hasta el punto que no se conocerán ya los propietarios de los campos y las casas y que la hierba crecerá en las calles de las ciudades hasta más arriba de las rodillas». Desde el 11 de septiembre, numerosos medios de comunicación hablan del peligro bacteriológico o químico...
12. Bósforo, Ormuz, Adén.
13. Probablemente el gran Chiren (Enrique). Varias cuartetas citadas más adelante se refieren al personaje.

Antiguo y el Nuevo Testamento serán prohibidos y quemados, tras lo cual el Anticristo será el príncipe infernal; y por última vez, todos los países cristianos temblarán, y también a causa de los infieles durante veinticinco años[14], habrá guerras y batallas más ruinosas aún, y las ciudades, los pueblos, los castillos y otros edificios serán quemados, asolados o destruidos con gran efusión de sangre de muchachas, de mujeres casadas, de viudas violadas, de recién nacidos arrojados contra los muros de las ciudades que así serán golpeados y rotos; y tantas desgracias serán provocadas por Satán, príncipe de los Infiernos, que casi todo el planeta estará desorganizado y desolado. Después de este tiempo, que habrá parecido largo a los hombres, la paz de la tierra será renovada por el advenimiento de la Edad de Oro. Dios el Creador ordenará, escuchando la aflicción de su pueblo, que Satán sea encarcelado y arrojado a los abismos del Infierno, en la profunda fosa: comenzará entonces entre Dios y los hombres una paz universal, y Satán permanecerá atado durante unos mil años, lo que proporcionará mayor fuerza al poderío de la Iglesia; y luego será desatado de nuevo».

Por lo que se refiere al grado 48, Nostradamus no precisa si se trata de longitud o de la latitud. Contemplando ambas hipótesis, el paralelo 48 pasa por París, que Nostradamus designa como «el Espíritu Santo», la capital de Francia, «hija mayor de la Iglesia». Ello sólo puede comprenderse porque Nostradamus era católico. Por lo que se refiere al 48° de longitud, atraviesa Yemen y la Arabia Saudita, pasa cerca de Riad. Nostradamus designa el lugar de nacimiento de Bin Laden y el origen de su familia (el Yemen).

La descripción «apocalíptica» de estos extractos de la *Carta a Enrique, rey de Francia segundo* da muestras de cierta grandilocuencia pero, por desgracia, los atentados que acaban de producirse en los Estados Unidos no contradicen las imágenes que po-

---

14. Nostradamus añade quince años a las previsiones del Presidente George W. Bush («La guerra durará diez años», ha dicho). Por otra parte, en una cuarteta comentada en este libro, dice: «El Anticristo veintisiete años durará su guerra...», podríamos pensar en una contradicción. En realidad, aplica aquí el mismo principio de doble cálculo del año 1990 siete meses, es decir, 1999 y 2001, es decir, veintisiete y veinticinco años, haciendo comenzar la guerra en 1999 en el espíritu y en 2001 de hecho.

dríamos creer exageradas. Advirtamos que la mayoría de los medios de comunicación han utilizado las palabras *Apocalipsis* y *apocalíptico* para describir estos acontecimientos.

Uno de los signos precursores de esta crisis mundial fue «el mini-crac» que afectó a las bolsas asiáticas en marzo-abril de 1998, anunciado por Nostradamus y que ya presagiaba el acarreado por los atentados de Nueva York y de Washington. Nuestro más célebre profeta llamaba, no sin humor, a la Bolsa *el gran bolsillo*, es decir el lugar donde se pone el dinero; y nos dice: «El gran bolsillo entonces vendrá a quejarse y llorar...».

Otros signos precursores se exponen en este libro, como las guerras balcánicas, la crisis del Oriente Medio, la enfermedad de las vacas locas, la droga y las sectas.

Internet: aviso para navegantes

Es mi deber informar a los internautas de las manipulaciones o falsas informaciones que tanto abundan en la red referentes a Nostradamus y a los atentados de Nueva York y Washington. Hemos visto anunciar que Nostradamus había previsto la destrucción de dos torres metálicas. Pero eso no se encuentra en las centurias.

Otros exegetas, poco preocupados por la precisión y el respeto por los textos, utilizan la cuarteta siguiente para afirmar que se refiere a los acontecimientos de Manhattan:

VI, 97

Cinq et quarante degrez ciel bruslera,
Feu approcher de la grande cité neuve:
Instant grand flamme éparse sautera,
Quand on voudra des Normans faire preuve.

Cinco y cuarenta grados cielo arderá,
Fuego acercar a la gran ciudad nueva:
Instante gran llama dispersa saltará,
Cuando se quiera de los normandos hacer prueba.

Los intérpretes fantasiosos no se han preocupado del hecho que Nostradamus no precisa si se trata de 45° de latitud o de longitud, como con el grado 48°, comentado anteriormente. Y también ahí se oculta un doble significado. «Los manipuladores» de las cuartetas han decidido pues, arbitrariamente, que se trata de latitud. Lamentablemente, para ellos, Nueva York está en los 40,5° de latitud. En el continente norteamericano, las ciudades que se sitúan en este paralelo son: Montreal, Ottawa, Minneapolis y... ¡Salem!

En cambio, hay muchas posibilidades de que Nostradamus designara los 45° de longitud que pasa por... Bagdad. Se trata pues de la guerra del Golfo, anunciadora de la actual. En *Sud-Ouest Dimanche* del 23 de septiembre de 2001, Christophe Lucet escribe, bajo el título de *Los lugares santos profanados*: «Para los creyentes, la irrupción de soldados americanos, en 1990, en Arabia Saudita fue un choque». En 1990-2001, encontramos los once años dados por Nostradamus y comprendemos mejor por qué implica directamente a Irak (Babel) en los atentados que han golpeado a América.

He aquí pues la traducción que puede hacerse de esta cuarteta: en el grado 45 de longitud (Bagdad) el cielo arderá, el fuego se acercará a la gran ciudad nueva[15]. En un instante la llama dispersa saltará[16] (sobre la ciudad) cuando se haya querido poner a prueba a los angloamericanos[17].

Veamos ahora el grado 45° de latitud. Las ciudades que en él se encuentran, en el viejo continente son, de oeste a este: Bur-

---

15. «Bagdad, capital de Irak instalada en la orilla izquierda del Tigris, en la entrada de las grandes llanuras de inundación del bajo Irak. **La ciudad moderna** conserva pocas cosas de su prestigioso pasado. **Su desarrollo reciente** y muy rápido (*ciudad nueva*) sólo ha sido posible cuando el peligro de inversión fue conjurado gracias a la construcción de presas, diques y drenajes...» *Encyclopaedia Universalis.*

16. Saltar: lanzarse de un lugar a otro. Bombardeo de Bagdad a partir de los navíos del Golfo o de Arabia Saudita.

17. Guillermo el Conquistador, tras la batalla de Hastings, en 1066, estableció un Estado anglonormando. Nostradamus designa así a los ingleses y los americanos, que fueron los más implicados en la guerra del Golfo. (Etimológicamente, normandos significa hombres del norte.)

deos, Grenoble, Turín, Belgrado y Sevastopol. Ninguna de estas ciudades puede ser considerada como una ciudad nueva. Las tres ciudades recientes que se hallan en este paralelo están pues en el continente norteamericano: Montreal, Ottawa y Minneapolis (*twin city*, a causa de su ciudad gemela, Saint-Paul). Por lo demás, tal vez Nostradamus ocultara en esta cuarteta el eje de esta guerra en Europa y en Asia, pues el paralelo 45 atraviesa el Cáucaso y los Balcanes. Sólo la sucesión de acontecimientos podrá proporcionar una solución definitiva a este texto.

¿Llamada a los creyentes de las tres religiones monoteístas?

¿Judíos, cristianos o musulmanes, creéis que es demasiado tarde para detener la locura asesina iniciada el 11 de septiembre de 2001?

¿Debemos forzosamente realizar el esquema catastrófico anunciado por Nostradamus?

¿Ha querido el creador, le llamemos Yahvé, Dios o Alá, que los hombres se maten en su nombre?

¿Son las religiones factores de división? Dios es sólo la unidad por excelencia. Esta contradicción debiera hacer reflexionar a todos los creyentes y fieles de una u otra de estas religiones.

¿Ha sido el hombre creado para autodestruirse?

¿Judíos, cristianos y musulmanes han olvidado el segundo mandamiento: «no matarás»?

El hombre fue creado libre de elegir entre el bien y el mal, la vida o la muerte, el amor o el odio. ¿Cuál será su opción?

¿Puede una guerra ser santa?

Como dice el versículo 59 de la 2.ª Azora: «Ciertamente los musulmanes, los judíos, los cristianos y los sabeos[18], que crean en Dios en el día postrero y que hagan el bien recibirán la recompensa de sus manos: estarán exentos del temor y los supli-

18. La tradición hace descender a los sabeos del hijo mayor de Ismael. Antaño habitaban la Arabia feliz y las costas del mar Rojo.

cios». ¿De las seis mil víctimas americanas de los atentados, cuántas eran creyentes y hacían el bien? Quienes han cargado con la responsabilidad de exterminarlos tendrán que dar cuentas a Alá. ¿Por qué judíos, musulmanes y cristianos no escuchan las llamadas a la paz lanzadas por sus jefes espirituales, rabinos, muftis y por Juan Pablo II, en Kazajstán, en tierra musulmana, el 23 de septiembre de 2001?

Nostradamus era un gran creyente. El objetivo de su mensaje es denunciar los horrores que engendran los hombres, pertenezcan a cualquier religión. Cuando habla de la «detestable seducción de los sarracenos» no condena la religión islámica sino a aquéllos que la utilizan para hacer el mal, en flagrante contradicción con el versículo del Corán citado más arriba. Cuando dice *la sinagoga estéril sin ningún fruto*[19], no condena la Thora sino a los extremistas religiosos de Israel. Cuando califica a Napoleón I de *carnicero*[20] condena a un jefe de Estado cristiano que arrastró Francia a catorce años de guerra, como cuando trata a Hitler de *nuevo Nerón*[21].

Es tiempo aún de tomar en cuenta la advertencia lanzada, en 1555, a toda la humanidad, por Nostradamus y detener la matanza, de la que sólo los pueblos serán víctimas.

La gente que ha desviado, deformado o combatido este mensaje ha adquirido una pesada responsabilidad en el comienzo de la realización de las catástrofes anunciadas.

Un desafío se ha lanzado ya al hombre: desmentir a Nostradamus...

Wait and see... [espera y verás...]

Jean-Charles de Fontbrune
24 de septiembre de 2001

19. Centuria VIII, cuarteta 96.
20. Centuria I, cuarteta 60.
21. Centuria IX, cuartetas 17, 53 y 56.

A mi mujer Nicole

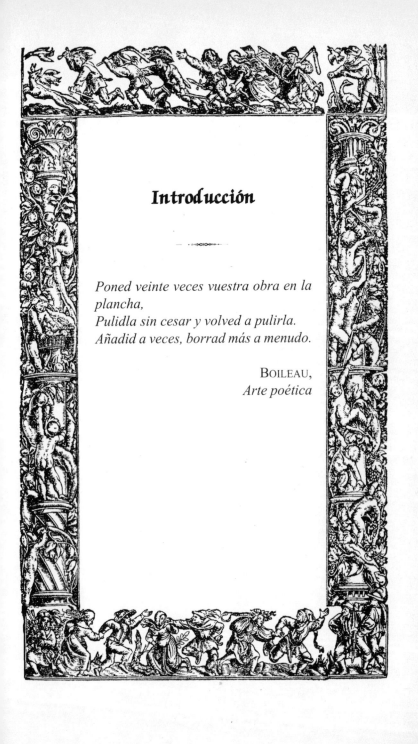

Introducción

Poned veinte veces vuestra obra en la
plancha,
Pulidla sin cesar y volved a pulirla.
Añadid a veces, borrad más a menudo.

BOILEAU,
Arte poética

*La humanidad gime medio aplastada
por el peso de los progresos que ha hecho,
ignora que su porvenir depende de ella.*

Henri BERGSON,
Las dos fuentes de la moral y la religión

El objetivo esencial de esta obra es informar y advertir. El hombre está en una encrucijada fundamental de su historia. Comprobando las catástrofes que ha engendrado durante el siglo XX (dos guerras mundiales, numerosos genocidios, terrorismo, inmensos estragos ecológicos: contaminación del aire, del agua, de la tierra, efecto invernadero, Chernobyl, mar de Aral, mar de Barentz, aguas residuales industriales, agrícolas o urbanas, deforestación, esparcimiento de abonos y productos químicos, etc.), era indispensable darle a conocer las locuras que puede seguir haciendo y que fueron anunciadas por Nostradamus. A él le toca desmentir al profeta.

La elección que debe hacer hoy es, pues, sencilla: o toma en las manos su destino para establecer en la tierra la paz universal y la renovación espiritual, antes de julio de 1999, año de todos los peligros para Nostradamus, o prosigue con su ciclo infernal de materialismo destructor y, en ese caso, contribuirá a la realización de las profecías de Nostradamus y del Apocalipsis de Juan... «Ciencia sin conciencia sólo es ruina del alma» (François Rabelais).

Desde 1980 se han cumplido cierto número de acontecimientos previstos por Nostradamus. Es importante pues, quince años más tarde, hacer un balance. Por otra parte, deben corregirse algunos errores. En efecto, el desarrollo de la historia per-

11

mite precisar mejor ciertos acontecimientos profetizados, ya en el siglo XVI, por Nostradamus, aunque sólo sea el derrumbamiento del comunismo en la Europa del Este, a excepción de Albania y Serbia (siete países de nueve, decía).

Uno de los más importantes reproches que siguen haciéndose a las profecías de Nostradamus es su carácter apocalíptico. Las cuartetas referentes a acontecimientos pasados muestran que, a menudo, el aspecto catastrófico de ese o aquel hecho histórico se exageró mucho, aunque no siempre sea así. Por ejemplo, en lo que se refiere a las persecuciones contra los judíos, Nostradamus no exagera cuando escribe (IX, 17 - *Nostradamus historiador y profeta*, tomo I): «*El primer personaje del III (Reich) hará peor que hizo Nerón y será tan valiente para vaciar la sangre humana como para derramarla*».

Podemos preguntarnos, sin embargo, cuál es la razón de ciertas exageraciones. Sin duda, siendo el objetivo principal de la profecía denunciar las locuras asesinas de los hombres, Nostradamus las caricaturizó con un objetivo moralizador y, tal vez, para atenuar sus efectos, incitando al hombre, si no a corregirse, al menos a reflexionar sobre sus actos. Por otra parte, los acontecimientos descritos para el período que se refiere al final de su mensaje (1998-2025) son mucho menos terroríficos que los de los períodos precedentes. Deseemos que estas exageraciones buscaran sólo dar miedo y, por ello, evitar un proceso ya iniciado y que podría llevar a la humanidad hasta el borde de un espantoso abismo. Entonces, ese texto escrito en el siglo XVI tendría la maravillosa misión de salvar una humanidad comprometida en su autodestrucción.

Cuando se inicia el estudio de un texto profético tan denso como las cuartetas de Nostradamus, se tropieza con dos obstáculos importantísimos inherentes a la naturaleza del hombre y al carácter imprevisible de la historia por el razonamiento. El primero es la imaginación, «esa maestra de error y falsedad, tanto más trapacera cuanto no siempre lo es», como escribía con tanta razón Pascal. La imaginación puede ser causa de interpretaciones fantasiosas o personales, incluso a partir de una traducción exacta, y peor aún, llevar a contrasentidos cuando se apoya en errores de traducción. Por esta razón los numerosos intentos de comprensión e interpretación de las profecías de Nostradamus han acreditado la tesis de que sus escritos son sólo un galimatías al que se le puede hacer decir lo que se desee. Sería imprudente afirmar que sus escritos no tienen sentido alguno, con el pretexto de que se les ha hecho decir todo y lo contrario de todo. En efecto, ésta es una de las críticas más corrientes que se hacen a las centurias.

Muchos exegetas han considerado a Nostradamus como un cajón de sastre y han forzado los textos para encontrar, a toda costa, lo que deseaban ver en ellos o lo que apoyaba sus ideas filosóficas, políticas o religiosas. Los parapsicólogos, los astrólogos y demás ocultistas o esotéricos se llevan la palma. No han sabido tener en cuenta la advertencia que dio Nostradamus al comienzo de las centurias, puesto que la primera cuarteta de su obra es muy explícita en este punto y fue colocada al principio, como un faro, para guiar al traductor:

Centuria I, cuarteta 1

Assis de nuit, secret estude
Seul reposé sur la selle d'airain,
Flamme exiguë sortant de solitude
Fait prosperer qui n'est à croire vain.

Estando de noche estudiando en mi secreto retiro
Sentado, solo, *en un sillón de cobre,*
Pequeña llama de la soledad *surge*
Hace prosperar lo que no puede creerse vano.

El profeta no tiene la costumbre de repetirse. Puesto que Nostradamus consideró oportuno expresar dos veces la misma cosa en cuatro líneas, sin duda sabía que iban a intentar colocarle algunas etiquetas o que le atribuirían pertenencias a determinado grupo, capilla o iglesia.

Los exegetas no franceses han querido encontrar en las cuartetas la historia de sus países, olvidando que éstas se refieren esencialmente a la historia de Francia. Los autores anglosajones y, especialmente, los americanos se han empeñado mucho en esos intentos de hacer coincidir el texto con su historia. Encontramos así en varios libros el asesinato de John Kennedy, la destrucción de Nueva York, etc. Cómo es posible que escritores de cuya honestidad intelectual no puede dudarse hayan podido escamotear esa advertencia fundamental dada por Nostradamus en su *Carta a Enrique, rey de Francia segundo*: «He consagrado pues mis ocupaciones nocturnas y proféticas, compuestas gracias a un instinto natural, con ayuda de un transporte poético, con las reglas de la poesía y la mayoría de estas suposiciones concordadas con los cálculos de la Astronomía que corresponden a los años, a los meses, a las semanas, a las regiones, a los países y a la mayoría de villas y ciudades de toda Europa, comprendida África y una parte de Asia, que conocerán los cambios de fronteras...». En vano se buscan pues en las centurias acontecimientos que afectan directamente la historia del continente americano y, en cierto modo, mejor es así.

Los autores anglosajones han atribuido la expresión *la gran ciudad* a la destrucción de Nueva York. Ahora bien, esas dos palabras que aparecen once veces, sin más precisión geográfica, se utilizan siempre referidas a París y con respecto a acontecimientos que afectaron la capital, como la matanza de la noche de San Bartolomé. El pasado sirve pues para definir el porvenir y precisar el sentido de las palabras o grupos de palabras utilizados por Nostradamus. Como estamos llegando al término de la profecía (2026), resulta más fácil que hace uno o dos siglos clasificar las cuartetas que se refieren al porvenir, puesto que la horquilla temporal que se nos ofrece es ya sólo de un cuarto de siglo. Sin embargo, la abundancia de las precisiones concentradas sobre el fin de la civilización europea no facilita esta clasificación.

El segundo y temible escollo que encontramos en el estudio de los textos referentes al porvenir es el aspecto por completo irracional de la historia. Así, un acontecimiento anunciado hoy y previsto para dentro de diez años parecerá absurdo e imposible cuando, diez años más tarde, ese mismo acontecimiento entrará en la historia y parecerá evidente de inmediato. Tomemos un ejemplo: imaginemos que en 1938 un vidente *extralúcido* lanzase la siguiente profecía: «Dentro de dos años, en 1940, la III República se derrumbará. Un viejo mariscal llegará al poder. Meterá en un armario las tres palabras que se creían intocables, *Libertad, Igualdad, Fraternidad*, para sustituirlas por trabajo, familia, patria». Sin duda alguna, el vidente habría sido tratado de loco y, tal vez, internado por su delirio. Y sin embargo, contra toda lógica, es lo que ocurrió. Es preciso pues admitir que la razón humana no es un medio adecuado para abordar el porvenir del hombre, de no ser así los profetas resultarían inútiles y cualquier acontecimiento podría ser programado.

Durante una conferencia que di en el Palacio de Congresos de Aix-en-Provence, en 1975, anuncié, apoyándome en Nostradamus, la caída del sha, tres años antes de que el acontecimiento se produjera. La profecía pareció absurda a mi auditorio. He aquí, no obstante, la cuarteta que describía esa conmoción histórica:

Centuria I, cuarteta 70

Pluye, faim, guerre en Perse non cessée,
La foy trop grande trahira le Monarque:
Par la finie en Gaule commencée,
Secret augure pour à un estre parque.

Lluvia, hambre, guerra en Persia no cesada,
La fe demasiado grande traicionará al Monarca:
Por el fin en Galia comenzado,
Secreto augur en un parque alejado.

El último verso de este texto proporciona un ejemplo de las trampas que Nostradamus legó a su traductor: la revolución (la palabra lluvia, como diluvio, se toma simbólicamente con el sentido de trastorno), el hambre y la guerra no cesarán en Irán. El fanatismo religioso (sinónimo de *fe demasiado grande*) traicionará al sha (palabra que significa *monarca* en persa), cuyo fin habrá empezado en Francia. El aspecto incomprensible del último verso se debe al hecho de que Nostradamus se expresa en francés

15

con una construcción latina, colocando el verbo al final de la frase y el complemento de lugar (secreto, del latín *secretum* que significa lugar retirado) al principio.

Debe pues traducirse: a causa de un profeta (*augur* en latín) que estará en un lugar retirado. Hoy sabemos que se trataba del ayatolá Jomeini, el profeta exiliado de los chiítas *retirado* en Neauphle-le-Château.

En el debate que siguió a la conferencia, varios contradictores, con palabras acerbas, mostraron mucha preocupación por la salud mental del conferenciante. Anunciar la caída del sha en 1975 era irracional desde el punto del análisis lógico del momento. En efecto, las principales objeciones que entonces se me hicieron salían de la prensa: el gendarme del Golfo disponía del tercer ejército del mundo. Los norteamericanos nunca abandonarían al sha... Éstos eran los argumentos racionales que podían oponerse a la profecía. Tres años más tarde, en agosto de 1978, Teherán se inflamaba y, cinco meses más tarde, el sha se exiliaba en El Cairo con su familia, provocando una desestabilización del Oriente Medio cuyas consecuencias comprobamos hoy. Occidente decidió apoyar a otro país de Oriente Medio: ¡Iraq! Nadie salvo el profeta podía prever que también ese país se revolvería contra quienes tan generosamente lo habían armado.

Comprender las cuartetas referentes al porvenir supone dejar de lado cierta lógica. Hay que aceptar, pues, el principio de que un acontecimiento que parece irrealizable en un momento dado, se cumplirá más tarde.

El estudio de los escritos de Nostradamus y la visión que tuvo de la historia nos enseñan que lo que hoy es blanco puede convertirse mañana en negro y viceversa. Alfred Sauvy, en su libro *Croissance Zéro*, escribe: «La historia del hombre nunca se ha desarrollado de un modo racional», y añade más adelante: «El porvenir es tanto más difícil de aprehender cuanto deben inventarse todos los esquemas». Esta advertencia explica, en gran parte, la increíble polémica que levantó en 1981 *Nostradamus historiador y profeta*. En efecto, anunciar en 1980 la caída del muro de Berlín, cuando Gorbachev sólo apareció en 1985, con su *perestroika*, era sorprendente; pues, ni siquiera quince días antes de ese importante acontecimiento, ni un solo politicólogo había sido capaz de preverlo; los medios de comunicación advirtieron entonces esta carencia. Además, semejante previsión cuestionaba el reparto del mundo que se hizo en Yalta, los datos de una Europa que parecía intangible. He aquí la cuarteta que permitió anunciar esta caída con diez años de antelación:

Centuria V, cuarteta 81

L'oiseau royal sur la cité solaire
Sept mois devant fera nocturne augure:
Mur d'Orient cherra tonnerre esclaire,
Sept jours aux portes les ennemis à l'heure.

El pájaro real sobre la ciudad solar
Siete meses delante hará nocturno augurio:
Muro de Oriente caerá trueno relámpago,
Siete días a las puertas los enemigos entonces.

El pájaro real (el águila americana) se aliará con la ciudad solar (Heliópolis, la antigua capital de Egipto que, etimológicamente, significa *ciudad solar*) –en la coalición contra Iraq los dos países más relevantes fueron Estados Unidos y Egipto, proporcionando los contingentes de soldados más importantes–. Siete meses antes de esta alianza, habrá un presagio nocturno: el «muro del Este» caerá con relámpagos y ruido.

Todo el mundo recuerda la gran fiesta celebrada en la Puerta de Brandeburgo, en Berlín, el 31 de diciembre de 1989, con atronadores fuegos artificiales, para consagrar la caída del *muro de la vergüenza*. Siete meses más tarde (agosto de 1990), los enemigos se apoderaron en siete días de las puertas de la ciudad (Kuwait). Efectivamente, en la noche del 1 al 2 de agosto las fuerzas armadas iraquíes invadieron Kuwait y, siete días más tarde, el 8 de agosto, Bagdad se anexionaba su «décimo novena provincia». El tercer verso de esta cuarteta permitía, ya en 1980, prever la caída del muro de Berlín. Una objeción referente a ese *muro de Oriente* se ha hecho, con frecuencia, desde entonces: ¿por qué no va a tratarse de la gran muralla de China? Por una razón muy sencilla: lo que interesa a Nostradamus es, esencialmente, la historia de Europa. La palabra clave de la cuarteta es, claro está, *muro de Oriente*. Por otra parte, es difícil imaginar la caída de la inmensa muralla de China. Finalmente, en el siglo XVI, la palabra Oriente se utilizaba como la moderna palabra Este.

Nostradamus vio el nacimiento de Saddam Hussein y su ascenso al poder. Además, indicó el día de la semana en que Kuwait iba a ser invadido y dio parte del nombre de la operación de las potencias occidentales contra Iraq: «Tormenta del desierto»:

Centuria I, cuarteta 50

De l'aquatique triplicité naistra,
D'un qui fera le jeudy pour sa feste,
Son bruit, loz, regne sa puissance croistra,
Para terre & mer aux Oriens tempeste.

De la acuática triplicidad nacerá,
De uno que hará el Jueves como su fiesta,
Su ruido, loa, reino, su poderío crecerá,
Por tierra y mar a los Orientes tempestad.

Triplicidad califica algo triple. *Loz* o *los* en antiguo francés: alabanza.

Un (personaje, Saddam Hussein) nacerá entre tres aguas (el Tigris, el Éufrates y el golfo Pérsico) y elegirá un jueves para hacer su fiesta (la invasión de Kuwait). Su ruido, su alabanza, su poder crecerán en poderío. Luego en Oriente (Medio) habrá una tempestad (del desierto) por tierra y mar.

Saddam Hussein nació en Iraq, en la pequeña ciudad de Tikrit que está situada en la orilla izquierda del Tigris y se halla, pues, entre el Tigris, el Éufrates y el Golfo. El ejército iraquí entró en Kuwait el jueves 2 de agosto de 1990. En el capítulo IV podrán encontrarse las demás cuartetas referentes a Iraq y a los acontecimientos por venir.

Otro ejemplo: aparece con toda claridad, en 1980, que mon-

18

señor Lefevbre provocaría un cisma en la Iglesia tenía forzosamente que irritar a las autoridades católicas, si se sabe que es preciso remontarse a 1533 para encontrar un cisma en la Iglesia, con la excomunión de Enrique VIII de Inglaterra:

Centuria V, cuarteta 46

Par chapeaux rouges querelles et nouveaux schismes,
Quand on aura élu le Sabinois:
On produira contre lui grands sophismes,
Et sera Rome lésée par Albanois.

Por sombreros rojos querellas y nuevos cismas
Cuando se haya elegido al sabino
Contra él se producirán grandes sofismas
Y Roma será perjudicada por los albaneses.

A causa de obispos habrá querellas y nuevos cismas cuando se haya elegido al extranjero (en la antigua Roma el calificativo *sabino* era sinónimo de extranjero), es decir, el papa polaco. Se lanzarán contra él grandes sofismas (los sermones de los tradicionalistas) y la Iglesia romana será perjudicada por la gente de Albano.

El nombramiento de obispos por monseñor Lefevbre provocó su excomunión y consagró el cisma en la Iglesia. Recordemos aquí que el movimiento de monseñor Lefevbre tenía dos polos importantes: el seminario de Écone, junto a lago Leman, y el seminario de Albano, al sur de Roma, muy cerca de Sabina, una trampa puesta a los exegetas que tradujeron Albania.

Y qué decir del molesto anuncio de que Iraq iba a revolverse contra Occidente, cuando en 1980 este país se consideraba como el estabilizador de Oriente Medio, y, en virtud de este análisis racional, las naciones occidentales, con Francia a la cabeza, iban dotándole de la más alta tecnología militar.

Es comprensible que los escritos de Nostradamus hayan molestado a todo lo que se denomina el *poder*. Nostradamus no es el primer profeta vilipendiado por los poderosos de la tierra,

19

puesto que la propia Casandra, hija de Príamo, fue desterrada por su propio padre cuando anunció la ruina de Troya si el caballo de los griegos entraba en la ciudad. Asimismo, Jeremías fue arrojado en prisión por Sedecías, rey de Judá, al predecir la ruina de Jerusalén. Lo que no impidió a Nabucodonosor II destruir el templo en 582, apoderarse de Sedecías, sacarle los ojos y dejarle perecer lamentablemente en Babilonia, poniendo así fin al reino de Judá.

Es sorprendente comprobar las advertencias y los ataques contra Nostradamus de los grandes prelados católicos en el siglo XX. En 1981 el propio presidente de la Conferencia episcopal francesa proclamaba, no sin cierto énfasis, en el diario *Le Provençal*: «¡No te entregues al *mago* Nostradamus!». El apóstrofe demostraba un grave desconocimiento del personaje, algo inquietante cuando se habla con la autoridad que semejante puesto proporciona. En su *Carta a César* Nostradamus escribe: «Y también, hijo mío, te suplico que jamás emplees tu entendimiento en tales ensoñaciones y vanidades que desecan el cuerpo y acarrean la perdición del alma, turbando nuestro débil sentido, y sobre todo en la vanidad de la más que execrable magia reprobada antaño por las Sagradas Escrituras y los divinos cánones». El gran prelado ignoraba, además, que en el siglo XVI, en plena Inquisición, Nostradamus fue protegido por la propia Iglesia, que nada dijo sobre su entierro en la iglesia del convento de los Frailes Menores, en Salon-de-Provence. ¿Es imaginable que en aquella época de caza de brujas se enterrase en una iglesia a un personaje que «oliera a hoguera»?

Profetas y profecías molestan también al racionalismo que tan caro resulta a los franceses, siguiendo a Descartes. Y debo contar aquí una anécdota que viví, a finales de enero de 1986, en Puy-Saint-Vincent, en los Alpes del sur. Jean-Yves Casgha, periodista, había organizado con Jacques Pradel un coloquio titulado *Sciences-Frontière*, que reunió a científicos de alto nivel y a gente como yo, a la que esos mismos científicos relegan, a priori, a un gueto de irracionalidad; ¡qué idea! No llegamos a las manos porque somos gente civilizada, pero los debates no carecieron de ardor. El tema principal del coloquio se refería al cometa Halley.

Se habían reunido, para la ocasión, astrofísicos, directores de observatorio y gente que, al margen de los cánones científicos, tal vez tenía algo que decir sobre el paso del cometa. Me habían colocado en esta última categoría y, por ello, me habían invitado. Me tocaba decir si Nostradamus había anunciado algún acontecimiento particular que fuera a producirse durante el paso del célebre cometa. El último día del coloquio, nos hallábamos reunidos en asamblea general. La sala albergaba a unas doscientas personas –mejor sería decir doscientos *testigos*–. Jean-Yves Casgha me preguntó si Nostradamus había predicho uno o varios acontecimientos particulares para cuando pasara el cometa en 1986. Como respuesta, comenté una cuarteta bastante detallada, tras haber tomado la precaución de precisar que, si se trataba en efecto de este paso, el planeta iba a vivir un incendio que afectaría a una gran superficie, y ello entre el 1 y el 30 de abril de 1986. Por lo demás, mi precaución era sólo retórica puesto que, por aquel entonces, yo estaba ya convencido de que sólo podía tratarse de ese paso pues, desde 1555, fecha de redacción de la profecía, no se había producido incendio importante alguno en los precedentes regresos del cometa y, por añadidura, las coordenadas astronómicas indicadas por Nostradamus no correspondían a los pasos anteriores a 1986. Y puesto que la profecía concluye antes del próximo regreso del célebre cometa, no quedaba duda alguna. Un astrofísico, director de observatorio, se levantó y me dijo: «Señor De Fontbrune, seamos serios, hay incendios todos los meses; he aquí una prueba de que con Nostradamus todo puede predecirse». Recuerdo perfectamente cuál fue mi respuesta: repuse que Nostradamus hablaba de un incendio que afectaría a un lugar muy grande y que, en consecuencia, no podía tratarse del incendio de un edificio de París o de cualquier otra parte. El 26 de abril de 1986 se incendiaba la central atómica de Chernobyl y el *viento nuclear* se extendía por toda Europa hasta la Bretaña. Hoy le digo a mi contradictor de entonces: «Afortunadamente no hay un Chernobyl todos los meses...». El 27 de abril por la mañana me telefoneó Jean-Yves Casgha recordándome mis palabras del 29 de enero en Puy-Saint-Vincent.

He aquí pues la famosa cuarteta que traduje y comenté el 13

de marzo de 1986,[1] es decir, algo más de un mes antes del primer acontecimiento evocado por el texto:

Centuria IV, cuarteta 67

L'an que Saturne et Mars egaux combust,
L'air fort seiché, longue trajection:
Par feux secrets d'ardeur grand lieu adust,
Peu pluie, vent chaud, guerre, incursion.

El año que Saturno y Marte iguales combustión,
El aire muy seco, larga trayección:
Por brillos secretos de ardor gran lugar adusto,
Poca lluvia, viento cálido, guerra, incursión.

El año en que el cometa (*trayección* es una deformación de trayectoria por necesidades de la rima) brille a igual distancia de Saturno y Marte, el aire estará muy *seco* y un gran lugar arderá con brillos *ardientes* que serán *mantenidos en secreto*. Este calor no será llevado por la lluvia sino por el viento; habrá un acto de guerra con una incursión.

El cometa Halley iba a estar a igual distancia de Saturno y Marte en el mes de abril y dije, entonces, ante aquellas doscientas personas que esperaba un incendio que afectaría una gran superficie entre el 1 y el 30 de abril, así como un acto de guerra en forma de incursión, según las propias palabras de Nostradamus. El primero de estos acontecimientos se produjo el 15 de abril. En efecto, aquel día dieciocho bombarderos americanos F111, partiendo de Gran Bretaña, bombardearon Trípoli y Bengasi. El segundo acontecimiento se produjo el 26 de abril, es decir, once días más tarde: Chernobyl. Una gigantesca nube radiactiva, arrastrada por los vientos, afectaba a casi toda Europa (*¡El aire muy seco!*). Finalmente, estos fulgores fueron mantenidos en secreto, hasta el punto de que, aún hoy, no se sabe toda la verdad

---

1. *La Comète et les prophéties*, ed. Michel Lafon, 1986 (hay edición castellana: *Los cometas y las profecías*, Ediciones Martínez Roca, 1986).

sobre esta terrible y primera gran catástrofe nuclear provocada por el hombre «aprendiz de brujo».

Todos los poderes, sean cuales sean, han combatido siempre a profetas y profecías, salvo cuando los utilizan para sus propios fines. Así, las Iglesias llamadas cristianas, y son muy numerosas, reconocen a los profetas del Antiguo y el Nuevo Testamento, primero porque les sirven para su proselitismo, luego porque estas profecías, puesto que a su entender se han ya realizado, no pueden contrariar sus perspectivas de futuro. Cuando las múltiples Iglesias te abordan para convertirte, utilizan todas ellas el mismo discurso, manejando los mismos textos bíblicos para intentar demostrarte que la que está hablándote es la única auténtica Iglesia de Cristo. Estas Iglesias aparecieron en el siglo XVIII y se multiplicaron en la segunda mitad del XIX y, más aún, en el XX. El capítulo XXIV del Evangelio de Mateo anunciaba ya esta proliferación de Iglesias o sectas que reivindican la propiedad del cristianismo, y las guerras entre naciones en los siguientes párrafos: «4 –Jesús les respondió: cuidad que nadie os seduzca. 5 –Pues varios vendrán en mi nombre diciendo: yo soy el Cristo. Y seducirán a mucha gente. 6 –Oiréis hablar de guerras y de rumores de guerras: guardaos de ser turbados pues esas cosas deben suceder. Pero no será el fin todavía. 7 –Una nación se levantará contra otra nación, y un reino contra otro reino, y habrá en distintos lugares hambrunas y terremotos. 8 –Todo eso será sólo el comienzo de los dolores... 11 –Varios falsos profetas se levantarán y seducirán a mucha gente... 16 –Entonces quienes están en Judea (Palestina) huyen a las montañas (¿será la guerra del Golfo un signo precursor?)... 24 –Pues se levantarán falsos cristos y falsos profetas; harán grandes prodigios y milagros, hasta el punto de seducir, si fuera posible, incluso a los elegidos».

El mensaje de Nostradamus no es distinto del de Mateo. El siglo XX con su mundialización de la guerra ilustra perfectamente este texto del Evangelio. Desde la creación de la Sociedad de Naciones, en 1925, y su renacimiento en la Organización de las Naciones (llamadas...) Unidas, los países se enfrentan y los enfrentamientos se multiplican con la multiplicación de los Estados provocada por el estallido de los Imperios inglés, francés, austro-húngaro, otomano y, recientemente, soviético: Repúblicas bálticas, yugoslavas y repúblicas exsoviéticas. Por tercera vez en el siglo XX Europa entra en erupción y corre, una vez más, el riesgo de arrastrar al planeta a una guerra generalizada.

La caída del comunismo en los países del Este había sido perfectamente prevista por Nostradamus que da dos precisiones temporales para esta caída. La primera asigna setenta y tres años y siete meses de vida al comunismo en Rusia y la segunda setenta años de duración del Estado soviético. He aquí el párrafo de la *Carta a Enrique, rey de Francia segundo* referente a este primer dato temporal: «Y eso seguirá a extremados cambios de poderes y revoluciones, con temblores de tierra, con pululación de la nueva Babilonia (la URSS potencia materialista y antisemita), miserable hija cuya abominación será aumentada por el primer holocausto (persecución nazi), y sólo se mantendrá durante setenta y tres años y siete meses». ¿No resulta sorprendente ver cómo Nostradamus utiliza, para designar el genocidio judío, la misma palabra que la historia retendrá cuatro siglos y medio más tarde: *holocausto*?

Nostradamus advierte aquí la participación parcial de la Rusia soviética en la persecución de los judíos. El colmo del vicio antisemita consistía en impedirles abandonar el *paraíso comunista* para mejor humillarles. Nostradamus da a la URSS el calificativo de *nueva Babilonia* a causa del sistema materialista y militarista, claro está, pero también a causa de la persecución a los judíos.

El pueblo judío fue mantenido cautivo en Babilonia durante setenta años, de 605 a 536 antes de Jesucristo. Tal vez debamos ver también un paralelismo entre los tres reyes de Babilonia y los tres Reichs, cuya duración total es de 707 años, número en el que encontramos 70:

Primer Reich: de 1157 (fecha en la que se documenta la palabra Reich) a 1806   649 años
Segundo Reich: de 1871 a 1918   47 años
Tercer Reich: de 1934 a 1945   11 años
es decir un total de   707 años

Nostradamus atribuye el número de setenta años a la duración de la Unión Soviética: «Y este triunvirato (la troika) se renovará durante setenta años, y la fama de este partido se extenderá por todo el planeta y, a su pesar, el sacrificio de la santa e inmaculada hostia proseguirá (Polonia, Países bálticos, Hungría, etc.)». El 30 de diciembre de 1922 se creaba la Unión de Repúblicas Socialistas Soviéticas. El 21 de diciembre de 1991 se fundaba, en Alma Alta, la Comunidad de Estados Independientes (CEI), poniendo así fin a la URSS que había durado setenta años menos diez días. ¡Bien podemos permitir a Nostradamus que redondee un poco la suma!

Es interesante ver que Nostradamus advierte que, a pesar de la persecución de los cristianos bajo el yugo comunista, seguirá practicándose el culto católico, como en Polonia o en Lituania por ejemplo. Hoy se sabe el papel fundamental que las Iglesias cristianas (católica, ortodoxa, luterana, uniata) desempeñaron en el hundimiento del sistema. Nostradamus, que es católico, atribuye un papel eminente a su Iglesia, sin duda porque el comienzo del final se iniciará en Polonia, pero también a causa del papa polaco que la Providencia colocó en el trono de san Pedro –por causalidad, según los racionalistas– en el momento adecuado de la historia.

Tal vez Occidente se alegró demasiado pronto de la caída del bloque comunista, sin ver ni imaginar por qué otro peligro podría ser sustituido. Nuestra académica, brillante historiadora, especialista en Rusia, Hélène Carrère-d'Encausse, en su libro *L'Empire éclaté* aseguraba que las Repúblicas islámicas del Imperio se separarían de Rusia, mientras que Nostradamus anunciaba la constitución de un bloque ruso-musulmán, llamado hoy Comunidad de Estados Independientes (CEI). He aquí un hermoso ejemplo del foso que separa al historiador del profeta. El historiador es racional, la historia no lo es; razón por la cual sólo el profeta que ha vivido la historia y sus acontecimientos antes de que se produzcan puede relatar su visión con acierto y precisión.

Paradójicamente las armas nucleares que poseían los dos Grandes garantizaban la paz en Europa. Hacían imposible un conflicto de tales consecuencias destructoras que no hubiera compensado al vencedor, pues la guerra se hace siempre para aumentar el propio poder y apropiarse de las riquezas del vecino. Tucídides, en la *Guerra del Peloponeso* analiza las razones del conflicto entre Esparta y Atenas, en el 431 antes de Jesucristo, siendo Esparta una dictadura y Atenas una democracia. Su conclusión es sorprendente: ambas ciudades rivales se hicieron la guerra no porque fueran distintas sino porque eran semejantes. Explica que la cuestión de saber si la democracia es el bien y la dictadura el mal significa, sin duda, impedirse la comprensión de la guerra. Tucídides comprendió que «Esparta y Atenas estaban obligadas a enfrentarse porque ambas buscaban el poderío» –son las propias palabras de Tucídides–. Y puntuaba este análisis denunciando el poderío –«el demonio, el corruptor de los hombres»– que provocaría durante mucho tiempo aún guerras, «a menos que los hombres aprendan a comportarse mejor».

Forzoso es advertir que, por desgracia, desde Tucídides, los hombres no han progresado mucho en el campo de la sabiduría. Teniendo en cuenta este principio, en el siglo XX, esta falta de sabiduría por parte de los hombres y su sed de poderío ponen en peligro de muerte a gran parte de la humanidad. Los medios de destrucción masiva son mucho más temibles que en los buenos tiempos del arco y la lanza. La constitución de superpotencias y el perfeccionamiento de las armas han producido superguerras que, por dos veces ya en un siglo, han arrastrado a la mayor parte del planeta a conflictos generalizados. La visión de Nostradamus se centra en la historia de Europa, con un máximo de detalles para describir el siglo XX, como si la profusión de las precisiones que dio para los acontecimientos de 1555 a 1900 sólo se hiciera constar para demostrar la autenticidad de su visión –como una especie de prueba para uso de racionalistas–. ¿Cómo negar que, en 1555, Nostradamus hizo imprimir con todos sus caracteres el nombre de Rousseau, el de Franco, el de Ribera (afrancesándolo como Ribière), el fundador del partido fascista español? ¿Quién se atrevería a afirmar que no se encuentra en las cuartetas la villa de Varennes, donde fue detenido Luis XVI que huía, en 1791, con la familia real? Más sutil es el modo en que Nostradamus indica la aldea de Lombardía Buffalora, donde el ejército de Napoleón III derrotó a los austriacos, al igual que en Magenta, el 4 de junio de 1859. La historia recuerda Magenta y Solferino y ha olvidado Buffalora. Los lectores comprenderán de este modo por qué han sido necesarios treinta y cinco años de asiduo trabajo para encontrar en la historia semejantes detalles. Otro ejemplo sorprendente: Nostradamus ve, en 1555, algunas barcas fondeando en Magnavacca, pequeño puerto pesquero italiano en la costa adriática. Allí desembarcó en 1870, perseguido por la flota austriaca, Garibaldi. Sólo tras leer una biografía de Garibaldi es posible despejar el enigma, pues resulta evidente que no se han producido demasiados acontecimientos históricos en Magnavacca.

Tras haber metido en la memoria el texto de Nostradamus –1.142 cuartetas, es decir 4.568 versos decasílabos– era pues preciso «devorar» grandes cantidades de libros de historia para intentar hallar los detalles que Nostradamus había incluido en sus cuartetas. Diríase que el autor procuró dar tantas precisiones para obligar a trabajar a su traductor, como solía hacerse en su siglo.

En la *Carta a su hijo César*, Nostradamus indica a su traductor que ha incluido nombres de lugar como puntos de orientación. Muy poca gente ha tenido en cuenta esta advertencia. Ahora bien, esos nombres de lugar son palabras clave, como en las más modernas técnicas de márketing. Por ejemplo, Magnavacca no puede traducirse, es evidente, por «la gran vaca»... Tomemos otro ejemplo, absolutamente significativo, de la centuria III, cuarteta 11:

> *Les armes battre au ciel longue saison*
> *L'arbre au milieu de la cité tombé:*
> *Verbine (o Vermine) rongne, glaive en face, tyson,*
> *Lors le monarque d'Hadrie succombé.*

> *Las armas batir en el cielo larga temporada*
> *El árbol en medio de la ciudad caído:*
> *Verbine (¿o chusma –Vermine–?) retira, espada en faz, ascua*
> *Cuando el monarca de Hadria sucumbido.*

Los tipógrafos del siglo XVI, que imprimieron la obra de Nostradamus, no conocían la palabra Verbine. Algunos la respetaron tal como el profeta la había escrito. Otros eligieron, como suele hacerse, la palabra que se aproximaba más a Verbine, es decir, Vermine (*chusma*). El resultado es que, al no comprender una palabra clave esencial en la cuarteta, los exegetas atribuyeron el texto a Enrique IV o a Hitler. Recordemos que en el siglo XVI la lengua francesa está todavía estrechamente vinculada a sus orígenes latinos y griegos y los escritores afrancesan, a su guisa, numerosas palabras latinas o griegas. Es lo que hizo aquí Nostradamus con la palabra latina *Verbinum* que no es sino la ciudad belga de Vervins. Una de las más fantasiosas interpretaciones de la palabra es Berlín. Tan fantasiosas traducciones o interpretaciones forzosamente tenían que echar agua en los molinos de los detractores de Nostradamus, que se apoyan en este tipo de errores para levantar su demostración y afirmar que al texto se le puede hacer decir lo que se quiera. Los errores de este tipo podrían multiplicarse por diez o por cien incluso. Pero volvamos a Verbine o Vervins y veamos a qué página de la historia se refiere el texto. He aquí, primero, la traducción que de él puede hacerse: se fabricarán durante mucho tiempo armas aéreas. Cuando el árbol (genealógico de la casa de Habsburgo-Lorena) haya caído en medio de la ciudad (Sarajevo), se hará una retirada a Vervins (*rogné* en francés antiguo significa apartado), mientras que un cometa brille y el jefe del Adriático (el papa Pío X) haya sucumbido.

Nostradamus había utilizado ya la expresión *las armas batir en el cielo* en la cuarteta 43 de la centuria IV, para anunciar el invento de los primeros cohetes por los ingleses. En efecto, los «rockets» fueron inventados por el ingeniero William Congreve y utilizados, por primera vez, contra Bolonia, por la marina inglesa, en 1806. Aquí Nostradamus ve la invención de una nueva arma aérea: el avión que hará su aparición en los campos de batalla de la Gran Guerra. La guerra de 1914-1918 estalló tras el asesinato del heredero de los Habsburgo, el archiduque Francisco-Fernando, el 28 de junio, en Sarajevo. Ese asesinato ponía fin al reinado de esta dinastía que acababa de «caer en medio de la ciudad». La palabra *glaive* («espada») se utilizaba en el siglo

XVI para designar los cometas –véase el cometa de 1527 dibujado por Ambroise Paré y representado por una espada–, por lo que se refiere a la palabra *faz*, es una de las numerosas trampas sembradas en el texto de Nostradamus. La palabra *faz* procede aquí de la palabra latina *fax, facis*, que significa antorcha, pero también astro y estela de fuego. La palabra ascua puede referirse tanto al cometa como a explosivos lanzados desde el cielo. Ahora bien, en agosto de 1914, precisamente cuando estalló la guerra, los astrónomos del observatorio de Yerkes, en Wisconsin, Estados Unidos, estaban observando al cometa de Delavan. Esbozado el marco de los acontecimientos, el 7 de agosto los ejércitos alemanes toman Lieja y se lanzan a través de Bélgica, el estado mayor francés, que no creía en la invasión, es sorprendido y, el 29 de agosto, el ejército Lanrezak detiene el avance alemán en la línea Guisa-*Vervins* y salva al Vº ejército del cerco, aunque no impide que comience la retirada.

Diecisiete días después de la declaración de guerra de Alemania a Francia (3 de agosto de 1914), el papa Pío X muere precisamente cuando los ejércitos alemanes llegan a la línea Guisa-*Vervins*. Pero ¿por qué Nostradamus llama al papa Pío X el *monarca de Hadria*? Monarca porque siendo papa reina sin discusión sobre la Iglesia y, por otra parte, Giuseppe Sarto había nacido en Riese, pequeño pueblo del Veneto, provincia ribereña del Adriático. León XIII le había nombrado, en 1893, patriarca de Venecia. Una vez desentrañada la cuarteta, es casi imposible hallar en la historia acontecimientos que se adecuen tanto al texto. Procediendo por eliminación pues y avanzando paso a paso se consigue desmadejar el ovillo de las cuartetas. Eso muestra que los textos sólo pueden tener un único significado, aunque muy difícil de descubrir. Una de las características constantes del texto es la concisión que obtiene Nostradamus *cepillando* su escrito, como él mismo dice en su prefacio. Así, con pocas palabras y algunas precisiones de cifras o lugares, puede expresar varias páginas de historia, una técnica que es casi un prodigio.

Otra dificultad importante que encontramos es la imposibilidad de clasificar cronológicamente las cuartetas. En efecto, Nostradamus puede vincular en la misma cuarteta dos acontecimientos separados por varios años o, incluso, varias decenas de años. Nostradamus ve el desarrollo de los acontecimientos, sus causas y sus consecuencias separadas, a veces, por largos lapsos temporales, y no un calendario como el de los manuales escolares. Así, en la cuarteta sobre la caída del sha de Irán, citada anteriormente, Nostradamus nos dice que, a partir de esta caída, la revolución y la guerra no cesarán en Irán. La revolución iraní comenzó en agosto de 1978 y el poder revolucionario de los mollahs sigue vigente. Por lo que se refiere a la guerra con Iraq, comienza el 22 de septiembre de 1980 con la entrada de las fuerzas armadas iraquíes en territorio iraní. Ciertamente la guerra entre ambas naciones islámicas ha finalizado, pero la revolución islámica prosigue no sólo en Irán sino que está incubándose, también, en varios países musulmanes, tanto más cuanto Irán es considerado el promotor y el financiero de todos los movimientos integristas. Tampoco ahí es fácil elegir la secuencia histórica donde clasificar el texto. Nostradamus nos proyecta, como en una pared, imágenes, un encadenamiento y encabestramiento de acontecimientos, insólito modo de abordar la historia que puede sorprender y desorientar al lector. Así, cuando Nostradamus anuncia el final del Antiguo Régimen expresa un juicio de valor que sólo es comprensible a través de este filtro. En efecto, en la *Carta a Enrique, rey de Francia segundo*, escribe: «Y durará ésta (la monarquía) hasta el año mil setecientos noventa y dos (1792) que se creará ser una renovación de los siglos». A primera vista, esta frase puede parecer extraña. Se vuelve límpida imaginando a Nostradamus ante su muro de imágenes. Ve al mismo tiempo, por un lado, los trece siglos de continuidad monárquica (de la coronación de Clodoveo en Reims, en 496, a la proclamación de la I República, el 22 de septiembre de 1792, que marca el año 1 de la República) y, por el otro, su muro le muestra cinco Repúblicas de las que ni una sola llegará al siglo. Hagamos balance:

- I República: del 22 de septiembre de 1792 al 18 de brumario de 1799: 7 años.
- II República: del 4 de mayo de 1848 al 2 de diciembre de 1851: 3 años y 7 meses.

- III República: del 4 de septiembre de 1870 al 10 de julio de 1940: 69 años y 10 meses.
- IV República: del 13 de octubre de 1946 al 28 de septiembre de 1958: 12 años.
- V República: del 28 de septiembre de 1958 a 1999-2000: 42-43 años.

De ahí la expresión de Nostradamus «que se creerá ser una renovación de los siglos», aunque se sobrentiende que no lo será. Es evidente que para extraer este análisis de la frase de Nostradamus es preciso dejar en el vestuario cualquier convicción política o religiosa y aceptar el peso, a menudo brutal y molesto, de los acontecimientos. Antes de 1792, un monárquico comprometido no hubiera podido admitir el final de su régimen y hoy el carácter efímero de las repúblicas no puede satisfacer a un republicano convencido. Esos trastornos de la historia son muy corrientes y explican lo que Nostradamus dice en su *Prefacio a su hijo César*: «Pero he querido callarme y abandonar mi obra a causa de la injusticia, no sólo de los tiempos actuales (la Inquisición), sino también de la mayor parte de los tiempos futuros; no he querido ponerlo por escrito porque los gobiernos, las sectas y los países sufrirán cambios tan opuestos, incluso diametralmente opuestos a los del presente, que si yo intentara contar lo que será el porvenir, los hombres de gobierno, de secta y de religión y convicciones lo hallarían tan poco acorde con sus fantasiosos oídos que serían llevados a condenar lo que podrá verse y reconocerse en los siglos por venir (el siglo XX)».

Cuando Nostradamus escribía esto, sabía que su *mensaje* tardaría varios siglos en conocer una notoriedad planetaria. Pero sabía también –la Inquisición no tiene edad– que sus escritos serían atacados y vilipendiados (y no dejarán de serlo), sin lo que Nostradamus podría ser clasificado entre los falsos profetas. Lucas en el capítulo VI, versículo 26 escribe: «¡Ay de vosotros cuando todos los hombres hablen bien de vosotros, pues así actúan sus padres para con los falsos profetas!». Nostradamus añade, más adelante, en este *Prefacio*: «Y las causas serán comprendidas universalmente en toda la tierra». Los detractores más encarnizados no podrán negar que esta profecía, por lo menos, se ha realizado, puesto que Nostradamus es hoy conocido en todo el planeta y, especialmente, en el Japón donde obtiene un éxito inigualable. Eso tiene gran importancia para la sucesión de los acontecimientos, como veremos más adelante.

Siendo irrealizable la clasificación cronológica de los acontecimientos, se me ocurrió pues proceder por temas. En efecto, hace ya dieciocho años que se editó mi primer libro y, ayudado por las observaciones de muchos de mis lectores, he advertido que era muy difícil manejarlo.

Debo hacer aquí una importante puntualización sobre la visita pastoral del papa Juan Pablo II a Lyon, del 4 al 7 de octubre de 1986. Todo el mundo conserva en su memoria la ciudad de Lyon puesta en estado de sitio: 10.000 hombres movilizados, el cielo surcado por helicópteros, la D.S.T. ojo avizor y, sobre todo, el prefecto de policía de la ciudad lanzando por las ondas su célebre: «¡A mí Nostradamus me importa un bledo!». Esta movilización general era un curioso modo de no tener en cuenta la profecía. Salvo unos escasos periodistas, los medios de comunicación se hicieron eco de la célebre profecía de Nostradamus, que había sido el punto de partida del éxito del libro tras la llegada al poder de la rosa en Francia. Desde entonces, la rosa ha «florecido» realmente; el año 1999 comenzó con trece países de la Europa de los quince con un gobierno «rosa».

Centuria II, cuarteta 97

Romain pontife garde de t'approcher
De la cité que deux fleuves arrosent:
Auprès de la à tonsang viendra cracher,
Toi et les tiens quand fleurira la rose.

Romano pontífice guárdate de acercarte
A la ciudad que dos ríos riega:
Tu sangre vendrá a escupir cerca de allí,
Tú y los tuyos cuando florecerá la rosa.

Esa cuarteta no se aplica al atentado del turco Alí Agca contra Juan Pablo II, el 13 de mayo de 1981, en la plaza de San Pedro. Este acontecimiento fue, sin duda, un signo precursor de lo que debe producirse más tarde. Siendo, probablemente, el viaje del Papa a Lyon el segundo signo –recordemos aquí que, por un curioso azar, el 13 de mayo es la fecha de la primera aparición de Fátima en 1917–, el atentado del 13 de mayo de 1981 se produjo en Roma, ciudad en la que sólo hay un río, el Tíber. Primer indicio que nos hace rechazar la hipótesis del acontecimiento del 13 de mayo de 1981. Otro indicio, Nostradamus dice «tú y los tuyos», ahora bien sólo el Papa fue alcanzado. Facilité estas precisiones, tras el atentado, a varios medios de comunicación. En el número de *Paris-Match*, del 17 de julio de 1981, que tanto ruido hizo, se encontraban las siguientes precisiones: «Durante esta invasión musulmana que cubrirá Alemania del Oeste, Francia, España, Italia, Inglaterra, Suiza, toda la Europa del Oeste, el Papa abandonará Roma y vendrá a Francia. Remontará el valle del Ródano, luego llegará a los alrededores de Lyon donde será asesinado un 13 de diciembre (día de santa Lucía y fecha de la última aparición de Fátima)». Nunca he cambiado de posición por lo que se refiere a esta cuarteta, al igual que a su complemento:

Centuria IX, cuarteta 68

Du mont Aymar sera noble obscurci,
Le mal viendra au joinct de Saone et Rosne:
Dans bois cachés soldats jour de Lucie,
Qui ne fut onc un si horrible throsne.

Del monte Aymar será noble oscurecido,
El mal vendrá en la unión de Saona y Ródano:
En bosque oculto soldados el día de Lucía
Que nunca fue tan horrible trono.

Nostradamus acortó, por el procedimiento de la síncopa, la ciudad de Montélimar, lo que le permite ganar un pie en su verso decasílabo. La precisión de la confluencia del Ródano y el Saona es indiscutible. Va a ser pues asesinado por soldados que se habrían ocultado en los bosques y nada de tan horrible se habrá hecho nunca al trono (de san Pedro). Nostradamus da el calificativo de *noble* al pontífice a causa del escudo de armas que todos los papas adoptan tras su elección. En septiembre de 1986, sabiendo que el papa no estaría en Lyon el 13 de diciembre, yo sabía que no corría riesgo alguno y lo dije en julio del mismo año, a Isaur de Saint-Pierre que publicó mis declaraciones en el número 2 de la revista *N comme Nouvelle* del 17 de septiembre de 1986: «Dada la precisión a la que Nostradamus me ha acostumbrado, nada trágico debe afectar al Santo Padre, puesto que no estará en Lyon en las dos fechas correspondientes a las dos santas Lucía (19 de septiembre y 13 de diciembre)». El domingo 23 de septiembre de 1986, le dije lo mismo a Patrick Poivre d'Arvor que me había invitado a su emisión *«À la folie, pas du tout»*. En vez de poner freno a esa mediatización de un acontecimiento que no iba a producirse, nadie me escuchó. En Lyon se mantuvo el pánico sin que yo pudiera calmarlo; fui incluso acusado de cambiar de camisa, cuando no cambiaba ni una sola coma de lo que había escrito seis años antes y declarado con cinco años de antelación, en *Paris-Match*, como si el anuncio de la no realización de la catástrofe arrebatara a los medios de comunicación primicia y sensacionalismo.

Subsiste sin embargo una duda sobre el papa que debe ser víctima de este futuro acontecimiento. En efecto, varias cuartetas atribuidas a Juan Pablo II por otros comentaristas podrían referirse a su sucesor si, como se supone en *La Prophétie des papes de saint Malachie* (Éditions du Rocher, 1984; hay edición española: *La profecía de los Papas*, ediciones Martínez Roca, 1985), el sucesor de Juan Pablo II podría ser monseñor Lustiger, arzobispo de París. En efecto, éste, como Juan Pablo II, tiene orígenes polacos por sus padres.

I

Cuartetas referentes

a la historia pasada

Algunas cuartetas inéditas referentes al pasado se publican aquí con la misma presentación que en *Nostradamus historiador y profeta*. Adviértase la notable concordancia entre las palabras utilizadas por Nostradamus y las que se encuentran en la historia. Para ello han sido indicadas en cursiva o en negrita.

ASEDIO DE VIENA POR LOS OTOMANOS 1863
KARA-MUSTAFÁ Y KÖPRÜLÜ PACHÁ

X, 61

Betta, Vienne, Emorre, Sacarbance,
Voudront livrer aux Barbares Pannone:
Par picque & feu, énorme violance,
Les conjurez descouverts par matrone.

Betta, Viena, Emorrea, Sacarbancio,
Querrán liberar de los Bárbaros Panonia:
Por pica & fuego, enorme violencia,
Los conjurados descubiertos por matrona.

Betta se utiliza aquí en vez de Bessa, que en griego significa valle, *Emorrea* es una palabra fabricada por anagrama, y que es igual a «ila (edla) Morea (el Peloponeso)». *Sacarbancio* es un anagrama complicado por una síncopa: Cara (de) B(i)zancio, que designa aquí a Kara-Mustafá. *Livrer* es una trampa; se trata, en efecto, de «liberar» que Nostradamus ha reducido por aféresis. Panonia es el antiguo nombre de Hungría. Otra trampa, *matrona* es un afrancesamiento de la palabra griega *matrös* (µ) que significa tío. La cuarteta representa un notable condensado de lo que Nostradamus es capaz de hacer con unas pocas palabras.

En el valle, en Viena y en Morea, a causa de Kara-(Mustafá) de Bizancio, se querrá liberar Hungría de los musulmanes. Por las armas y el fuego se hará enorme violencia; después, los conjurados serán descubiertos por el tío. He aquí, para ilustrar la cuarteta, algunos extractos de la *Histoire de l'Empire ottoman* de Stanford Shaw (éditions Orwath, 1983): «Aunque Kara-Mustafá hubiera aceptado firmar con Rusia una paz que no le era favorable, en gran parte fue a causa de nuevas dificultades en *Hungría* que le empujaron a una guerra contra los Habsburgo... vanguardia de los austriacos en *Hungría*, el territorio que simbolizaba la penetración de los austriacos en Europa, oscureció la moral de los otomanos y desmanteló su organización... La marcha otomana sobre *Viena* comenzó a fines del mes de junio de 1683, pero los otomanos tuvieron que retirarse en septiembre. Se habían apoderado de un botín *enorme* entregándose a una serie de saqueos en el resto de Austria... Cuando los soldados procedentes de la región del Danubio llegaron a los arrabales de Estambul, se unió a ellos la masa de los notables (conjurados) y del Ulema, que habían sido reunidos por Köprülü Pachá en la mezquita de Santa Sofía. Fue fácil promulgar una *fatwa* que deponía al sultán Mehmet IV con el pretexto de que no cumplía ya con sus deberes (Köprülü Pachá era el tío del futuro gran visir Köprülü Mohamed)». Théophile Lavallée da otros detalles en su *Histoire de l'Empire Ottoman* (Garnier, París, 1855): «Kara-Mustafá hablaba de renovar las conquistas de Solimán: había reunido, según decían, 700.000 hombres, 100.000 caballos, 1.200 cañones. Todo ello se redujo a 150.000 *bárbaros*... El ejército de Sobieski llegó a Klosterneubourg, por Koenigstetten, Saint-André, el *valle* de Hagen y de Kirling, donde se reunió con los austriacos y los sajones... Venecia les dio trabajo a los otomanos, pues atacaba Bosnia, Dalmacia, Grecia, *Morea*...».

GUERRA ENTRE EL IMPERIO OTOMANO Y RUSIA
TRATADO DE CARLOWITZ 1699

I, 49

Beaucoup avant telles menées,
Ceux d'Orient par la vertu lunaire:
L'an mil sept cens feront grands emmenées
Subjugant presque le coing Aquilonaire.

Mucho antes tales ataques,
Los de Oriente por la virtud lunar:
El año mil setecientos grandes acciones
Subyugando casi el rincón Aquilonar.

Mucho antes de esos ataques (*menées* en antiguo francés), los musulmanes (lunar: la media luna árabe) de Asia (el Imperio otomano) harán grandes expediciones en los aledaños del año 1700 y casi subyugarán un rincón de Rusia (en Nostradamus el Aquilón designa el Imperio del Norte: Rusia que ocupa la mayor parte del hemisferio norte).

Tras el fracaso del Imperio otomano ante Viena (*telles menées*) en 1683, Rusia comienza una guerra de reconquista. El tratado de Carlowitz en 1699, así como los siguientes tratados de Prut en 1711, Passarowitz en 1718, Belgrado en 1739, Kuçuk Kaynarça en 1774 y Jassy hacen perder al Imperio otomano la costa norte del mar Negro, de Besarabia al Cáucaso, y Crimea (*le coing Aquilonaire*). También aquí vemos que Nostradamus da una fecha bisagra en medio de una importante secuencia de historia.

LA GUERRA ANTES DE LA CAÍDA DE LA MONARQUÍA
EL TERROR
NAPOLEÓN: EL SOCORRO LLEGADO DE ALEJANDRÍA
LA ISLA DE ELBA Y LA ISLA DE SANTA HELENA

I, 37

Un peu devant que le Soleil s'absconse,
Conflict donné, grand peuple dubiteux,
Profligez, port marin ne fait response,
Pont et sepulchre en deux estranges lieux.

Un poco antes que el Sol desaparezca,
Conflicto dado, gran pueblo dudoso,
Arruinar, puerto marino no da respuesta,
Puente y sepulcro en dos extraños lugares.

La guerra se iniciará antes de que la monarquía (cf. Luis XIV, el Rey Sol) desaparezca (*abscondere* en latín, desaparecer). El gran pueblo francés estará en la duda y la ruina (*profligare*, aniquilar, arruinar). La respuesta no (utilizado en sentido afirmativo) vendrá más que de un puerto (Alejandría), luego (Napoleón) encontrará su fin y su tumba en dos lugares marinos (*pontos*, en griego: el mar; la palabra se encontrará en varias cuartetas) y extranjeros (las islas de Elba y Santa Helena).

Tenemos aquí un buen ejemplo del paseo de Nostradamus por el tiempo y el espacio. Confrontemos la cuarteta con la historia:

* 20 de abril de 1792: *declaración de guerra* a Francisco II como rey de Hungría y de Bohemia y comienzo de las hostilidades cerca de Lille el 28 de abril.
* 21 de septiembre de 1792: la Convención declara *abolida la monarquía* y proclama la República.

«El Terror, *régimen odioso* abrumó Francia desde el 31 de mayo de 1793 hasta el 9 thermidor (27 de julio de 1794), día de la caída de Robespierre. Esta época funesta, durante la que dominaban, en nombre de la Montaña, Robespierre y el Comité de Salvación Pública, se vio marcada por el establecimiento del gobierno revolucionario (19 vendimiario, año II). *Francia quedó cubierta de cadalsos.*» (*Dictionnaire d'histoire*, de Bouillet.)

«Bonaparte tomó la decisión de abandonar Egipto y de arriesgarlo todo para poner los pies en Francia. Ordenó a Gantheaume que mantuviera dispuestas dos fragatas que se hallaban en el *puerto de Alejandría*... Embarcó furtivamente en Damiette, el 6 fructidor (23 de agosto de 1799), y llegó a Fréjus el 15 vendimiario del año VIII. El 24 estaba en París. Cuando Bonaparte desembarcó en las costas de Provenza, *la República estaba salvada; pero había perdido efectivamente* el rango que ocupaba tras el Tratado de Campo Formio... La noticia de su desembarco produjo en todas partes extraordinarios impulsos. Los franceses no ignoraban que la desunión reinaba en el directorio y en los consejos: se temía (dudosos) por la constitución y se pensaba que el poderoso brazo de Bonaparte era el único que podía contenerla y consolidarla.» (*Histoire de France*, d'Anquetil.)

- El 20 de abril de 1814: salida de Napoleón de Fontainebleau hacia la *isla de Elba*.
- El 13 de septiembre de 1815: llegada de Napoleón a *Santa Helena*.
- 5 de mayo de 1821: muerte (*sepulchre*) de Napoleón en Santa Helena.

LA II CAMPAÑA DE ITALIA - 1799 (AÑO CLAVE)
EL GOLPE DE ESTADO DEL 18 BRUMARIO
EL RAPTO DE PÍO VI - TURÍN

VIII, 8

Près de Linterne dans de tonnes fermez,
Chivas fera pour l'Aigle la menée,
L'esleu cassé luy ses gens enfermez,
Dedans Turin rapt espouse emmenée.

41

Cerca de Linterna en toneladas encerrad,
Chivas hará por el Águila el manejo,
El elegido roto, él y su gente encerrad,
Dentro de Turín rapto esposa llevada.

Linternum o Liternum es una ciudad de Campania, a unos 15 kilómetros al norte de Nápoles. Toneladas significa fortificaciones. Chivasso es una ciudad fortificada del Piamonte, a orillas del Po, a 12 kilómetros de Turín, tomada por Bonaparte en 1796, luego en 1800 y desmantelada por los franceses en 1804 (Chivas, en francés). *Menée* significa aquí intriga, en sentido figurado. *Casser* («romper») significa destituir. La *esposa* representa a la Iglesia con respecto al pastor que la administra (aquí el Papa).

Cuando se haya encerrado gente en fortificaciones cerca de Linternum (Nápoles), después de Chivasso, el Águila hará su intriga (golpe de Estado del 18 brumario). El elegido de la Iglesia (Pío VI) será destituido, raptado y llevado a Turín y los suyos (cardenales) encarcelados.

El reino de Nápoles tenía a su cabeza al rey Fernando IV. Para defenderse contra los ejércitos de Bonaparte, había armado a los *lazzaroni*, gente de rompe y rasga que se entregaban al saqueo. El general Championnet se acercó a Nápoles (cerca de Linternum). El 23 de enero, los *lazzaroni*, que se habían encerrado en el fuerte de San Telmo, fueron expulsados por los franceses y los burgueses de la ciudad, tras una lucha de tres días (21 a 23 de enero de 1799). Mientras, Joubert se había hecho entregar la ciudadela de Turín y se apoderó de Novara, Alejandría, Susa y Chivasso. Los éxitos militares de esta campaña de Italia servirían a Bonaparte para dar su golpe de Estado (*menée*) del 18 brumario. Adolphe Thiers, en su *Histoire de la Révolution*, escribe: «Los republicanos, afectos a la Constitución del año III, sólo sentían por Barras desprecio y desconfianza. Los reformadores, los políticos, veían sólo en él a un hombre sin consideración y le aplicaban el mote de podrido, imaginado por Bonaparte. Le quedaban sólo algunas *intrigas* con los monárquicos, a través de ciertos emigrados ocultos en su corte. Esas *intrigas* eran bastante antiguas: habían comenzado ya el 18 fructidor. Las había comunicado al Directorio y había logrado que le autorizaran a perseguirle, para tener en sus manos los hilos de la contrarrevolución. Había elaborado así el medio de traicionar, si lo deseaba, al pretendiente o la República...».

El año anterior, el 28 de diciembre, los romanos fomentan disturbios contra los franceses. Durante el motín, el general Duphot muere a manos de uno de los suboficiales pontificios encargados de restablecer el orden. El incidente servirá de pretexto al directorio para dar al general Berthier la orden de ocupar Roma. Éste llega a las puertas de la ciudad el 9 de febrero de 1799. Cinco días más tarde se proclama la República romana y el papa Pío VI queda prisionero en el Vaticano. El 17 de febrero, el Papa recibe la orden de abandonar la ciudad y el Sacro Colegio se dispersa. Pío VI se refugia en la Cartuja de Florencia. El 28 de marzo, los franceses ocupan Toscana. El Papa, por orden del Directorio, se instala en Parma el 1 de abril. El 14, debe salir hacia Turín y, luego, será llevado a Francia donde morirá, en Valence, el 29 de agosto. Mientras, en Roma, los sacerdotes (su gente) son encarcelados y deportados.

EL SITIO DE ZARAGOZA
DEL 20-12-1808 AL 21-02-1809

I, 33

Près d'un grand pont de plaine spatieuse,
Le grand Lyon par forces Césarée,
Fera abattre hors cité rigoureuse,
Par effroy portes lui seront resserrées.

Junto a un gran puente de llano espacioso,
El gran León por fuerzas Cesareas,
Hará abatir fuera ciudad rigurosa,
Por espanto puertas le serán abiertas.

Junto a un gran puente, en una espaciosa llanura, el gran León (británico) será vencido a causa de la derrota de las fuerzas de Zaragoza y saldrá de esta hosca ciudad por las puertas abiertas (*resserare*: abrir) en pleno espanto.

La palabra clave de esta cuarteta es Cesarea. En efecto, Zaragoza, capital de Aragón, se llamó Salduba y, luego, *Caesarea* Augusta. El *Dictionnaire d'histoire* de Bouillet precisa *hermoso puente*. «Los aragoneses, orgullosos (*hosca*) de la resistencia que habían opuesto el año anterior, y tras haber advertido el valor de sus murallas, estaban decididos a vengarse, con la defensa de su capital, de todas las derrotas sufridas en campo abierto (*llano espacioso*). Desde Tudela, se habían retirado a la plaza en número de 25.000, y habían llevado con ellos a 20 o 25.000 campesinos, a la vez fanáticos y redomados contrabandistas, que disparaban bien, capaces, desde un tejado o una ventana, de matar a uno de esos soldados ante quienes, *en el llano*, huían... Se había advertido que, por su lado, los sitiados minaban. Se había entonces cargado la mina con 3.000 libras de pólvora y, con la intención de producir mayor carnicería, se había fingido un ataque abierto para atraer al mayor número de enemigos. Centenares de españoles habían ocupado, inmediatamente, todos los pisos. Entonces, al dar el mayor de ingenieros Breuille la orden de prender fuego a la mina, se escuchó una espantosa explosión, que había resonado en toda la ciudad, y una compañía entera del regimiento de Valencia saltó por los aires, con los restos del convento de San Francisco. Todos los corazones se habían estremecido de horror (*espanto*)... Era el 18 de febrero; hacía cincuenta días que atacábamos Zaragoza (*Cesarea*), y habíamos pasado veintinueve penetrando en los muros. Aquel mismo día, en la ciudad, se iba a hacer saltar la Universidad, y en los arrabales caería el convento contiguo al puente del Ebro... Sin embargo se introdujeron tantas tropas como fue posible, y del convento se corrió al puente... Esta operación, brillante y decisiva, dirigida por el propio Lanne, no nos había costado más de diez muertos y cien heridos... Al día siguiente, 20 de diciembre, la junta se trasladó al campamento y aceptó la rendición de la ciudad. Se convino que todo lo que quedaba de la guarnición saldría por la puerta principal, la de Portillo, depondría las armas y sería prisionera de guerra... Ése fue el final de la segunda campaña de España, iniciada en Burgos, Espinosa, Tudela, terminada en Zaragoza (*Cesarea*), y marcada por la presencia de Napoleón en la Península, por la precipitada retirada de los ingleses (*el gran León*) y por una nueva sumisión de los españoles al rey José.» (Adolphe Thiers, *Histoire de l'Empire*.)

LAS DERROTAS EN ITALIA - BATALLA DE TOULOUSE 1814

II, 33

Par le tourrant qui descend de Veronne,
Par lors qu'au Pau guidera son entrée:
Un grand naufrage, et non moins en Garonne,
Quand ceux de Genes marcheront leur contrée.

Por el torrente que desciende de Verona,
Cuando a Po guiará su entrada:
Un gran naufragio, y no menos en Garona,
Cuando los de Génova hollarán su región.

Por el torrente (el Adigio) que baja de Verona, cuando (el ejército austriaco) sea conducido hasta el Po (latín *Padus*: el Po), habrá una gran derrota, no menos importante que a orillas del Garona (Toulouse), cuando quienes hayan llegado a Génova hollen (antiguo francés, *marchier*: hollar con los pies) el suelo de su país.

Advirtamos aquí que para codificar la palabra Po y ganar un pie en el verso, Nostradamus utiliza dos figuras gramaticales: la síncopa, quitando la letra *d* de la palabra Padus y el apócope, suprimiendo la letra *s* a final de palabra. Por otra parte, pone dos *n* a Verona (*Veronne*) para que rime con Garona (*Garonne*).

«Murat creyó que era su deber y le interesaba apoyar los últimos esfuerzos del emperador, en 1883, y a finales de este año compartió los peligros de la campaña de Alemania y de la batalla de Leipzig. Esta última derrota y la invasión del territorio francés, en los primeros meses del año 1814, separaron por completo la causa de Italia de la de Francia... Los dos reyes (Eugenio y el rey de Nápoles), no estuvieron de acuerdo. Eugenio no podía perdonar a Murat haber abandonado demasiado pronto al emperador; Murat pensaba convertirse en rey de toda Italia, en vez de limitar sus deseos a conservar Nápoles. Cada uno de ellos quería salvarse a expensas del otro. Al llegar el momento de la acción, estas divisiones lo paralizaron todo. Mientras el virrey Eugenio se concentró en *Verona* para defender el *Adigio* contra el ejército austriaco dirigido por Bellegarde, Murat lanzó contra él un manifiesto, intentando de nuevo ganarle bajo mano; ocupó luego Roma, Ancona, Bolonia y dificultó así todas las operaciones de aquel a quien hubiera debido apoyar... Eugenio intentó ganarse los corazones y las voluntades con un poco de energía y algunos afortunados combates en el Mincio. Murat los hizo inútiles dando la mano a Bellegarde por Bolonia, y lo perdió todo. Bentinck, con el que había contado, había desembarcado en Toscana con 7.000 sicilianos e ingleses y, a pesar de sus representaciones, declaró que la provincia quedaba substraída a la administración francesa, se apoderó de *Génova* y ocupó así, entre los dos reyes franceses, *todos los puntos importantes de la Península (hollarán su región)*. El general austriaco Bellegarde, con el consentimiento del propio Eugenio, que veía que para él todo había terminado, puso pie en territorio milanés y entró, sin resistencia, en la capital del reino de Italia con el pretexto de mantener el orden; dos meses después, el 12 de junio, el tratado de París devolvió Italia, hasta el Po y Tesino, a la monarquía austriaca.» (Jules Zeller, *Histoire de l'Italie*.)

El 10 de abril de 1814, Wellington libra a Soult una nueva batalla que le abre las puertas de *Toulouse* (en el Garona).

LA CAMPAÑA DE FRANCIA
LA CAÍDA DE NAPOLEÓN I

I, 22

Ce qui vivra et n'ayant aucun sens,
Viendra léser à mort son artifice,
Autun, Châlons, Langres et les deux Sens,
La gresle et glace feront grand maléfice.

El que vivirá y sin tener sentido alguno,
Perjudicará a muerte su artificio,
Autun, Châlons, Langres y los dos Sens,
El granizo y hielo harán gran maleficio.

El que haya vivido sin sentido común herirá mortalmente su talento (otro sentido de *artificio*), despúes de Autun, Châlons, Langres y los dos Sens (Sens y París). El granizo y el hielo serán muy maléficos.

Sens fue, durante mucho tiempo, la metrópolis de París: su arzobispo adoptaba el título de Primado de las Galias. (*Dictionnaire d'histoire*, de Bouillet.)

«Para la campaña que se inicia, el general Duhesne manda la Joven Guardia, el número de cuyas divisiones el Emperador espera que aumente. El general Guye se ha unido al Emperador en *Autun*.» (Henri Lachouque, *Napoléon et la Garde Impériale*.)

«El zar Alejandro se inclinaba ya a no tratar sino en el propio París. Al mismo tiempo, los distintos ejércitos tendían a aproximarse. Mientras el ejército del príncipe de Schwartzemberg se hallaba en torno a *Langres*, Blücher, tras haber abandonado Nancy, había atravesado Saint-Dizier, había dejado allí el destacamento ruso de Lanskoi para hacer creer que se dirigía hacia *Châlons* siguiendo el Marne. Hacia el lado opuesto, es decir, hacia el Marne, Napoleón volvió a dar al mariscal Mac Donald la orden de dirigirse a *Châlons* con todo lo que traía de las provincias renanas. Destinó al mismo tiempo nuevos refuerzos a la defensa del Sena y del Yonne, y reiteró la orden de enviar a Pajol, además de la pequeña reserva de Burdeos que llegaba por Orleans, toda la caballería disponible en Versalles. Pajol, con estos medios, debía conservar Montereau, Sens, Joigny y Auxerre.» (Adolphe Thiers, *Histoire de l'Empire*.)

«Cuando el grueso de los aliados se acerca, Marmont, a quien se ha unido Mortier, decide batirse en retirada. Puesto que no pueden reunirse con el Emperador, al menos cubrirán *París*... Pero llegan sin cesar los refuerzos aliados. A esta verdadera "marea humana", dispuesta a sumergirles, se añade *una violenta tormenta, el granizo* azota de lleno el rostro de los franceses... Al salir de Reims, el plan del Emperador era dirigirse hacia el este para que se le unieran las guarniciones de las plazas fuertes, llevando hasta allí la guerra. Tras las duras jornadas de Arcis, decide arrojarse con todas sus fuerzas sobre las comunicaciones de los Aliados y ordena a Marmont y a Mortier, así como a los refuerzos llegados de París, que se le reúnan en Saint-Dizier. Esta osada combinación, muy digna del genio (*artificio*) napoleónico, estuvo a punto de tener éxito.» (*Napoléon et l'Empire*, Hachette, 1968.)

EL REGRESO DE LAS CENIZAS DE NAPOLEÓN 1840 EL PANTEÓN DE LOS INVÁLIDOS - 2 DE DICIEMBRE DE 1861

I, 43

Avant qu'advienne le changement d'Empire,
Il adviendra un cas bien merveilleux
Le Champ mué, le pilier de porpire,
Mis, transmué sur le rocher noilleux.

Antes de que advenga el cambio de Imperio,
Advendrá un caso muy maravilloso
Cambiado el campo, el pilar de pórfiro,
Puesto, trasladado a la roca negruzca.

Antes de que el Imperio (el Segundo) sea sustituido (por la III República), se producirá un acontecimiento maravilloso: el

48

que había sido transferido por algún tiempo a una roca negra (*noilleux*, del latín *nigellum*: negro) será cambiado de región y puesto bajo un pilar de pórfiro.

«En 1840, el monumento de Mansard recibió las cenizas de Napoleón I, depositadas en la capilla de San Jerónimo de la iglesia de los Inválidos, a la espera de que se les levantara una sepultura especial. La obra se sacó a concurso y el jurado eligió el proyecto de Visconti, que consistía en excavar por debajo de la cúpula una cripta circular del mismo radio y de ocho metros de profundidad, destinada a recibir un alto cenotafio de mármol. El gran sarcófago de *pórfiro* tallado en un solo bloque, descansa sobre un pavimento de mosaico en forma de estrellas, a cuyo alrededor se han inscrito las grandes victorias del Emperador. La inauguración no tuvo lugar hasta el 2 de diciembre de 1861.» (*Dictionnaire Larousse.*)

«Santa Helena: isla del océano Atlántico; la mitad de la población se compone de negros. Rocas escarpadas e inabordables.» (*Dictionnaire d'histoire*, de Bouillet.)

«Napoleón I regresó a París en 1840, por voluntad de Luis-Felipe y de Thiers, que intentaban que se olvidaran las caricaturas de la época ofreciendo a Francia un cromo de carne y hueso. Un millón de franceses gritaron: "¡Viva el Emperador!", mientras el gigantesco ataúd se dirigía hacia la solemne cúpula de los Inválidos, seguido por un canoso Bertrand, un Gourgaud blanqueado y un lloroso Marchand (maravilloso caso).» (*Napoléon et l'Empire*, Hachette, 1968).

SIGLO XX; SIGLO DE LA IZQUIERDA
IGUALDAD DE PALABRA

II, 10

Avant longtemps le tout sera rangé,
Nous espérons un siècle bien senestre:
L'estat des masques et des seuls bien changé
Peu trouveront qu'à son rang veuille estre.

Sin tardar mucho todo será sometido,
Esperamos un siglo muy siniestro:
El estado de las máscaras y los siglos muy cambiado
Pocos encontrarán que en su rango quieran ser.

Sin tardar mucho todo quedará sometido a nuevas leyes (*ranger*: someter por la fuerza; someter un país a su poder, a sus leyes). Se espera un siglo muy a la izquierda (latín: *senester*, izquierda): el aspecto de la gente y de los siglos (antiguo francés: *seule*, una forma de siglo) habrá cambiado mucho. Poca gente creerá que se pueda hablar aún de acuerdo con su rango (hablar en su rango, tomar la palabra según el rango que se ocupa).

La forma «esperamos» significa que los pueblos del siglo XX esperarán la felicidad de las ideas de izquierda heredadas del siglo XVIII.

«El trabajo legislativo bajo la presidencia de Jules Grévy, de 1879 a 1886, fue considerable, sin duda el más importante realizado en Francia desde el Consulado, y Francia le debe muchos de sus rasgos (*máscaras*) actuales. A comienzos de 1882, los jefes republicanos ahogaron el ministerio del verdadero fundador del régimen, Gambetta: ¡había permanecido 77 días en el poder! Poco después, Jules Ferry se abandonó, no a decir, sino a sugerir que "*el peligro está en la izquierda!*"... Se comenzaba a sentir, en la derecha, que «el Espíritu del Mal es el que siempre dice no» y se procuraba *cambiar de método y de espíritu.*» (Albert Jourcin, *Prologue à notre siècle*, Librairie Larousse, 1968.)

Podemos preguntarnos si Nostradamus no dio a la palabra *senestre* el doble significado de izquierda y de peligro.

INUNDACIONES EN NÎMES OCTUBRE DE 1988

X, 6

Gardon Nemans si hault déborderont,
Qu'on cuidra Deucalion renaistre
Dans le Colosse, la plupart fuiront,
Vesta sepulchre feu estaint aparaistre.

Torrente Nîmes tan alto desbordarán,
Que se creerá Deucalión renacido
En el Coloso, la mayoría huirán,
Vesta sepulcro fuego apagado aparecer.

Un torrente (*gardon*: torrente que desciende de Cévennes) se desbordará hasta tan arriba en Nîmes que se creerá que el diluvio ha vuelto a la arena (*coloso* produjo Coliseo). La gente huirá, otros morirán en la oscuridad (*fue apagado*: corte de electricidad).

Varias ediciones del siglo XVII mencionan Nyme en vez de Nemans. Al parecer, los tipógrafos del siglo XVI convirtieron la *u* de Nemaus en *n* (en efecto, Nîmes en latín es *Nemausus*).

En la mitología griega, Deucalión, hijo de Prometeo, fatigado de su salvaje estancia en Escitia, adonde su padre le había relegado, aprovechó la primera ocasión y fue a reinar en Tesalia, junto al Parnaso. En su reinado se produjo el famoso diluvio. Júpiter, viendo que la malignidad de los hombres aumentaba, decidió sumergir al género humano, salvo una única montaña de Fócida donde se detuvo la pequeña barca que llevaba a Deucalión, el más justo de los hombres. Encontramos aquí al personaje bíblico de Noé. Por lo que a Vesta se refiere, era la diosa del fuego, pues los griegos la llamaban *Hestia*, palabra que significa hogar doméstico. Su culto consistía, principalmente, en mantener el fuego que le estaba consagrado y procurar que no se apagase.

Durante la catástrofe, *Paris-Match* escribía, al pie de una foto de las arenas inundadas: «Las arenas, el lugar de las fiestas del hombre y el toro, se han transformado de pronto en teatro trágico. Y estas piedras dos veces milenarias han sufrido el ultraje de las catástrofes naturales. Tras *el diluvio* se levantaban como un gran carguero en la ciudad sumergida». La catástrofe produjo once muertos y la ciudad quedó sin corriente eléctrica.

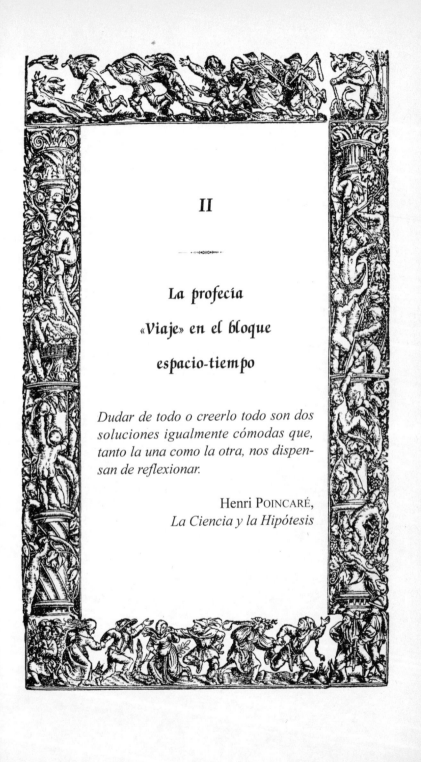

II

◦──◦═◦◉◦═◦──◦

La profecía

«Viaje» en el bloque

espacio-tiempo

Dudar de todo o creerlo todo son dos soluciones igualmente cómodas que, tanto la una como la otra, nos dispensan de reflexionar.

Henri POINCARÉ,
La Ciencia y la Hipótesis

Cuando se aborda con un racionalista el tema de la profecía, éste afirma con la mayor seguridad que es imposible «pre-ver» el porvenir. Y si se le pide que pruebe racional y científicamente su afirmación, carece de argumentos sólidos para apoyar su tesis. En efecto, un mínimo de modestia debería obligarnos a reconocer que no sabemos casi nada sobre el funcionamiento del cerebro humano que sigue siendo, para la comunidad médica, el mayor enigma. El hombre está dotado de talentos múltiples y, a veces, casi únicos, es decir, poseídos por uno solo o por muy escasos individuos. Sólo existió un Rembrandt, sólo un Leonardo da Vinci, sólo un Einstein. Los dos últimos gozaron de una especie de «pre-ciencia». Leonardo da Vinci imaginó el helicóptero, el submarino, etc. Cuando Einstein enunció su teoría de la relatividad general, no había entonces ni el menor asomo de prueba científica para apoyarlo y, sin embargo, hoy, los progresos del instrumento científico han permitido demostrar que esta teoría era una base indispensable en astrofísica y en otros muchos campos de la investigación fundamental.

Cuando, en 1913, Paul Langevin formuló su paradoja de los gemelos, no podía sospechar que sería preciso aguardar las experiencias americanas de 1971 para demostrar que lo que por aquel entonces era sólo una hipótesis iba a convertirse en ley física. La verificación de la paradoja se llevó a cabo con relojes atómicos de Cesio. Los relojes que se movían en aviones Boeing se retrasaban o se adelantaban, según se movieran hacia el este o hacia el oeste, con respecto al reloj de referencia que permanecía en el suelo. Lo que significa que, a la velocidad de la luz, el gemelo que sufriera una aceleración sobreviviría a su hermano, que moriría mucho antes que él. ¿Tanta diferencia hay entre esos visionarios de la ciencia y el visionario de la historia, al que denominamos profeta? Responder con una afirmación nos parecería muy presuntuoso.

En el campo del espacio-tiempo, los científicos están en los primeros balbuceos y tienen la prudencia de reconocerlo y decirlo. En el número de octubre de 1988 de la revista de la Sociedad Francesa de Astronomía (A.F.A.), «*Ciel et Espace*», Alain Bouquet, físico, investigador en el C.N.R.S., escribía, bajo el título de *En el abismo del tiempo*: «¿Qué es el tiempo? Las respuestas que se dan a esta pregunta divergen como las naturalezas de las sensibilidades cuestionadas. Pero si para el físico, el astrónomo, el filósofo o el poeta, el tiempo no tiene el mismo valor, todos plantean, en cambio, el mismo enigma apasionante: "¿Puede correr al revés?" Las teorías modernas de la astrofísica no lo excluyen al no dar una dirección al vector del tiempo». En el mismo artículo, Alain Bouquet precisa: «Las tres dimensiones del espacio se fusionan con la dimensión del tiempo para formar un espacio-tiempo de cuatro dimensiones que, por su parte, es universal. Ese espacio-tiempo contiene la totalidad de los acontecimientos pasados, presentes y futuros, y tan determinados como en el caso de Laplace».

Este enigma nos lleva a plantearnos una pregunta fundamental: «Debemos leer siempre el gran libro del universo de la primera a la última página y ¿por qué no podríamos leerlo de la última a la primera página? Como afirma Alain Bouquet: «En un universo-bloque no hay distinción entre pasado, presente y futuro». En su *Prefacio a su hijo César*, Nostradamus no dice otra cosa al escribir: «La virtud causal toca la larga extensión del conocimiento natural, tomando su más inmediato origen en el libre albedrío, hace aparecer las causas que por ellas mismas no pueden hacer adquirir estos conocimientos para ser revelados, ni por las interpretaciones de los hombres, ni por otro modo de conocimiento o ciencia oculta bajo la bóveda celeste, *desde el momento presente hasta la total eternidad que comprende la globalidad del tiempo*. Por medio de esta indivisible eternidad, las causas son conocidas por el movimiento del cielo». Algo más adelante Nostradamus añade esta frase de la que ningún astrofísico moderno podrá renegar: «Arrojando a lo lejos las fantasiosas imaginaciones, por el juicio puede poseerse el conocimiento de las causas futuras que se producirán, limitándote a la particularidad de los nombres de lugar y una parte del tiempo (dicho de otro modo: una parte del bloque espacio-tiempo), por una virtud que posee una propiedad oculta, a saber, por el poder y la facultad divinas, en presencia de los cuales los *tres tiempos* (pasado, presente y porvenir) *están comprendidos en el Tiempo cuyo desarrollo está vinculado a la causa pasada, presente y por venir*». He aquí un discurso que era incomprensible para los contemporáneos de Nostradamus y que, incluso hoy, sigue siendo de difícil acceso para el común de los mortales. Nuestro viajero del espacio-tiempo repite este principio como un estribillo: «Por el curso del tiempo se conocerá el porvenir», y algo más adelante: «Y he hecho mis suputaciones referentes a los acontecimientos de los tiempos por venir, con el espíritu libre y fuera de alcance; utilizando las épocas pasadas, comprendiendo el presente, así se conocerá el porvenir por el curso del tiempo en todas las regiones.» Tiempo y regiones, dicho de otro modo, el espacio-tiempo. Es sorprendente, en este siglo XX que, literalmente, ha visto estallar el progreso científico, ver cómo cuatro siglos y medio antes se formuló una teoría del espacio-tiempo. Lo que nos permite pensar que Nostradamus tenía conocimiento del fenómeno que le permitió entrar en el porvenir. Su afirmación, tantas veces repetida, de que todo procede de Dios el Creador podría hacernos pensar que asimila el Creador y la creación con ese bloque espacio-tiempo.

Pero volvamos a Nostradamus y a la capacidad, que tal vez tuvo, de penetrar en parte de ese bloque espacio-tiempo. Debemos contemplar sólo parte de este bloque porque la visión profética es limitada en el tiempo y el espacio. Por lo que se refiere al tiempo, su «proyección» parece iniciarse hacia el siglo V antes de Jesucristo para concluir en los aledaños del 2026. Por lo que se refiere al espacio, como él mismo escribe, se limita a Europa, África y parte de Asia; dicho de otro modo, pudo atravesar el Mediterráneo pero no el Atlántico.

Varios indicios permiten emitir esta hipótesis. En especial cuando Nostradamus compara al general De Gaulle con el general Trasíbulo, el libertador de Atenas del yugo espartano durante la guerra del Peloponeso que estalló en el 431 antes de Jesucristo, parece haber visto, al mismo tiempo, esta guerra y la Segunda Guerra Mundial. Pudo así observar que el sistema político que regía Esparta es por completo comparable al nacionalsocialismo. Los muchachos eran arrebatados a su madre cuando tenían diez años y enrolados en movimientos de juventud; los ancianos, los niños deformes, bocas inútiles, eran eliminados. Los espartanos eran xenófobos y tenían prohibido casarse con metecos (en griego μ, *metoikos*, que literalmente quiere decir: «que no forma parte de la casa» y, por extensión: «extranjero»).

Cuando los espartanos instauraron el régimen de los Treinta Tiranos, algunos atenienses tomaron el camino del exilio mientras otros formaron grupos de delatores profesionales a los que se llamaba los sicofantes (la milicia), que se encargaban de entregar al ocupante cualquier individuo hostil a Esparta. A la cabeza de los desterrados que se refugiaron en Tebas, potencia democrática aliada de Atenas (Inglaterra), se hallaba el general Trasíbulo que lanzó, desde aquella ciudad, una llamada a la resistencia contra el invasor espartano y que, a la cabeza de un pequeño grupo que crecería día tras día, liberó Atenas del ocupante. Y, como si el paralelismo entre la guerra del Peloponeso y la Segunda Guerra mundial no fuera ya bastante preciso, una vez liberada Atenas, Trasíbulo restituyó la constitución de Solón, que era la constitución democrática antes de la invasión. El general De Gaulle hizo lo mismo cuando creó la IV República, después de que el ocupante alemán hubiese terminado con la III. Hay pues una sorprendente similitud entre ambos conflictos. Todo ocurre, para Nostradamus, como si hubiera tenido delante un muro de imágenes que representaran esa porción de historia de veinticinco siglos. Por lo tanto, en 1555, habría vivido como presentes, a la vez, ambas guerras, cuando para sus contemporáneos, para el rey Enrique II por ejemplo, la guerra del Peloponeso era el pasado y la Segunda Guerra Mundial el porvenir. Esta hipótesis es fundamental, pues descarta la tesis del determinismo y explica por qué Nostradamus se apoya en el *libre albedrío* del que habla en el párrafo de su prefacio antes citado. En efecto, ve las locuras que hacen los hombres, tanto en el 431 antes de Jesucristo como en 1940. Podemos pues reformularlo utilizando el pasado: vio en

1555 las guerras y las atrocidades perpetradas por los hombres, desde esta fecha hasta 2026. El objetivo de las cuartetas es, pues, denunciar las locuras asesinas de los hombres. Es la razón por la que resultaría vano buscar en estos escritos inventos como la bicicleta, el teléfono o la televisión. El invento de lo nuclear no es cosa suya. En cambio, las catástrofes provocadas por este invento se mencionan con detalles como la explosión del reactor de la central de Chernobyl o la destrucción de Hiroshima y Nagasaki, cuya sorprendente descripción dice:

II, 91

Soleil levant un grand feu on verra,
Bruit et clarté vers Aquilon tendans;
Dedans le rond mort et cris l'on orra,
Par glaive, feu, faim, mort les attendans.

Sol naciente gran fuego se verá,
Ruido y claridad hacia Aquilón tendente;
En el redondel muerte y gritos habrá,
Por espada, fuego, hambre, muerte esperándoles.

En el Japón (el Imperio del «Sol Naciente») se verá un gran fuego, ruido y luz (el estruendo y la inmensa claridad creados por la explosión atómica), hacia Rusia (el Imperio del Norte) que ocupa aún las islas Kuriles, antiguo territorio japonés. En el círculo de muerte se oirán gritos. Por la guerra, el fuego y el hambre los hombres aguardarán la muerte. Una segunda cuarteta describe esa terrorífica catástrofe que fue la aniquilación de ambas ciudades japonesas:

II, 6

Auprès des portes et dedans deux cités,
Seront deux fléaux et onc n'aperceu un tel:
Faim, dedans peste, de fer hors gens boutés,
Crier secours au grand Dieu immortel.

Cerca de las puertas y dentro dos ciudades,
Serán dos plagas y nadie percibió tal:
Hambre, dentro peste, fuera hierro gente golpeada,
Gritar socorro al gran Dios inmortal.

Cerca de las *puertas* (el Japón, «Puertas de Oriente») y en dos ciudades (Hiroshima y Nagasaki), habrá dos plagas que nadie había visto aún (primera utilización del arma atómica); esas plagas provocarán el hambre y la enfermedad; la gente será golpeada (*bouter* en antiguo francés) por algo distinto al hierro (símbolo de la guerra), (¿el uranio?). E invocarán al Emperador, representante de Dios.

Las descripciones que Nostradamus hace permiten pensar que vio, realmente, ardiendo en el fuego atómico las dos ciudades del Japón, pues parece describirlo como acontecimientos pasados para él. Y la expresión «nadie vio (antes) semejante plaga» pone de relieve su viaje en el espacio y el tiempo, puesto que semejante catástrofe no se había producido antes de 1555, fecha en la que la describe, pero tampoco antes de 1945. Hace pues un recorrido de 490 años en una distancia de 20.000 kilómetros. Ambas cuartetas muestran también que, aunque Nostradamus no mencionara acontecimientos que afectasen al continente americano, vio la importancia de América y de sus acciones en los continentes que le interesan: «Europa, África y una parte de Asia».

Otro ejemplo que ilustra esta excepcional percepción del espacio-tiempo es la frase ya citada en el «Preámbulo», en la que Nostradamus anunciaba el final del Antiguo Régimen para el año 1792. El juicio de valor que formula al decir que aquel año sería percibido como *una renovación de siglos*, sólo puede explicarse imaginando que ha visto, simultáneamente, los trece siglos de monarquía y las cinco repúblicas.

Al comienzo de la *Carta a Enrique, rey de Francia segundo* Nostradamus precisa cuál es la parte del bloque espacio-tiempo que tuvo la posibilidad de conocer. En efecto, escribe: «Esperando haber dejado por escrito los acontecimientos que afectarán los años, los pueblos, las ciudades, las regiones; e incluso los años 1585 y 1606, a partir de hoy, 14 de marzo de 1557. Y yendo mucho más allá de esas fechas hasta la llegada del principio del séptimo milenio, por una madura reflexión, hasta donde mi cálculo astronómico y otros conocimientos me han permitido ir... el todo ha sido pues compuesto y calculado en días y horas elegidos y bien dispuestos». He aquí pues el otro conocimiento que Nostradamus evoca, sin precisarlo pues, en plena Inquisición, corría el riesgo de ser quemado por herejía. Teniendo en cuenta la cronología bíblica, este séptimo milenio comenzará en el año 2000; en efecto, a los cuarenta siglos del Antiguo Testamento hay que añadir los veinte siglos de la era cristiana.

Nostradamus codificó astutamente la fecha del final de su visión profética, final que corresponde a los primeros años del séptimo milenio. Escribe en la *Carta a su hijo César*: «He escrito libros de profecía... que constituyen vaticinios perpetuos desde hoy (1555) a 3797». Precisa aquí una porción de tiempo comprendida entre esas dos fechas, es decir, 2.242 años. Si añadimos esos 2.242 años a los 4.757 años de la cronología bíblica, hallamos la fecha de 6999 (era judaica + era cristiana), es decir, el año 1999 según la cronología cristiana. Como nos indica en dos cuartetas que las guerras del Anticristo comenzarán antes de julio de 1999 y que estas guerras durarán 27 años, el término de la profecía se sitúa entre 2023 y 2026. Este modo de calcular nos es ajeno; por esta razón no es fácil encontrar las fechas que Nostradamus quiso precisar.

Esta visión poco común de la historia obliga al traductor a intentar abandonar su propio espacio-tiempo, prisionero como es del lugar donde se encuentra en un momento dado, con la imposibilidad de evadirse. ¡Cuántos oyentes, lectores, periodistas se han puesto, así, en contacto conmigo desde 1980, para que yo les indicara los acontecimientos que iban a producirse el año siguiente! En función de su viaje por el bloque espacio-tiempo, Nostradamus no redacta un calendario de acontecimientos sino que describe un encadenamiento y un desarrollo de hechos que se imbrican unos en otros. El ovillo es así más difícil de desliar. Por lo tanto, en cualquier momento podemos vernos confrontados a una cuarteta que indica un acontecimiento pasado y otro por venir o dos acontecimientos separados por varios años, varios siglos incluso, aunque para Nostradamus, en su bloque espacio-tiempo, ambos acontecimientos sean contemporáneos. De ahí la casi imposibilidad de clasificar cronológicamente acontecimientos y cuartetas de acuerdo con nuestros habituales criterios de agenda. Nostradamus dio con claridad muy pocas fechas: 1792 y 1999. Puesto que la primera de ambas fechas resultó cierta, es difícil ver qué lógica nos permitiría suponer que la segunda sea errónea y que los acontecimientos anunciados no van a producirse, puesto que, de acuerdo con la teoría del espacio-tiempo, se han producido ya, a menos que el libre albedrío...

He aquí el ejemplo de la inclusión en una cuarteta de dos acontecimientos separados por cuarenta y dos años:

III, 59

Barbare empire par le tiers usurpé,
La plus grand part de son sang mettrà mort:
Par mort sénile par lui le quart frappé,
Pour peur que sang par le sang ne soit mort.

Bárbaro imperio por el tercero usurpado,
La mayor parte de su sangre ejecutará:
Por muerte senil por él el cuarto golpeado,
Por miedo que sangre por la sangre sea muerta.

La III (República) se apoderará del Magreb cuyo nombre, en el siglo XVI era *costas berberiscas* y masacrará a mucha gente; la IV (República), envejecida, será golpeada por él (el Imperio berberisco) con espíritu de venganza.

Las palabras *tercero* y *cuarto* se refieren a la tercera y a la cuarta. La III República, en efecto, concluirá la conquista del Magreb (en Argelia, los decretos de 26 de agosto de 1881 completan el dominio de Francia sobre aquel país, por el sistema de las «vinculaciones». En 1881, Jules Ferry ordena invadir Túnez con un ejército de 30.000 hombres. El 30 de marzo de 1912, la Convención de Fez instaura el protectorado francés sobre Marruecos. En 1950 se inicia el levantamiento de Argelia, que acarreará la caída de la IV República en 1985.

Cuando en la *Carta a Enrique, rey de Francia segundo*, Nostradamus da setenta años de vida a la Unión Soviética, proclamada en 1922 y que cayó en diciembre de 1991, nos cuestiona sobre el modo de clasificar el comienzo y el final del régimen: ¿es más lógico clasificar cronológicamente el texto profético en 1922 o en 1991? Las cuartetas sólo pueden clasificarse por temas o por secuencias de historia. En *Nostradamus historiador y profeta* esa imposibilidad de clasificación cronológica llevó, para el porvenir, a un desconcertante desorden, algo que no facilitó la lectura de la obra. Por lo que se refiere al pasado, es decir, de 1555 a 1980, las cuartetas están también clasificadas con cierto desorden cronológico, aunque de acuerdo con secuencias históricas conocidas.

Como estamos acercándonos al final de la profecía, es más fácil ahora reclasificar el conjunto de textos, tanto más cuanto el punto que sirve de «faro» es 1999, verdadera bisagra entre el comienzo y el final de la era cristiana que está ahí para servir de pivote a las secuencias por venir. El comienzo del fin se sitúa en 1792, primera fecha que Nostradamus da claramente y año que pone fin a trece siglos de monarquía de derecho divino y cristiano.

El modo de abordar la historia a través del filtro de la profecía nada tiene en común con los actuales métodos de enseñanza de esta disciplina. En efecto, los manuales escolares proponen una historia fragmentada en una especie de calendario, donde los acontecimientos se suceden cronológicamente. No es fácil librarse de esta formulación, verdadera traba para este tipo de investigaciones. Al cabo de varios decenios de trabajo sobre los escritos de Nostradamus, se acaba entrando en su sistema de referencias, lo que permite pasar, sin transición, de acontecimientos por venir a acontecimientos ya pasados, alejados unos de otros. Esta gimnasia intelectual la impone también el vocabulario. La lengua de Nostradamus es la del siglo XVI, sembrada de términos del francés antiguo y medio que cualquier humanista practicaba por aquel entonces. Nos vemos pues llevados a franquear, de pronto, cuatro siglos y más en casi cada palabra. Por ejemplo, cuando se lee Ragusa se debe pensar, casi de inmediato, en Dubrovnik, nombre moderno de esa ciudad histórica; lo mismo ocurre con Mesopotamia, que debe traducirse por Iraq, Cesarea por Zaragoza, Verbine por Vervins, etc. Ese tipo de ejemplos podría multiplicarse hasta el infinito. No es posible pues dar una dirección al vector del tiempo y la historia se convierte en un todo en la parte del bloque de cuatro dimensiones a la que Nostradamus tuvo acceso. Tras un largo aprendizaje de este método, es posible entonces concebir globalmente la historia de los trece siglos de monarquía comparada con la de las cinco Repúblicas; lo que permite hacer la siguiente advertencia: la I República trajo a Napoleón I y el Primer Imperio, la II República trajo a Napoleón III y el Segundo Imperio, la III República trajo a Pétain y el Estado Francés, la IV República trajo al general De Gaulle y los plenos poderes (artículo 16 de la Constitución de 1958). Este modo de contemplar la historia de las Repúblicas a través del tiempo nos lleva, naturalmente, a preguntarnos qué personaje de poder personal puede traernos la V República.

Nostradamus responde esta pregunta cuando anuncia la llegada de un Borbón a la cabeza del Estado, como Juan Carlos I dirige hoy España desde 1975. Esta profecía no es más absurda o irrealizable que las de la llegada de Napoleón I tras el desorden del Directorio, de Napoleón III tras la II República, de Pétain tras la III República o de Charles de Gaulle tras de la IV. En materia de historia todo es posible aunque ilógico para la razón humana. Sólo semejante postulado, previamente aceptado, nos permite intentar entrar en el bloque espacio-tiempo del profeta. El hombre es prisionero sólo del presente, de un conocimiento parcial del pasado y de una total ignorancia del porvenir. Por lo tanto, sólo un espíritu que se haya liberado de prejuicios y un encarnizado trabajo pueden ayudarnos a intentar comprender y entrever ciertos acontecimientos anunciados por el profeta, mientras que, para éste, los mismos acontecimientos ocurrían en el momento en que los trasladaba al papel. Por otra parte, nunca debemos perder de vista que, a causa de la Inquisición, se vio obligado a velar su texto con una neblina filológica, jugando con los anagramas y las figuras gramaticales.

Así, abandonando una mentalidad forjada en los análisis racionales de la historia, penetramos en otro sistema de referencias distinto al nuestro. Nos vemos llevados a viajar a través de varios siglos (unos veinticinco para Nostradamus) y todo ello en un solo instante. Cabe preguntarse si la decisión de Nostradamus de dar con claridad dos fechas –1792 y 1999– es una arbitrariedad, un azar o, más bien, fruto de la lógica de su visión a través de su espacio-tiempo. Cierto número de juicios de valor formulados por Nostradamus sobre acontecimientos o personajes de la historia entre ambos puntos de orientación temporales, nos permiten descubrir que 1792 representa el comienzo de la decadencia de la civilización occidental y 1999 el comienzo de su fin. Los historiadores consideran la fecha de 1792, fin del Antiguo Régimen y proclamación de la I República, como una grieta fundamental en la civilización de Europa, un abandono brutal de los ideales que fueron su motor durante trece siglos y la adopción de grandes principios filosófico-políticos que, desde los filósofos de las Luces hasta los pensadores del siglo XIX –Proudhon, Saint-Simon, Marx–, han animado todas las revoluciones del siglo XX. Uno de los síntomas más reveladores de este final de ciclo es la caída del Imperio soviético y el abandono de las utopías que hubieran debido, según sus promotores, hacer la felicidad de los pueblos: nueva religión pagana que arrinconaba a Dios, perseguía a los cristianos acusándoles de superstición y deificaba al hombre en un culto a la personalidad; ¡la ridícula imitación llegó hasta esa confesión pública denominada *autocrítica*! Hoy las autoridades rusas no saben qué hacer de la molesta momia de Lenin, ese dios caído. «Vanidad de vanidades y todo vanidad» (Eclesiastés).

Nostradamus tuvo una visión tan precisa de la parte del bloque espacio-tiempo descrita en las centurias que nos dice, en la *Carta a Enrique, rey de Francia segundo*: «Y hubiera podido, de haber querido, poner en cada cuarteta un cálculo de tiempo, pero eso no hubiera gustado a todo el mundo, y menos aún mis interpretaciones, a menos que Vuestra Majestad me hubiera concedido protección bastante para hacerlo, y no dar pretexto a los calumniadores para agredirme».

Cuando se advierte la increíble polémica, las venenosas palabras, los comentarios burlones, las descalificaciones de todo tipo de los que fue objeto, en 1981, *Nostradamus historiador y profeta*, se comprende la prudencia de Nostradamus en un tiempo en el que reinaban la Inquisición y un oscurantismo destructor; lo que nos lleva a preguntarnos si el oscurantismo y la Inquisición han desaparecido de las sociedades modernas llamadas democráticas y liberales...

Hombre de ciencia, médico de vanguardia, físico relativista antes de tiempo, astrónomo ilustrado, nuestro profeta no podía expresar abierta y claramente sus descubrimientos, pues de lo contrario, los poderes políticos y religiosos no habrían dejado de hacer un auto de fe con sus escritos, que se habrían perdido definitivamente para la posteridad.

Al efectuar su «viaje» por el espacio-tiempo, Nostradamus se dio cuenta de que sólo consideraba una ínfima parte del bloque, comparándola con sus dimensiones infinitas; en efecto, escribe en la *Carta a Enrique, rey de Francia segundo*: «Acercándose el mundo a una gran conflagración (1999), aunque mis suputaciones en mis profecías no abarquen todo el curso del tiempo que va mucho más lejos». Luego añade: «Habría podido hacer cálculos más profundos y adaptados unos a otros, pero considerando que la censura pueda aportar algunas dificultades, retiré pues mi pluma del papel durante la calma de mis noches». Volvemos a encontrar la obligada prudencia que Nostradamus se ve forzado a demostrar en aquel siglo XVI donde se tortura, se quema o se despedaza por la menor frase considerada «herética».

En su *Prefacio a su hijo César*, Nostradamus indica los límites de la parte del bloque espacio-tiempo a la que ha tenido acceso: «... Mis profecías que están compuestas a lo largo en un discurso sin orden, limitando los lugares (el espacio), los tiempos y el término fijado de antemano que los hombres por venir verán al conocer los acontecimientos que se producirán infaliblemente, pues a pesar de esta forma velada, esas cosas se volverán inteligibles». A primera vista, parece que haya una contradicción entre la afirmación de Nostradamus del libre albedrío del hombre y lo ineluctable de los acontecimientos anunciados. Esta antilogía es sólo aparente y sólo puede tenerse en cuenta si se hace abstracción del viaje por el bloque de cuatro dimensiones. En efecto, si, como permite pensar la hipótesis aquí formulada, Nostradamus vivió como perteneciente, para él, al presente, los acontecimientos comprendidos entre 1555 y 2025, cuando esos mismos acontecimientos debían llegar aún para sus contemporáneos, no es posible cambiar cosa alguna.

Nostradamus no vio ni describió, pues, las locuras que los hombres se ven obligados a hacer por no sé qué determinismo o dios vengador, que les transforma en marionetas manipuladas por el azar o la necesidad. Anuncia las catástrofes libremente engendradas por la ambición y la sed de poder. Aunque entristecedora, esta advertencia tranquiliza, pues convierte al hombre en un ser libre y, por consiguiente, responsable y perfectible. Sin ello, no podría considerarse la paz universal programada. La razón por la que su profecía llega a término en los aledaños del año 2025 es que no quedan ya catástrofes por anunciar.

Aquí encontramos el objetivo esencial de la profecía: avisar a los hombres para que acaben por abandonar una mentalidad por la que se matan mutuamente desde hace milenios. Nos vemos así llevados a una hipótesis fundamental: si las profecías de Nostradamus fueran tenidas por fin en cuenta por quienes detentan las claves de los poderes, las catástrofes anunciadas para los treinta próximos años no se producirían. Eso supondría un cambio radical de las mentalidades y las relaciones de fuerza entre potencias. Sería preciso que los recursos y las riquezas del planeta fueran puestos en común, al servicio de todos los hombres. Hoy utopía, pero tal vez mañana... La guerra económica entre los bloques (Estados Unidos, CEI, Europa, Japón, China continental, Taiwán, Hong-Kong y Singapur) representa el verdadero peligro para la paz mundial pues, en medio de esos gigantes, un importante número de pequeñas o medianas potencias actúan de aguafiestas y encienden focos de incendio de los que nadie sabe qué puede brotar.

Cuando Nostradamus anuncia un tercer conflicto mundial en los aledaños de 1999, ¿realmente lo ha visto en su parte de bloque espacio-tiempo o, apoyándose en su conocimiento de la historia de 1555 a nuestros días, por un análisis y por el razonamiento, nos entregó una especie de *kriegspiel* imaginado, para dar a conocer al hombre lo que debe cambiar para impedir la matanza? Sólo el muy próximo porvenir responderá a esta pregunta.

III

Signos precursores

Desde el éxito de *Nostradamus historiador y profeta* en 1981, cierto número de maníacos de lo «sensacional» y de explotadores de lo morboso se desmelenan con el anuncio del fin del mundo utilizando las profecías de Nostradamus. Esta discutible utilización de las centurias era denunciada en la primera obra, donde podía leerse lo siguiente: «... Se abrirá entonces, dentro de unos cincuenta años, el séptimo milenio o era de Acuario que aportará al hombre la paz universal y la prosperidad, tanto espiritual como material».

Como se ha expuesto precedentemente, Nostradamus «pasea» por el tiempo y el espacio y ve pues, en el desarrollo de la historia, los signos precursores del final de la civilización europea, escalonados en prácticamente dos siglos. Así pues, describe los síntomas de la enfermedad que corroerá la civilización occidental a partir de las utopías de los filósofos de las Luces. Citando con todas las letras a (Jean-Jacques) Rousseau, hace a éste responsable, en gran parte, de la caída que debe producirse por una conjura que trastornaría de arriba abajo el sistema emplazado por Napoleón I; sistema que sigue rigiendo nuestra sociedad, tanto en Francia como en los demás países europeos, a los que esas ideas fueron exportadas. Este punto es tan fundamental que la cuarteta que se refiere a este acontecimiento está colocada al comienzo de la obra, puesto que lleva el número 7 de la primera centuria:

> Tard arrivé l'exécution faite,
> Le vent contraire, lettres aux chemins prises:
> Les conjurés XIIII d'une secte,
> Par le Rousseau senez les entreprises.

Tarde llegado la ejecución hecha,
El viento contrario, cartas tomadas en el camino:
Los conjurados XIIII de una secta,
Por el Rousseau senectas las empresas.

El régimen será pues ejecutado por una conjura fomentada por catorce miembros de un partido, pues el viento de la historia habrá terminado y, probablemente, se habrán descubierto documentos comprometedores; todas las empresas fundadas en las ideas de Jean-Jacques Rousseau habrán envejecido.

Recordemos aquí que se considera a Rousseau el padre del sufragio universal y el abanderado de las ideas del Siglo de las Luces. Ahora bien, cuando observamos lo que ocurre hoy en el electorado, hastiado por los políticos de todo pelaje y que se abstiene, vota en blanco o da su papeleta a los pescadores de caña, es forzoso advertir el envejecimiento de un sistema que no vende ya. Es preciso, además, advertir que el empleo por Nostradamus de un artículo ante el nombre propio tiene una connotación peyorativa. Para ilustrar este final de sistema, basta con apelar a gente perteneciente a corrientes de pensamiento muy distintas y que denuncian, hoy, las utopías del Siglo de las Luces y las catástrofes que han engendrado. Así, en *Le Monde* del 18 de octubre de 1994, Henri Tincq, en su crítica sobre el libro de Juan Pablo II, *Cruzando el umbral de la esperanza*, escribe: «El pontificado de Juan Pablo II está en la confluencia de tres herencias: el neotomismo, la crítica del positivismo y de las Luces, y la hermenéutica contemporánea». Por su lado, Zaki Laïdi, investigador en el C.N.R.S., declaró en *Le Monde* del 8 de noviembre de 1994: «He intentado mostrar en *Un monde privé de sens* que el final de la guerra fría no sólo marcaba una ruptura con el comunismo sino también el agotamiento de un mundo: el de las Luces. Y el nuevo orden mundial ha fracasado por esta razón. Se creyó ver en la caída del muro el triunfo de las Luces. Hoy descubrimos que marca de un modo inexorable el final del reinado de las Luces».

En *Le Monde* del 17 de enero de 1995, la introducción del artículo de Jorge Semprún sobre el último libro de François Furet, que fue miembro del Partido Comunista, afirma: «Tras haber revisado de un modo radical la historia y la interpretación de la Revolución Francesa, lo que le valió una notoriedad mundial, François Furet hace hoy su fulgurante entrada en la historia contemporánea, con la aparición de su ensayo *Le Passé d'une illusion* consagrado a la idea comunista en el siglo XX... En *La République du centre*, obra colectiva aparecida en 1988, había examinado los más actuales contornos del agotamiento de los mitos y utopías brotados de 1789». Uno de los más fuertes signos de este final de sistema es, sin duda alguna, la caída del comunismo y el derrumbamiento del Imperio soviético, sustituido por un bloque rusomusulmán llamado Federación de Rusia.

Por tercera vez en el siglo XX, Europa entra en erupción en los Balcanes y el Cáucaso. Azeríes y armenios, ucranianos, georgianos, moldavos, chechenos, serbios, croatas, eslovenos, bosnios, albaneses se matan entre sí a pesar de toda la buena voluntad desplegada por las Naciones Unidas. ¿Dónde está pues este hombre «nacido naturalmente bueno» que soñó Jean-Jacques Rousseau? Europa puso en marcha las dos primeras guerras mundiales y puede hoy, por tercera vez, arrastrar al planeta a una gigantesca catástrofe; guerras de autodestrucción libradas sólo para conquistar el «becerro de oro», es decir, el poderío según Tucídides.

El clima general de la época
Enfermedad de las vacas locas - La droga

Inundaciones, sobreproducción agrícola, odios, pueblos y políticos que se alegrarán (acuerdo), pelea entre jefes de Estado, enfermedad de las vacas locas, refugiados, pueblos reunidos en gran número, droga.

V, 72

Pour le plaisir d'édit voluptueux,
On meslera le poison dans la loy:
Venus sera en cours si vertueux,
Qu'obfusquera du Soleil tout à loy.

73

Por el placer de edictos voluptuosos,
Se mezclará el veneno en la ley:
Venus estará en curso tan virtuoso,
Que ofuscará del Sol toda ley.

En latín, *venus* significa los placeres del amor. El Sol se utiliza aquí para referirse a Juan Pablo II, aludiendo a su divisa en las profecías de Malaquías, de *labores solis*, que se encuentra en otras cuartetas.

Para dar satisfacción a la gente con edictos sobre el placer, se legislará sobre la droga. Se encontrará virtud en los placeres del amor, lo que contravendrá por completo la ley del Papa.

El 30 de marzo de 1995, Juan Pablo II publica la encíclica *Evangelium vitae* sobre la defensa de los valores y de la inviolabilidad de la vida humana. Desde 1946, año de la creación de la Comisión para estupefacientes por 53 Estados, se han publicado numerosos decretos y leyes sobre la droga. Algunas leyes son represivas, otras preventivas y algunas permisivas, como en Italia, en los Países Bajos y en Suiza. En Francia, la ley de 1970 fue completada y modificada por un decreto de 1988, dos leyes de 1992 y dos leyes más de 1993 y 1994. «¡Se mezclará el veneno en la ley!» El debate sobre la liberalización de la droga continúa...

Los cuatro versos siguientes contienen una descripción del clima de este fin de siglo.

Presagio 92

L'an sextil pluyes froment abonder, haines,
Aux hommes joye Princes. Rois en divorce:
Troupeau périr, mutations humaines,
Peuple affoulé: & poison soubs l'escorce.

El año sextil lluvias trigo abundar, odios,
A los hombres alegría Príncipes. Reyes en divorcio:
Rebaño perecer, mutaciones humanas,
Pueblo reunido: & veneno bajo la corteza.

Sextil, del latín *sextus*: sexto (designa el final del VI° milenio: el siglo XX –del año 1000 al año 2000– o el año 2000 que es un año bisiesto). *Affouler* significa, en francés medio, reunir en gran número y *escorce* alude a la piel.

A fines del VI° milenio, se conocerán inundaciones (China, América Central, etc), una superproducción agrícola, odios (Balcanes, Oriente Medio, África), los hombres políticos y los pueblos (de Europa) se alegrarán (nacimiento del euro); habrá peleas entre jefes de Estado; habrá desplazamientos de población (refugiados: ex Yugoslavia, África, etc.); algunos pueblos se reunirán en gran número (Europa de los Quince); se introducirá veneno bajo la piel (heroína).

Dos cuartetas más precisan la anterior:

Presagio 103

Par bruit de feu Grands & Vieux défaillir.
Peste assupie, une plus grande naistre:
Peste de l'Ara, foin caché, peu cueillir,
Mourir troupeau fertil, joye hors prestre.

Por ruido de fuego Mayores & Viejos desfallecer.
Peste adormecida, nace una mayor:
Peste del Ara, heno oculto, poco deducir,
Morir rebaño fértil, alegría fuera cura.

En latín, *ara* o *hara* significa establo. En francés medio, *cueillir* significa deducir o llegar a la conclusión.

Los mayores y los viejos perecerán por los ruidos de la guerra, mientras que una epidemia se atenúe (¿sida o enfermedad de las vacas locas?), se iniciará otra mayor. La enfermedad del establo (vacas locas) se deberá al hecho de que se oculta el heno a los animales (para darles harinas animales) para recoger lo menos posible (heno, por el beneficio). A pesar de su fertilidad, morirán rebaños; la gente estará en plena alegría sin escuchar a los curas.

Déluge prés, peste bovine neuve.
Secte flechir, aux hommes joye vaine:
De loy sans loy, mis au devant pour preuve,
Apast, embusche: & deceus couper veine.

Diluvio cerca, peste bovina nueva.
Secta ceder, a los hombres alegría vana:
De ley sin ley, mostradas para prueba,
Pasto, emboscada: & engañado cortar vena.

En francés medio, *déluge* («diluvio») significa calamidad, desastre; *flechir*, «doblegarse, ceder» y *embuscher* («emboscar»), ocultar. *Apast* viene de *apasta*, que en provenzal significa pasto, alimento. En antiguo francés, *deceu* significa engañado.

Cuando se esté cerca del desastre (¿guerra?), habrá una nueva peste bovina (enfermedad de las vacas locas). Se hablará menos de secta y los hombres se alegrarán en vano. Se alegarán leyes que no lo serán realmente, como pruebas (científicas). A causa del alimento que habrá estado oculto (harinas animales), se cortarán los víveres a quienes han sido engañados (los ganaderos alentados a utilizar harinas animales para, luego, destruir sus rebaños).

Las conferencias de paz

Paradójicamente, la multiplicación de las conferencias de paz, desde hace unos años, oculta el desarrollo de los potenciales conflictos (aproximación entre Occidente y los países de la ex URSS, pero sobre todo la conferencia sobre Oriente Medio entre árabes e israelíes, en la que Nostradamus ve el pretexto para un estallido general).

Plusieurs viendront et parleront de paix,
Entre Monarques et Seigneurs bien puissants;
Mais ne sera accordé de si près,
Que ne se rendent plus qu'autres obéissants.

Llegarán varios y hablarán de paz,
Entre Monarcas y Señores muy poderosos;
Pero no será concedido tan cerca,
Que no se hacen más que otros obedientes.

Varios jefes de grandes potencias hablarán de paz (Estados Unidos, CEI, China, Gran Bretaña y Francia; Consejo de Seguridad de la ONU, los Cinco grandes), pero la paz no les será concedida, pues no serán más obedientes que los otros.

La erupción de Europa, provocada por el estallido del inmenso Imperio soviético, se traduce en guerras intestinas entre las antiguas provincias del Imperio, así como entre las provincias del Estado yugoslavo.

XII, 56

Roy contre Roy et le Duc contre Prince,
Haine entre iceux, dissession horrible:
Rage et fureur sera toute province,
France grand guerre et changement terrible.

Rey contra Rey y el Duque contra Príncipe,
Odio entre ambos, horrible desacuerdo:
Rabia y furor será toda provincia,
Francia gran guerra y cambio terrible.

Un gobernante se alzará contra otro gobernante, un general (*dux* en latín) contra un jefe y mantendrán entre sí horribles disensiones y odio. La rabia y el furor reinarán en todas las regiones y conducirán a una gran guerra en Francia y a un cambio terrible.

Esta descripción describe perfectamente lo que ocurre en Europa, en las provincias del Estado yugoslavo y también entre las distintas etnias del ex Imperio soviético.

VIII, 4 bis

> *Beaucoup de gens voudront parlementer,*
> *Aux grands seigneurs qui leur feront la guerre:*
> *On ne voudra en rien les écouter,*
> *Hélas! si Dieu n'envoye paix en terre.*

> *Mucha gente querrá parlamentar,*
> *Con los grandes señores que les harán la guerra:*
> *No se querrá en nada escucharles,*
> *¡Ay! si Dios no envía paz a la tierra.*

Mucha gente querrá hablar de paz con los poderosos que les harán la guerra, pero no serán escuchados, ¡ay! si Dios no manda la paz a la tierra.

La Europa de los Quince será incapaz de poner fin a los conflictos entre pequeñas potencias.

I, 91

> *Les Dieux feront aux humains apparences,*
> *Sce qu'ils seront antheurs de grand conflict,*
> *Avant ciel veu serein, espée et lance,*
> *Que vers main gauche sera plus grand afflict.*

> *Los Dioses harán a los humanos apariencias,*
> *Que serán autores de gran conflicto,*
> *Antes el cielo visto sereno, espada y lanza,*
> *Que hacia la mano izquierda será mayor aflicción.*

Los dioses harán responsables a los hombres autores de un gran conflicto, antes del cual se verá en el cielo sereno un cometa (espada y lanza eran palabras utilizadas en el siglo XVI para designar a los cometas), pero serán las fuerzas de izquierda las más afligidas.

El tribunal de Nuremberg que juzgó a los criminales nazis por crímenes contra la humanidad fue la primera reacción contra los autores responsables de la guerra. Hoy, se trata de perseguir ante un tribunal internacional a los responsables de la depuración étnica realizada por los serbios. Esta cuarteta, como tantas otras, abarca un lapso temporal relativamente importante. En efecto, el primer verso permite suponer que un orden mundial «anti-hacedores de guerra» pondrá fin a los conflictos en todas las regiones del mundo. Sería pues un signo precursor de la paz universal anunciada para los aledaños de 2025.

IX, 52

La paix s'approche d'un côté et la guerre,
Oncques ne fut la poursuite si grande,
Plaindre homme, femme, sang innocent par terre,
Et ce sera de France à toute bande.

La paz se aproxima de un lado y la guerra,
Nunca fue la persecución tan grande,
Compadecer hombre, mujer, sangre inocente por tierra,
Y será de Francia por todo lugar.

Paz y guerra se acercan juntos y nunca la búsqueda de ambas habrá sido tan grande. Deberá compadecerse a los hombres y las mujeres, a los inocentes y ello en todas partes de Francia.

Desde hace algunos años se multiplican las conferencias de paz. Unas sobre Oriente Próximo, otras sobre la ex Yugoslavia. Todas ellas tienen como centro la ciudad de Ginebra. Así, el 8 de septiembre de 1995, se celebró en Ginebra una conferencia sobre la ex Yugoslavia.

Ginebra centro de las conferencias de paz

Las primeras convenciones de Ginebra datan del 22 de agosto de 1864. Fueron revisadas en 1905 y en 1929. El 12 de agosto de 1949 se firmaron otras convenciones.

I, 47

Du Lac Léman les sermonts fascheront,
Des jours seront réduits par des semaines:
Puis mois puis ans, pues tous defailleront,
Les Magistrats damneront leurs lois vaines.

Del lago Leman los sermones enojarán,
Días serán llevados por semanas:
Luego meses, luego años, luego todos desfallecerán,
Los Magistrados condenarán sus leyes vanas.

Los discursos de Ginebra harán que los hombres se enojen. Los días serán sustituidos por semanas, luego por meses, luego por años, luego todos estos sermones se derrumbarán. Los magistrados condenarán esos reglamentos inútiles.

Hoy forzoso es advertir que esos «sermones», como Nostradamus los denomina, no han sido respetados por los países que los habían firmado. El viernes 8 de septiembre de 1994, se celebró en Ginebra una conferencia sobre la ex Yugoslavia, ¡una más! En ella se reconoció, a la vez, la integridad y la división de Bosnia.

V, 85

Par les Sueves et lieux circonvoisins,
Seront en guerre pour cause de nuées:
Camp marins locustes & cousins,
Du Léman fautes seront bien desnuées.

Por los suevos y lugares circunvecinos,
Estarán en guerra por causa de las nubes:
Campos marinos saltamontes y cénzalos,
Del Leman faltas serán muy descubiertas.

En Alemania y en los países vecinos (¿Francia, Benelux, Austria?) los pueblos estarán en guerra a causa de las *nubes* (¿llegada en masa de inmigrantes?). Los aviones y los vehículos anfibios desembarcarán (establecerán campamentos en las costas). Los errores del lago *Leman* (Ginebra) serán puestos de relieve. (En latín *locusta* significa saltamontes y los cénzalos son mosquitos, acuáticos primero.)

La crisis económica y la corrupción del mundo político y financiero

Uno de los signos más patentes de la situación del planeta, en el que Nostradamus insiste particularmente, es la crisis económica mundial. Los altibajos de las distintas bolsas y su fragilidad frente a la fluctuación de las monedas anuncian su caída durante la importante crisis que se acerca.

VII, 35

La grande poche viendra plaindre et pleurer,
D'avoir esleu: trompez seront en l'aage:
Guière avec eux ne voudra demeurer,
Deceu sera par ceux de son langage.

La gran bolsa vendrá a levantarse y llorar,
De haber elegido: engañados serán de vez en cuando:
Pocos con ellos querrán permanecer,
Decepcionado será por los de su lenguaje.

Resulta curioso ver cómo Nostradamus designa la bolsa con la expresión «la gran bolsa», es decir, el lugar donde se mete el dinero. Se acabará pues compadeciendo y llorando la bolsa. Se lamentará haber elegido a gente que engañará a la opinión pública y muy pocos querrán seguir con ellos, decepcionados (los electores) por sus discursos políticos.

La cuarteta siguiente ha sido atribuida, erróneamente, por la mayoría de los exegetas, a la crisis económica de 1929. En efecto, Nostradamus afirma que todos los papeles (títulos bursarios) y todas las monedas se derrumbarán, algo que no se produjo en 1929.

VIII, 28

Les simulchres d'or et d'argent enflex,
Qu'après le rapt lac au feu furent gettez,
Au descouvert estaincts tout et troublez,
Au marbre escripts, perscripts interjettez.

Los simulacros de oro y plata hinchados,
Que tras el rapto de la leche al fuego furioso arrojados,
Al descubierto cansados todos y turbados,
En el mármol escritos, perscritos arrojados.

Las imitaciones del oro y de la plata (títulos y billetes de banco) serán víctimas de la inflación tras haber sido arrojados al *fuego* (¿alusión al fuego de la guerra?), con el fin de la buena vida (*lac*, «leche», en latín) y serán todos agotados y perturbados por el déficit (presupuestario: el descubierto); los títulos y los billetes de banco (*perscribere*: pagar en billetes) serán arrojados a la papelera. Ese robo de la comodidad proporcionada por la sociedad de consumo se concreta en los «nuevos pobres y los s.d.f.» (sin domicilio fijo). Los escándalos financieros se multiplicarán y se volverán contra sus autores.

VIII, 14

Le grand crédit, d'or d'argent d'abondance
Aveuglera par libide l'honneur:

Cogneu sera l'adultère l'offence,
Qui parviendra à son grande déshonneur.

El gran crédito, de oro de plata la abundancia
Cegará por avidez el honor:
Conocido será el adulterio la ofensa,
Que llegará a su gran deshonor.

La abundancia del crédito de dinero (Fondo Monetario Internacional y déficit de la balanza de pagos americana), hará desaparecer el sentido del honor por la corrupción (*libido*: corrupción, deseo). Esos engaños y esas ofensas serán conocidos por la opinión pública y llevarán al gran deshonor de sus autores. Eso describe perfectamente el clima de escándalos financieros de todas clases que vivimos desde hace algunos años. Por lo que se refiere a la abundancia del crédito y de la masa monetaria en circulación, ha estrangulado a los países en vías de desarrollo y amenaza con el estallido del sistema monetario internacional.

VI, 23

Despit de règne numismes déscries
Et seront peuples esneus contre leur Roy:
Paix, fait nouveau, sainctes lois empirées
Rapis onc fut en si tres dur arroy.

Desprecio de reino monedas depreciadas
Y los pueblos se moverán contra su Rey:
Paz, hecho nuevo, santas leyes estropeadas
Rapis nunca estuvo en tan dura confusión.

El poder será despreciado (*despit*: desprecio en viejo francés) a causa de la depreciación de la moneda (*nomisma*: moneda - *descrier*: depreciar) y los pueblos se levantarán contra su jefe de Estado (*esmuer*: levantarse).

Se hablará de paz, lo que constituirá un hecho nuevo (conferencia de paz entre israelíes y árabes), las leyes morales serán corrompidas (aumento de la criminalidad) y nunca antes se había visto París (Rapis, anagrama) en tal confusión.

El «hecho nuevo», es la primera conferencia de paz de Madrid, del 30 de octubre al 4 de noviembre de 1991, tras un estado de guerra permanente desde 1948.

Ese texto describe perfectamente el clima actual en Francia y en Occidente.

La bolsa por los suelos, imposible reducir los impuestos debido al déficit (véase, anteriormente, la cuarteta 28 de la centuria VIII), la contaminación del aire, el vandalismo en los barrios periféricos, los atentados del integrismo islámico en París, el estado de sitio (Plan Vigipirate) de la capital y de las grandes ciudades del país son otras tantas luces de alarma que se encienden. Nunca París estuvo en semejante confusión, dado el clima de inseguridad que hacen reinar los terroristas y demás «matones».

Tras la caída del comunismo en el Este, asistiremos a la caída del capitalismo en el Oeste, pues ambos sistemas se alimentaron el uno del otro desde su aparición en la segunda mitad del siglo XIX.

III, 26

Des Rois et Princes dresseront simulachres,
Augures, creux eslevez aruspice:
Corne victime dorée, et d'azur, d'acres
Interpretez seront les exstipices.

Reyes y Príncipes erigirán simulacros,
Augures, vacíos levantados auspicios:
Cuerno víctima dorada, y de azur, acres
Interpretados serán los arúspices.

Jefes de Estado y de gobierno harán imitaciones (planchas para billetes y títulos bursarios, enorme masa de dólares en circulación). Los políticos jugarán a ser profetas y harán previsiones sin fundamento (*harupex* y *augur* en latín: profeta, adivino); la sociedad de consumo (*cuerno dorado*) será su víctima y la violencia sustituirá la buena vida (azur en sentido figurado: tranquilidad, calma - *acer*: duro, violento). Sus profecías (*extipex*: adivino) serán denunciadas.

La corrupción llega también a Italia:

X, 65

O vaste Rome ta ruyne approche,
Non de tes murs, de ton sang & substance:
L'aspre par lettres fera si horrible coche,
Fer poinctu mis à tous jusques au manche.

¡Oh vasta Roma, tu ruina se aproxima!
No de tus muros, de tu sangre y sustancia:
El áspero por letras hará tan horrible atentado,
Hierro puntiagudo metido en todos hasta las mangas.

En francés medio, *mots en coche* significa las puyas que se lanzan en los discursos.

¡Oh vasta Roma!, tu ruina se acerca, no la de tus muros sino la de tu sangre y tu sustancia. Los medios de comunicación (prensa escrita, hablada o televisiva) lanzarán tan horribles puyas que todos quedarán apuñalados (en sentido figurado) hasta las *mangas* (alusión a los magistrados, hombres de toga).

En el número especial de *Le Monde 1944-1994*, podía leerse, en la pluma de Yves Mény: «Hay dos lecturas posibles del fenómeno de corrupción y de las reacciones de corrección que de él se derivan. La primera lectura insiste en la excepcionalidad francesa: ciertamente, la corrupción existe como en todas partes, pero no es sistemática ni endémica, y Francia no tiene por qué ruborizarse por el comportamiento de algunas ovejas descarriadas. A los pecados veniales y accidentales franceses se oponen, según los defensores de esta rosada versión, la corrupción "sistemática" de países como Estados Unidos e Italia...». El 6 de diciembre de 1994, Bettino Craxi (antiguo presidente del Consejo socialista, entre 1983 y 1987) fue condenado en contumacia a cinco años y seis meses de prisión por corrupción. El 13, el presidente del Consejo, Silvio Berlusconi, fue interrogado durante

85

siete horas por jueces milaneses sobre un eventual intento de corrupción de agentes de la brigada financiera.

Una sequía excepcional

Con el título de «Sequía: las reservas están al mínimo», *Le Quotidien du Médecin*, en su número 4.958 del miércoles 29 de abril de 1992, escribía: «Clermont-Ferrand (en plena Francia) era a mediados de marzo, según los especialistas en meteorología, la ciudad más seca de Francia, con un déficit pluviométrico nunca alcanzado desde que comenzó la recogida de datos, es decir, desde hace 134 años». El periódico cita luego una declaración del señor Mérillon, el señor «Sequía» en el Ministerio de Medio Ambiente: «El año pasado, junio fue adecuadamente lluvioso, pero, a partir de julio, las medidas de restricción del consumo de agua afectaban a cuarenta departamentos».

A escala planetaria, el mero ejemplo de África es significativo; desde hace cincuenta años, 650.000 km^2 (más que la superficie de Francia) se han convertido en desierto.

He aquí las cuartetas que pueden atribuirse a esta excepcional sequía, porque no tenemos prueba científica alguna de que haya existido otra igual, o más importante, entre 1555 y 1858, fecha de las primeras mediciones.

I, 17

Par quarante ans l'iris n'apparoistra,
Par quarante ans tous les jours sera veu:
La terre aride en siccité croistra,
Et grand déluge quand sera apperceu.

Por cuarenta años el iris no aparecerá,
Por cuarenta años todos los días será visto:
La tierra árida en sequía crecerá,
En grandes diluvios cuando será percibido.

Nostradamus nos indica que esta sequía se producirá tras la Primera Guerra Mundial, signo precursor de las siguientes. En efecto, afirma que a un período de guerra de cuarenta años (guerras coloniales de 1830 a 1870) sucederá un período de paz de la misma duración (de 1872 a 1914). El *iris* o «arco iris», como dice el diccionario, se utiliza a veces para todo lo que resulta agradable; ¿acaso ese período de 41 años no se denominó «la Belle Époque»? La cuarteta es especialmente significativa con respecto al paseo por el tiempo de Nostradamus.

III, 3

Mars et Mercure, & l'Argent joinct ensemble,
Vers le Midy extreme siccité:
Au fond d'Asie on dira terre tremble,
Corinthe, Ephèse lors en perplexité.

Marte y Mercurio, & el dinero unido junto,
Hacia el Mediodía extremada sequía:
Al fondo de Asia se dirá tierra tiembla,
Corinto, Éfeso entonces en perplejidad.

La guerra (Marte, dios de la guerra; los Balcanes y el Cáucaso), la corrupción (Mercurio, dios de los ladrones) y el poder del dinero reinarán juntos; habrá hacia el mediodía una gran sequía; el Japón vivirá importantes terremotos (Kobe, 17 de enero de 1995); Grecia y Turquía tendrán problemas (¿cuestión de los Balcanes, Kosovo, Macedonia?). Los problemas de Kosovo podrían extenderse perfectamente...

Con el título «Grecia-Turquía, turbulencias», *l'Express* del 17 de junio de 1995 dice: «Turquía y Grecia enfrentadas desde hace lustros, se entregan a un nuevo desafío referente a sus aguas territoriales. La clave: maniobras navales y los "poderes de guerra" del gobierno turco, que acaban de ser votados por el Parlamento de Ankara, con gran disgusto de Atenas. La tensión entre los dos hermanos enemigos del mar Egeo ha subido así bruscamente...». Por otra parte, en *Le Monde* del miércoles 31 de mayo de 1995, con el título «Islam, versión turca», podía leerse: «Turquía es escenario del ascenso del islamismo que se concretó, hace un año, en la victoria de un partido religioso en las elecciones municipales. El fenómeno ha provocado fricciones en este país, pionero del laicismo en el mundo musulmán... Si el oscurantismo llega al poder, será el final de la República. Turquía está en peligro». Puesto que Turquía debe volverse contra Occidente, es comprensible la importancia de este ascenso del integrismo islámico en el país, tradicional cerrojo entre Europa y Asia.

III, 4

Quand seront proches le défaut des lunaires,
De l'un à l'altre ne distant grandement,
Froid siccité, dangers vers les frontières,
Mesme ou l'oracle a pris commencement.

Cuando esté próximo el defecto de los lunares,
Uno y otro no distando grandemente,
Frío, sequía, peligros en las fronteras,
Incluso donde el oráculo ha comenzado.

La palabra «lunares» designa a los islamistas a causa de la luna (la media luna) que es su símbolo. Cuando los musulmanes estén a punto de cometer una falta (*défaut*, «defecto», significa en antiguo francés falta, error; en los aledaños de 1999), siendo la distancia (de concepción entre ellos y Occidente) demasiado grande, se conocerá el frío y la sequía, incluso donde nació el autor de las centurias (Saint-Rémy-de-Provence).

Debo abrir aquí un paréntesis referente al lugar donde nació Nostradamus. En efecto, la ciudad de Salon se apropió apresurada e injustamente de la persona de Nostradamus, cuyo padre ejercía la profesión de notario en Saint-Rémy. El nombre del santo que dio su nombre a la villa es el mismo que el del obispo que consagró a Clodoveo en Reims, en el 496, y que, de ese modo, inauguró la monarquía de derecho divino. Además, Saint-Rémy era el patronímico del abuelo materno de Nostradamus, médico de cabecera del rey Renato. Por lo que se refiere al nombre de Nuestra-Señora (*Nostre-Dame*), es el que adoptó el abuelo de Michel, y es el del barrio de Aviñón donde ejercía su oficio de comerciante. Hay, sin duda, algunos símbolos importantes en estos dos nombres pues, al adoptar el nombre de Notre-Dame, el abuelo no podía imaginar que su nieto sería algún día el profeta más conocido de todos los tiempos. Volvamos a los «lunares». He aquí la cuarteta, ya cumplida hoy, que permite atribuir al Islam el calificativo de lunar utilizado por Nostradamus en otros tiempos.

I, 49

Beaucoup avant telles menées,
Ceux d'Orient par la vertu lunaire:
L'an mil sept cens feront grand emmenées,
Subjugant presque le coing Aquilonaire.

Mucho antes tales manejos,
Los de Oriente por la virtud lunar:
El año mil setecientos harán grandes acciones,
Subyugando casi el rincón Aquilonar.

Mucho antes (1700) los de Oriente-(Medio), en nombre del islam habrán hecho grandes expediciones, tras haber puesto casi su yugo parte de Rusia. Nostradamus designa siempre a Rusia con el término de Aquilón (el viento del Norte) porque este país ocupa toda la parte del hemisferio norte de Europa y de Asia. En 1683, el gran visir de Mehmet IV, Kara-Mustafá, sitia Viena con 200.000 hombres. La ciudad resiste y es salvada cuando llega un ejército de 65.000 polacos y alemanes, a las órdenes del rey de Polonia Juan III Sobieski y del duque Carlos V de Lorena. ¡Viena y Europa se han salvado del yugo islámico! Los Habsburgo pueden entonces llevar a cabo, en las regiones del Danubio, una contraofensiva que aplastó a los turcos en la larga batalla de Mohacs, en 1867. Belgrado fue tomada en 1688. Finalmente, en 1699, se firma la paz de Carlowitz. Turquía cedía a Austria toda la Hungría turca (menos Temesvar y Belgrado) y sus pretensiones a la sobe-

ranía de Transilvania. Kaminiec, Podolia y Ucrania, más acá del
Dniéper correspondían a Polonia. Venecia recuperaba Morea (el
Peloponeso), la isla de Egina y varias ciudades dálmatas; Rusia,
por su parte, obtuvo Azov (*el rincón Aquilonar*).

El hambre

En el siglo de los fulgurantes progresos de la ciencia, forzoso es
advertir que el hombre supo llegar a la Luna pero es incapaz de
alimentar a la población del planeta, más de un tercio de la cual
sufre desnutrición o malnutrición. Eso recuerda las palabras de
Chrysale en *Les femmes savantes*:

> «No vayáis a buscar lo que se hace en la Luna
> y preocupaos un poco de lo que se hace en vuestra casa,
> donde todo está patas arriba.»

El Occidente, con un egoísmo irracional y suicida, reduce su
producción agrícola porque es excesiva para él, precisamente
cuando el hambre afecta a numerosos países, como Somalia,
Etiopía, etc. La siguiente cuarteta describe muy bien esta hambruna que ha comenzado y que podría extenderse:

I, 67

> *La grande famine que je sens approcher*
> *Souvent tourner, puis être universelle,*
> *Si grande et longue qu'on viendra a racher*
> *Du bois racine, et l'enfant de mamelle.*

> *La gran hambruna que siento aproximarse*
> *Volver a menudo, luego ser universal,*
> *Tan gran y larga que se llegará a arrancar*
> *Del bosque raíz, y al niño de las mamas.*

La gran hambruna que siento aproximarse, afectará a muchos países antes de ser universal; será tan importante y larga que se arrancarán las raíces de los árboles (para comer) y al niño del pecho de su madre.

Conmovedora pintura del hambre que asola actualmente la tierra; «arrancar al niño de las mamas», dice Nostradamus. Y hemos visto por televisión a esas madres somalíes o etíopes, de pechos vaciados por la caquexia, incapaces de alimentar a su progenie.

La cuarteta indica pues que el hambre hará intermitentes apariciones hasta dominar toda la tierra.

II, 46

Après grand troche humain plus grand s'appreste,
Le grand moteur les siècles renouvelle;
Pluye, sang, lait, famine, fer et peste,
Au ciel veu feu courant longue estincelle.

Tras gran reunión humana más grande se prepara,
El gran motor los siglos renueva;
Lluvia, sangre, leche, hambre, hierro y peste,
En el cielo visto fuego, corriendo larga chispa.

Tras una larga reunión de tropas (*troche* en viejo francés significa reunión, tropa), otra más importante se prepara. Tras la revolución (lluvia, símbolo bíblico del diluvio) y la sangre que habrá vertido, poniendo fin a la buena vida (leche, símbolo de buena vida en sentido figurado), se conocerá el hambre, el hierro de la guerra y la epidemia, luego un gran cometa cruzará el cielo.

El final de la revolución bolchevique es pues, también, un signo precursor del conflicto que ha empezado en Yugoslavia. Veremos más adelante que Nostradamus dio varias precisiones referentes a ese cometa que será visible a simple vista, como no se ha visto desde hace mucho tiempo.

Flambeau ardent au ciel soir sera veu,
Près de la fin et principe du Rosne,
Famine, glaive, tard le secours pourveu,
La Perse tourne envahir Macédoine.

Antorcha ardiente en el cielo noche será vista,
Cerca del fin y principio del Ródano,
Hambre, espada, tarde el socorro previsto,
Persia vuelve a invadir Macedonia.

Un cometa aparecerá por la noche en el cielo y será visible de Suiza al Mediterráneo, cuando reine el hambre y la guerra; la ayuda llegará muy tarde e Irán invadirá Macedonia. Cuando vemos hoy que Macedonia está implicada en el conflicto de la ex Yugoslavia, no resulta irracional imaginar que esa cuestión balcánica encienda de nuevo las tensiones entre Grecia y Turquía y que, luego, se mezcle Irán, que tiene intereses regionales. La Unión Europea reconoció la Macedonia ex yugoslava como un país independiente, con el nombre de República de Skopje, mientras que Grecia considera que el nombre de Macedonia (referencia a Filipo y a su hijo Alejandro) es y debe seguir siendo heleno y que su capital es Tesalónica.

Faux à l'Estang, joinct vers le Sagittaire,
En son hault auge et exaltation,
Peste, famine, mort de main militaire,
Le siècle approche de rénovation.

Guadaña en el Estanque, unido hacia el Sagitario,
En su alto auge y exaltación,
Peste, hambre, muerte por mano militar,
El siglo se acerca a renovación.

Esta cuarteta proporciona interesantes precisiones astronómicas para situar la época de los acontecimientos descritos (junio de 2015). Se explica al final del capítulo VI, § «Hipótesis de cronología».

Cuando Saturno esté en el afelio y en exaltación, en Escorpio (junio de 2015), se conocerá la epidemia, el hambre, la muerte por fuerzas militares, en las cercanías del siglo de renovación (comienzos del VIIº milenio: 2026).

La multiplicación de las sectas

En el número 4957, de abril de 1992, del *Quotidien du médecin*, podía leerse, en la pluma de Philippe Roy: «Todo se viene abajo. La familia se hace pedazos, la escuela dimite. Las ciudades se convierten en arrabales fríos, deshumanizados. El individuo se encierra en sí mismo. El dinero, sólo el dinero, con su cortejo de excluidos, de abandonados. Para las doscientas cincuenta sectas, aproximadamente, instaladas en Francia, que reúnen unas quinientas mil personas, semejante contexto vale su peso en oro». He aquí una descripción de fin de civilización. Las sectas son uno de sus síntomas más llamativos. Nostradamus no podía ignorar el fenómeno. Le consagró pues varias cuartetas que permiten pensar que, verdaderamente, «vio», entre otros, los monumentos del Mandarom en Castellane, en los Alpes de Provenza.

En Estados Unidos se cuentan más de seiscientas sectas, casi cuatrocientas sólo en Berlín, ciento treinta en Rusia; la iglesia de la cienciología tiene trescientos mil miembros en Alemania; al parecer las sectas han reclutado ya diez mil fieles en Hungría. Toda la civilización cristiana se ve afectada por este pulular e incluso Japón, donde se vivió el horror y el terror provocados por la secta Aum que arrojó un gas mortal en el metro de Tokio.

Secteur de sectes grand peine au délateur,
Beste en theatre, dresse le jeu scenique,
Du faict antique ennobly l'inventeur,
Par secte monde confus et schismatique.

Sector de sectas gran pena al delator,
Bestia en teatro, organiza el juego escénico,
Del hecho antiguo ennoblecido el inventor,
Por secta mundo confundido y cismático.

El acoso (latín: *sector*, «perseguir») a las sectas producirá gran pena al acusador (latín: «delator»). Gente estúpida reunida (latín: *theatrum*, «reunión») organiza la puesta en escena (juegos escénicos, representaciones teatrales entre los romanos). El autor (de esta puesta en escena; latín: *inventor*, «autor») se oculta tras acciones virtuosas. La confusión y el cisma se instalarán en el mundo a causa de las sectas. ¿Se trata del Templo solar? Puesta en escena antes del suicidio colectivo.

Nostradamus utiliza esta cuarteta, como en VII, 14, más adelante, la palabra secta para el conjunto de las sectas, por sinécdoque, como el congreso mundial de los Testigos de Jehová que reunió a ochenta mil personas en Varsovia en 1989.

I, 55

Sous l'opposite climat babylonique,
Grande de sang sera effusion,
Que terre & mer ciel sera inique,
Sectes, faim, regnes, peste, confusion.

Bajo el opuesto clima babilónico,
Grande de sangre será efusión,
Que tierra & mar cielo será inicuo,
Sectas, hambre, reinos, peste, confusión.

En la región (antiguo francés: *climat*, «región») opuesta a Iraq (es decir Irán) habrá gran efusión de sangre, hasta el punto de que (la guerra) en tierra, en mar y en el cielo será desfavorable (antiguo francés: *inique*, «desfavorable»); y ello en la época de las sectas, el hambre, en los países se conocerán la epidemia y la confusión.

La guerra entre Iraq e Irán comenzó el 23 de septiembre de 1980 y terminó el 15 de agosto de 1990, tras diez años de una carnicería que hizo centenares de miles de muertos en ambos bandos.

El año 1980 corresponde a la aparición del sida.

VII, 14

> *Faux exposer viendra topographie,*
> *Seront les cruches des monuments ouvertes:*
> *Pulluler secte faincte philosophie,*
> *Pour blanches, noires & pour antiques vertes.*

> *Falso exponer vendrá topografía,*
> *Serán los cántaros monumentos abiertos:*
> *Pulular secta fingida filosofía,*
> *Por blancas, negras & por antiguas verdes.*

La falsedad será puesta al desnudo en la visita a los lugares: se descubrirán (abiertos en vez de descubiertos, por aféresis) monumentos en forma de cántaros. Las sectas pulularán por falsas filosofías, ya sean de (magias) blancas, negras o islámicas (integrismo, el verde es el color del Islam, emblema de Salvación).

¿Quién no ha visto en la prensa las fotos de los templos del Mandarom con sus techos en forma de cántaros invertidos? En la revista *Challenges économiques* de enero de 1993, podía leerse: «El paseante que merodea por el carrascal descubre, estupefacto, la "ciudad santa de Mandarom", una decena de templos (monumentos) a la gloria del loto de oro, flanqueados por gigantescas estatuas de 30 metros de altura, con la efigie de Buda y de Hamsha Manarah, alias Gilbert Bourdin». Es comprensible que Nostradamus se haya fijado en esta secta implantada en su Provenza natal.

En esta cuarteta la palabra «abierto» debe ser tomada en su primer sentido y, también, en su segundo sentido de descubrimiento, por síncopa. En *L'Express* del 17 de junio de 1995 podía leerse, con el título de «Mandarom, el gurú pierde su soberbia»: «El lunes, el gurú de la secta de los Caballeros del loto de oro fue detenido al amanecer en la torre en forma de loto (cántaro: la misma forma) que pocas veces abandonaba, en las alturas de Castellane... Durante estos últimos meses, los gendarmes y los policías de la región han tenido ocasión de visitar la "gurulandia" (*serán los cántaros monumentos abiertos*) edificada por Bourdin...».

Presagio 118

Aux plus grands morts, jacture d'honneur & violence,
Professeurs de la foy, leur estat & leur secte:
Aux deux grands Églises divers bruits, decadence,
Maux voisins querellans serfs d'Église sans teste.

A los mayores muertos, echura de honor & violencia,
Profesores de la fe, su estado y su secta:
A las dos grandes Iglesias distintos ruidos, decadencia,
Males vecinos querellantes siervos de Iglesia sin texto.

(Antiguo francés: *jacture*, «pérdida».)

Los profesores de la fe célebres y muertos (¿monseñor Lefebvre y monseñor Gaillot?) perderán su honor, su energía, su estado (eclesiástico) y su secta: tumultos y decadencia alcanzarán las dos grandes Iglesias (católica y protestante), a causa de malos fieles que se querellarán con los servidores de la Iglesia, sin (tener en cuenta) los Evangelios (antiguo francés: *teste*, libro de los Evangelios).

La palabra violencia se utiliza aquí en el sentido de *energía, fuerza de carácter*, refiriéndose a la frase del Evangelio de Mateo (XI, 12): «El reino del cielo sufre violencia, y los violentos lo arrebatan», lo que significa que sólo puede ganarse el cielo desplegando una gran energía de carácter.

Las Iglesias católicas y protestantes se inquietan por el ascenso y la multiplicación de las sectas. En *Le Monde* del 12 de octubre de 1991, con ocasión del viaje de Juan Pablo II al Brasil, se decía que «el desarrollo de los movimientos religiosos paralelos, considerados a menudo como sectas, que inquietan hasta a las Iglesias protestantes, a las que a menudo afirman pertenecer».

Presagio 109

Pulluler peste, les sectes s'entrebattre,
Temps moderée, l'hiver peu de retour:
De messe et presche grievement foy debattre,
Inonder fleuves, maux mortels tout autour.

Pulular peste, las sectas combatirse,
Tiempo moderado, el invierno poco regreso:
De misa y casi gravemente fe debatir,
Inundar ríos, males mortales alrededor.

Mientras una epidemia (el sida u otra) se extenderá, las sectas combatirán entre sí. La temperatura será suave y también el invierno: se debatirán los perjuicios (antiguo francés: *grieve*, perjuicio) causados a la misa y en los sermones, mientras los ríos inunden, con desgracia y muerte alrededor.

El invierno de 1995 fue especialmente temperado y lluvioso. La mitad norte de Francia, Bélgica y Holanda conocieron numerosas inundaciones. Se batieron todos los récords de pluviometría desde que se hacen estadísticas. Ríos como el Sena o el Rhin se salieron de madre. Los daños fueron considerables, con varios muertos.

La destitución de monseñor Gaillot fue ocasión para manifestaciones, debates y prédicas en las iglesias. ¿Acaso monseñor Gaillot no dijo su última *misa* en la catedral de Évreux, el 22 de enero de 1995? El comunicado que le arrebataba el obispado de Évreux precisaba que el obispo «no respetaba sus compromisos sobre ciertos puntos relativos a la fe, al magisterio de San Pedro y a la disciplina canónica». Finalmente, monseñor Lustiger escribió: «Desde hace diez años vemos que Jacques Gaillot se sume en un camino *sectario*».

La guerra en Yugoslavia

En 1980, en *Nostradamus historiador y profeta* podía leerse como título de la 32ª cuarteta de la II centuria: «Yugoslavia entregada a las matanzas». Forzoso es reconocer que, en aquella época, era imposible prever «racionalmente» la situación actual en la ex Yugoslavia. He aquí pues la cuarteta de donde se extrajo esta profecía, sorprendente por aquel entonces:

> Laict, sang grenouilles escoudre en Dalmatie,
> Conflict donné, peste près de Balennes,
> Cri sera grand par toute Sclavonie,
> Lors naistra monstre près et dedans Ravenne.

> *Leche, sangre ranas corre en Dalmacia,*
> *Conflicto dado, peste junto a Ballenstedt,*
> *Grito será grande en toda Esclavonia,*
> *Entonces nacerá monstruo cerca y dentro de Ravena.*

A primera vista, este texto parece forzosamente muy abstruso. Como la mayoría de los escritos proféticos de Nostradamus, éste exige un minucioso trabajo de investigación para conseguir desentrañarlo y transcribirlo en lenguaje moderno. He aquí su traducción: tras la buena vida (*leche*, símbolo de bienestar utilizado siete veces por Nostradamus), la sangre del pueblo correrá en Yugoslavia (las «ranas», *grenouilles*, nos dice el diccionario, representan todos los pueblos de la historia y, también, a toda la buena gente que no está contenta con su situación). Cuando el conflicto haya estallado, habrá una peste cerca de Ballenstedt (Balennes, afrancesamiento y contracción, por apócope, del nombre de una pequeña ciudad de la ex RDA); entonces, el grito (del pueblo) será grande en toda Esclavonia (antigua provincia del Imperio austro-húngaro cuyo comitat de Sirmia tenía como capital a Vukovar); esta ciudad quedó destruida en su 80%. Se verá luego una calamidad cerca y en Ravena. Recordemos, primero, que la guerra de Yugoslavia comenzó, efectivamente, en la costa dálmata con el bloqueo y el bombardeo de las ciudades de Dubrovnik (la antigua Ragusa, Zadar y Pula). La traducción que hice, en 1980, de Balennes por Ballenstedt (pequeña ciudad de la ex RDA) se debe a dos razones: en primer lugar, Nostradamus indicó que había colocado en su texto nombres de lugar como puntos de orientación, luego, la preposición *près de* («cerca de») indica que se trata, en efecto, de un nombre geográfico.

Pero ¿qué pinta Ballenstedt en la situación de los Balcanes? *Le Monde* del martes 15 de septiembre de 1992, refiriéndose a la violencia racista en la ex RDA, nos comunicaba que «los más graves enfrentamientos se habían producido en Quedlingburg, en Sajonia-Anhalt, una antigua ciudad histórica que fue sede del Sacro Imperio romano-germánico a comienzos del milenio y que conoció cierto renacimiento durante el IIIº Reich». La ciudad de Quedlingburg está a unos 12 kilómetros de Ballenstedt (*cerca de*, había escrito Nostradamus). Esta violencia obligó a las autoridades de la ciudad a cerrar el asilo para inmigrantes que había sido objeto de esos ataques extremistas. Es frecuente ver cómo Nostradamus une en una misma cuarteta acontecimientos contemporáneos que se desarrollan en lugares distintos y, en apariencia, no tienen entre sí vínculo alguno. Por lo que se refiere a los gritos del pueblo en Esclavonia, nadie ha olvidado las imágenes televisivas de la ciudad mártir de Vukovar. Finalmente, con respecto a Ravena, el 20 de septiembre la radio nos comunicaba que una manifestación violenta y racista de los neofascistas acababa de celebrarse en Ravena. ¿Qué argucias hallarán los detractores de Nostradamus para afirmar que no hay ahí precisiones, *a minima*, más que turbadoras?

El asunto de los Balcanes está lejos de haber terminado y no hace más que comenzar. Veamos pues las demás cuartetas de Nostradamus que se refiere a esta situación dramática:

Conflict Barbare en la Cornere Noire,
Sang espandu trembler la Dalmatie,
Grand Ismael mettra son promontoire,
Ranes trembler, secours lusitanie.

Conflicto Bárbaro en la Esquina Negra,
Sangre derramada temblar Dalmacia,
Gran Ismael pondrá su promontorio,
Ranas temblar, auxilio lusitano.

Un conflicto será provocado por los musulmanes en Estambul y en el mar Negro (Nostradamus ha hecho una abreviación que le es habitual, uniendo las palabras Cuerno de Oro, barrio de Estambul, y mar Negro). La sangre será vertida en Yugoslavia que temblará (bajo los bombardeos). Recordemos que en el siglo XVI, Ismael I fundó en Persia la dinastía de los safawíes. Nostradamus designa pues, con este apelativo, al jefe de Estado de Irán. Ahora bien, en septiembre tuvo lugar en Teherán una manifestación en apoyo de los musulmanes bosnios. El 15 de septiembre de 1992, con el título de «El hermano mayor turco de los musulmanes de Bosnia», el diario *Libération* nos recordaba que «más de cuatro millones de musulmanes descendientes de emigrantes de los Balcanes viven en Estambul, donde los refugiados bosnios siguen afluyendo, reforzando una comunidad que insta a las autoridades para que intervengan en Sarajevo».

Esta cuarteta nos muestra qué inconscientes son los europeos dejando que se incube un incendio que exige extinguirse. Ha llegado ya a Kosovo. ¿Alcanzará las vecinas Macedonia y Albania? Nostradamus concluye su cuarteta indicándonos que el socorro llegará de Portugal, cuyo nombre antiguo era Lusitania. ¿Se trata de una conferencia o de un acontecimiento próximo? Es demasiado pronto para saberlo pues, como suele hacer a menudo, Nostradamus une en el mismo texto acontecimientos que se desarrollan en tiempos y espacios distintos.

En *Le Figaro* del 9 y 10 de enero de 1999, podía leerse: «La amenaza de los ataques de la OTAN permitió, en octubre, lograr un alto el fuego en Kosovo. Pero, hoy, la guerra puede recomenzar. El secretario general de la Alianza Atlántica, Javier Solana, subraya que la comunidad internacional difícilmente podía movilizarse más. Apela a una "*iniciativa política*" para que Kosovo no sea "*la crónica de una guerra anunciada*"».

Como en la precedente cuarteta, Nostradamus utiliza la palabra ranas para indicar que se vierte la sangre del pueblo (en latín, como en castellano, se dice *rana* - cf. II, 32).

II, 84

Entre Campaigne, Sienne, Flora, Tuscie,
Sixs mois neufs jours ne pleuvra une goutte,
L'estrange langue en terre Dalmatie,
Courira sus, vastant la terre toute.

Entre Campania, Siena, Flora, Tuscia,
Seis meses nueve días no lloverá una gota,
La extranjera lengua en tierra Dalmacia,
Correrá por encima, devastando toda la tierra.

Entre Campania (Nápoles), Toscana (Siena y Florencia) y Umbría (Tuscia comprendía Etruria y Umbría), no lloverá durante seis meses y nueve días. Se oirá hablar una lengua extranjera (¿árabe?) en Dalmacia; esos extranjeros la ocuparán y devastarán la tierra. Es demasiado pronto para decir qué lengua extranjera se oirá en Dalmacia: ¿árabe, ruso, chino?

IX, 30

Au port de PUOLA et de Saint-Nicolas,
Péril Normande au goulfre Phanatique,
Cap. de Bisance rues crier hélas,
Secours de Gaddes et du grand Philippique.

En el puerto de PUOLA y de San Nicolás,
Peligro Normando en el golfo Fanático,
Cap. de Bizancio calles gritar lamento,
Auxilio de Gades y del gran Filípico.

En el puerto de Pula (el antiguo nombre de ese puerto dálmata es Palou, con el que Nostradamus ha hecho un anagrama) y en Venecia (San Nicolás es un barrio de Venecia) el peligro procederá de hombres del Norte (¿alemanes, que están al norte de Dalmacia, o rusos, cuyo país ocupa todo el hemisferio norte europeo y asiático?) en el golfo de Kvarner cuyo antiguo nombre es el golfo Flanático, accidente del Adriático entre Iliria e Iscia (hay aquí una falta tipográfica: *h* en vez de *l* en Flanático). Se oirá gritar en las calles de la capital Estambul, luego la ayuda llegará de Cádiz (cuyo antiguo nombre es Gades) y del rey de España. Nostradamus tal vez se refiera, aquí, a Juan Carlos I, descendiente directo de Felipe V de España; añadió la terminación *ique* por necesidades de la rima. Esa ayuda de Portugal y España otorgan una gran importancia futura a la península Ibérica.

VIII, 83

Le plus grand voile hors du port de Zara
Près de Bisance fera son entreprise:
D'ennemi perte et l'ami ne sera,
Le tiers à deux fera grand pille et prise.

La mayor vela fuera del puerto de Zara
Cerca de Bizancio hará su empresa:
De enemigo pérdida y el amigo no será,
El tercio a dos hará gran pillaje y presa.

La mayor flota (o flota aérea; Nostradamus utiliza la palabra vela para designar los aviones, cuyos primeros modelos eran de tela) saldrá del puerto de Zadar, cuyo antiguo nombre era Zara, y lanzará su operación cerca de Estambul provocando una gran pérdida de sus enemigos. Recordemos que la guerra en Yugoslavia comenzó en Dalmacia, con el bloqueo y el bombardeo por la flota federal de los puertos de Zadar y Pula, así como de Dubrovnik. El tercio (de Yugoslavia) causará grandes daños y pillaje a los otros dos tercios (Serbia representa, aproximadamente, el tercio de la ex Yugoslavia). Nostradamus añade en la siguiente cuarteta que nadie será capaz de apagar el incendio:

IV, 82

Amas s'approche venant d'Esclavonie,
L'Olestant vieux cité ruinera:
Fort désolée verra sa Romanie,
Pues la grand flamme éteindre ne sçaura.

Montón se acerca viniendo de Esclavonia,
El Olestante vieja ciudad arruinará:
Muy desolada verá su Romanía,
Luego la gran llama extinguir no sabrá.

Ejércitos procedentes de Croacia (antaño Esclavonia) se acercan. El destructor (Olestante procede de una palabra griega, *olesthai*, que significa hacer perecer) arruinará una vieja ciudad. Bosnia quedará muy desolada (*Romania planina* es el antiguo nombre de la cordillera que domina Sarajevo), luego no sabrán apagar el incendio de la guerra.

Una de las principales ciudades de Esclavonia es Vukovar; tras su destrucción, el ejército federal serbio fue a instalarse en las montañas que dominan Sarajevo para bombardear y asediar esa ciudad, cuyo antiguo nombre era Bosna-Serai. ¿Acaso ese destructor es el general Ratko Mladic? En un número especial de noviembre de 1992 de *Libération*, consagrado a Sarajevo, con el título de «Ratko Mladic, la brutalidad», puede leerse: «El hombre que había amenazado con arrasar el puerto de Split, es perseguido en Croacia por genocidio contra civiles en varias aldeas del interior del país dálmata...». En mayo de 1992, el general era nombrado comandante en jefe de las fuerzas serbias en Bosnia. Por lo que se refiere a esta guerra que se eterniza, advertimos con cierto pavor que ni la Europa de los Quince, ni Estados Unidos, ni la ONU son capaces de acabar con ella.

El incendio está incubándose...

Una epidemia: ¿sida, ébola u otra?

En varias cuartetas anteriormente comentadas, la palabra peste aparece asociada a hambre. Hoy sabemos, por lo demás, que los rusos han conservado laboratorios secretos que trabajan en la puesta a punto de armas biológicas.

IV, 48

Planure Ausonne fertile, spatieuse,
Produira taons si tant de sauterelles,
Clarté solaire deviendra nubileuse,
Ronger le tout grand peste venir d'elles.

Llanura Ausonia fértil, espaciosa,
Producirá tábanos y tantos saltamontes,
Claridad solar se hará neblinosa,
Roer todo gran peste venir de ellas.

Planure es el afrancesamiento de *planura*, que en latín significa llanura. Ausonia es el antiguo nombre de Italia. La gran llanura rica de Italia es el valle del Po. Tábanos y Saltamontes representan, en varias cuartetas, armas aéreas (aviones y cohetes). Producir viene de *producere* que en latín significa conducir, llevar.

A la fértil y espaciosa llanura de Italia llevarán tan gran cantidad de cohetes y aviones que la claridad del Sol parecerá cubierta de nubes. Una epidemia procederá de esas armas y lo corroerá todo.

Como anteriormente, la siguiente cuarteta reúne varios signos precursores: la crisis económica, el hambre, la guerra (ex Yugoslavia), las matanzas (depuración étnica, terrorismo, Rwanda, etc.) y epidemia.

Les bien aisez subit seront desmis,
Le monde mis par trois freres en trouble,
Cité marine saisiront ennemis,
Faim, feu, sang, peste, & de tous maux le double.

Los bien acomodados súbito serán despojados,
El mundo puesto en turbación por tres hermanos,
Ciudad marina tomarán enemigos,
Hambre, fuego, sangre, peste & de todos males el doble.

En antiguo francés, *desmetre* significa «despojar».

Los ricos serán despojados súbitamente. El mundo será turbado por tres hermanos (¿tres países islámicos?) y los enemigos se apoderarán de la ciudad marina (¿Marsella?). Se conocerá entonces el hambre, las guerras, las matanzas, la epidemia, y también el doble de todos estos males.

VIII, 84

Paterne aura de la Sicile crie,
Tous les aprests du goulphre de Triste:
Qui s'entendra jusqu'à la Trinacrie,
De tant de voiles fuy, fuy l'horrible peste.

Paterno tendrá de Sicilia grito,
Todos los aprestos del golfo Trieste:
Que se oirá hasta en Trinacria,
De tantas velas huye, huye la horrible peste.

Paterno es una ciudad de Sicilia, al oeste de Catania; *apresto* significa preparativo. Trinacria es el antiguo nombre de Sicilia, se utiliza velas por aviones o barcos. Habrá gritos en Paterno, en Sicilia, a causa de los preparativos del golfo de Trieste (mar Adriático) que se extenderán hasta Sicilia. De tantos aviones huid, huid de la horrible epidemia.

La mer Tyrrhene de differente voile.
Par l'Océan seront divers assaults:
Peste, poison, sang en maison de toile,
Presults, Legats esmeus marcher mer haut.

El mar Tirreno de diferente vela.
Por el Océano serán distintos asaltos:
Peste, veneno, sangre en casa de tela,
Presultos, Legados movidos marchar mar arriba.

Presults se utiliza en vez de *présulats,* que en francés antiguo significa consejo, asamblea de los jefes.

A causa de varios aviones o barcos en el mar Tirreno, varios ataques procederán del océano Atlántico, la gente afectada por la epidemia, la droga o herida estará en tiendas (hospitales militares de campaña).

En la *Carta a Enrique, rey de Francia segundo,* Nostradamus escribe refiriéndose al futuro conflicto y a persecuciones contra los cristianos: «Entonces se hará a las Iglesias más persecuciones de las que nunca fueron hechas. Y con estos hechos se iniciará una tan gran pestilencia que más de los dos tercios de la humanidad perecerá. Hasta el punto de que no se conocerá ya al propietario de los campos y las casas y la hierba crecerá en las calles de las ciudades más alta que las rodillas». Es muy probable que el virus del sida sea incapaz de realizar ese despoblamiento anunciado.

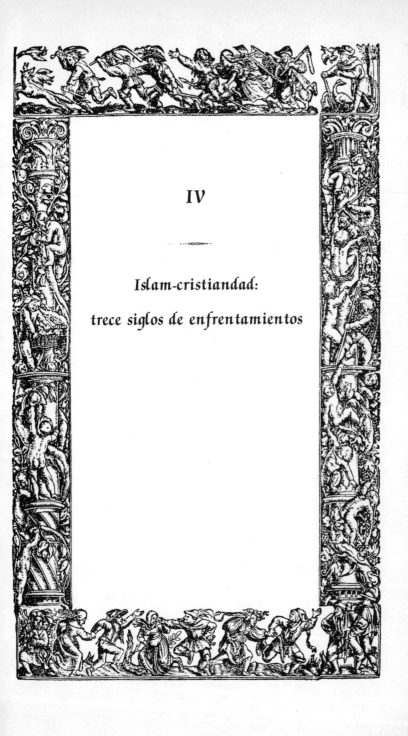

IV

Islam-cristiandad:

trece siglos de enfrentamientos

¿Cómo entender los acontecimientos que sacuden en el siglo XX los países occidentales cristianos y las naciones islámicas si no nos interesamos por la tumultuosa historia de esos dos conjuntos a lo largo de los precedentes siglos? Por eso encontraremos a continuación un inventario de los incesantes enfrentamientos entre esas dos entidades geográficas y culturales opuestas, desde la conquista de la Siria cristiana, en el 636, por los árabes hasta nuestros días.

Algo más de la décima parte de las centurias de Nostradamus se consagra a este tema, es decir, más de cien cuartetas, lo que revela la importancia del problema cuya agudeza es cada día más evidente. La creación del Estado de Israel por las potencias cristianas, en 1948, ha ampliado un poco más el foso entre Islam y cristiandad.

622	Año I de la Hégira - Inicio del Islam.
626-638	Ocupación de Persia - Toma de Jerusalén y de Antioquía.
636	Conquista de Siria por los árabes.
639-644	Conquista de Egipto.
646-666	Conquista de Armenia.
647	Conquista de África del Norte hasta las marcas de las posesiones bizantinas.
649	Toma de Chipre.
654	Toma de Rodas.
656	Nacimiento del chiísmo.
647-678	Asedio de Constantinopla por los árabes.
698	Toma de Cartago, ciudad bizantina.
709	Los árabes concluyen la conquista del Magreb y se apoderan de Ceuta, frente a España.
711	El jefe árabe Tarik ibn Ziyad desembarca en España y ocupa Córdoba y Toledo.

714	Los árabes toman Zaragoza y se adueñan de toda la península Ibérica.
719	Los árabes cruzan los Pirineos, se apoderan de Narbona y Carcasona, y saquean Autun.
721	Toma de Toulouse por los árabes.
732	Carlos Martel derrota en Poitiers a un pequeño ejército árabe, señalando así el final de la invencibilidad árabe.
740	Levantamiento general del Magreb bereber contra el ocupante; árabes y sirios ahogan la revuelta en sangre y sólo terminan con ella en 761.
746	Constantino V, emperador de Bizancio, invade Siria y recupera Chipre.
751	Pipino el Breve inicia la conquista de Septimania (Languedoc) y la une al Imperio franco.
758	Derrota de los francos en Roncesvalles.
759	Pipino el Breve recupera Narbona y expulsa a los árabes del Bajo Languedoc.
791	Alfonso II, rey de Asturias, arrebata Lisboa a los moros.
793	Los árabes son expulsados de Cordières.
800	Los musulmanes de Túnez invaden Sicilia.
807	Harun al Rachid reconoce los derechos de los francos sobre los Lugares Santos.
808	Expediciones sarracenas en las campiñas romana y napolitana.
809	Saqueo de Córcega y Cerdeña.
813	Saqueo de Niza.
827	Bernardo de Septimania derrota a los musulmanes ante Barcelona.
828	Los sarracenos saquean Arles.
826	Los sarracenos saquean Marsella.
840	Los árabes toman Bari, recuperada por los emperadores griegos al año siguiente.
842	Toma de Mesina y Tarento por los árabes.
846	Expediciones sarracenas contra Roma.
849	Expediciones sarracenas en Provenza.
872	Basilio I, emperador de Oriente, lanza una gran campaña de reconquista contra el Islam.
890	Los sarracenos se instalan en La Garde-Freinet (Var) y, desde ese estratégico enclave, lanzan expediciones hacia Suiza, hasta el Valais.

902-1091	Ocupación de Sicilia por los musulmanes.
915	Saqueo y destrucción de Fréjus por los sarracenos.
939	Ramiro II, rey de León y de Asturias, derrota a los musulmanes en Simancas.
965-969	Nicéforo II Focas, emperador de Bizancio, recupera Cilicia (sudeste de Asia Menor), Chipre y Siria de los musulmanes.
970	Juan I Tzimisces, emperador de Oriente, reconquista Palestina salvo Jerusalén.
997	Al-Mansur guerrea contra los reinos cristianos y se apodera de Compostela.
1009	El califa Fatimí al-Hakim hace destruir el Santo Sepulcro.
1022	Los musulmanes son expulsados de Cerdeña con la ayuda de genoveses y pisanos.
1029	Sancho III, rey de Navarra, se apodera de Castilla.
1037	Juan, hermano del emperador de Oriente Miguel IV, obtiene con negociaciones la restauración del Santo Sepulcro.
1047	Saqueo del monasterio de Lérins (costa varense) por los sarracenos.
1064	Cruzada borgoñona contra los moros en España. Ani, capital bizantina de Armenia, es destruida por los turcos seléucidas.
1071	Los griegos son expulsados de Anatolia por los turcos.
1072	Alfonso VI, rey de Castilla, arrebata Toledo a los moros.
1086	Alfonso VI, rey de Castilla, es derrotado por los almorávides procedentes de Marruecos.
1091	Los árabes son expulsados de Sicilia.
1095	El Concilio de Clermont decide la I cruzada. Durante este concilio, el papa Urbano II lanza una llamada a la guerra santa para liberar los Lugares Santos.
1099	Toma de Jerusalén por los cruzados, que masacran a los musulmanes... y a los judíos.
1100	Balduino I, hermano de Godofredo de Bouillon, se convierte en rey de Jerusalén.
1118	Alfonso I, rey de Aragón y Navarra, arrebata Zaragoza a los moros.
1124	Primeras colonias venecianas en Palestina.
1130	Roger, rey de Sicilia, ocupa las costas de África del Norte, desde Trípoli a Annaba.

1146	II cruzada en Palestina.
1161	Salah ad-Din (Saladino en Occidente) se apodera de Siria.
1173	El ejército de Manuel I, emperador de Bizancio, es aplastado en Anatolia.
1187	Salah ad-Din arrebata Jerusalén a los francos.
1189-1192	III cruzada para liberar Jerusalén; fracaso.
1202-1204	IV cruzada.
1212	Las tropas musulmanas son derrotadas por los reyes de Castilla, de Aragón y de Navarra.
1219-1221	Cruzada contra los sarracenos en Egipto.
1227-1229	VI cruzada. El emperador de Alemania Federico I Barbarroja logra que le entreguen Jerusalén sin combatir y se proclama «rey de Jerusalén».
1248	VII cruzada. Luis IX (san Luis) se embarca en Aigues-Mortes hacia Egipto.
1250	Luis IX, derrotado, es hecho prisionero.
1260	Los mamelucos de Egipto expulsan a los francos de Siria.
1262	Toma de Cádiz. Sólo el reino de Granada sigue siendo musulmán.
1270	VIII cruzada. Luis IX se embarca hacia Túnez con sus tres hijos y el príncipe Eduardo de Inglaterra. Muere allí apenas llegado.
1281-1284	Guerra santa de los otomanos contra el Imperio bizantino.
1291	Los francos pierden Tiro, Sidón (Saida) y Beirut. Fin de los Estados cruzados.
1326	Conquista de Anatolia por los otomanos.
1359	Murad I derrota a bizantinos, búlgaros y serbios.
1383	Los otomanos toman Tesalónica.
1389	Bayaceto, sultán otomano, se apodera de Atenas y del Peloponeso (Morea).
1396	Los turcos someten Bulgaria.
1434	Cristianización de Etiopía.
1444	El húngaro Juan Hunyadi y el rey de Polonia Ladislao III son derrotados en Varna, Bulgaria, por Murad II.
1453	Toma de Constantinopla por Mehmet II. Fin del Imperio cristiano de Oriente. Los venecianos son derrotados en Grecia por los otomanos.
1492	Fernando II, rey de Aragón, toma Granada y concluye así la Reconquista.

1521	Solimán el Magnífico toma Belgrado.
1522	Solimán el Magnífico ocupa Rodas.
1526	Solimán el Magnífico derrota a Luis II, rey de Hungría e incendia Buda.
1529	Solimán el Magnífico sitia Viena.
1535	Carlos V se apodera de Túnez.
1565	Los otomanos sitian Malta.
1568	El sultán Selim II firma la paz con Maximiliano de Austria.
1571	Selim II, tras haberse apoderado de Chipre, es derrotado en Lepanto por don Juan de Austria.
1574	Selim II arrebata Túnez a los españoles.
1595-1600	Los turcos son expulsados de Valaquia, Moldavia (Rumanía) y Transilvania (Hungría).
1603	El sultán Ahmed II se alía con los húngaros contra el emperador Rodolfo y le impone la paz de Viena.
1609	Expulsión de los 300.000 moros de España.
1664	Derrota otomana de San Gotardo (Hungría) por el emperador Leopoldo I, con la ayuda de un cuerpo expedicionario francés.
1671	Las potencias occidentales deben pagar tributo al dey de Argel para circular libremente por el Mediterráneo, en manos de los temibles corsarios berberiscos.
1672	Mulay Ismail reconquista Tánger a los ingleses.
1677	Juan III Sobieski, rey de Polonia, derrota a los turcos en Chocin.
1683	Sitio de Viena por los turcos. Los ejércitos de Juan Sobieski, rey de Polonia y de Carlos V, duque de Lorena, llegados como refuerzo, salvan la ciudad.
1699	El ejército turco es derrotado en Zentha (Hungría). Importante retroceso del Imperio otomano en Europa en beneficio de Hungría, Polonia y Rusia.
1710	Guerra en Rusia y el Imperio otomano.
1736-1738	Guerra entre Turquía y Rusia que ocupa Crimea.
1770	La flota rusa aniquila la flota otomana cerca de Esmirna. Levantamiento en Grecia contra el ocupante turco.
1787-1788	Guerra de Turquía contra Rusia y Austria.
1798-1799	Expedición francesa de Bonaparte en Egipto.
1804	Guerra ruso-persa. Los rusos se anexionan Georgia, Daguestán y Baku.

1806	Guerra ruso-turca. Rusia se anexiona Besarabia.
1821-1829	Guerra de independencia de Grecia.
1822	Matanzas en Quío y Trípoli.
1827	La flota franco-anglo-rusa aniquila la flota turca en Navarino.
1828	Los ejércitos rusos invaden Turquía.
1830	Un cuerpo expedicionario francés ocupa Argel.
1831	El ejército francés se apodera de Orán.
1837	Toma de Constantina por los franceses.
1839	Matanza de europeos en Mitidja (Argel).
1847-1857	Conquista total de Argelia y derrota de los ejércitos marroquíes.
1859	Los ejércitos del sultán de Marruecos Mohamed IV son aplastados por los españoles.
1879	Ocupación de Kabul (Afganistán) por los ingleses.
1881	Protectorado francés en Túnez.
1882	Revuelta en Egipto contra los franceses y los ingleses. Ocupación del país.
1894-1896	Matanza de armenios por los turcos.
1906	Reconocimiento de los derechos especiales de Francia sobre Marruecos en la Conferencia de Algeciras. Intervención militar francesa en Fez.
1914	Los ingleses ocupan Basora, Bagdad y Kirkuk. Iraq es sometido a mandato británico.
1915	Enfrentamiento anglo-turco en el canal de Suez. Los turcos masacran un millón de armenios.
1916	Expedición franco-inglesa en los Dardanelos contra Turquía.
1917	Los ingleses toman Jerusalén, defendida por tropas germano-turcas.
1918	Ocupación de los estrechos de Constantinopla por las tropas franco-inglesas.
1919	El ejército griego desembarca en Esmirna y masacra allí a los turcos. Libia es conquistada por los italianos. Los ingleses son derrotados en Afganistán que se hace independiente.
1920	Inglaterra cede a Francia el mandato sobre Sitia y el Líbano.
1921	Los ingleses crean el Estado independiente de Transjordania.

1921-1926	Guerra del Rif (Marruecos). Los ejércitos francés y español aplastan a las tropas de Abd el-Krin y lo capturan.
1922	Los turcos masacran a los armenios en Esmirna.
1936	El ejército inglés evacua Egipto, menos Suez.
1940-1945	Los ejércitos de los países europeos se enfrentan en tierra musulmana (Túnez, Libia, Siria, Palestina).
1945	Revueltas en Sétif (Argelia). Matanza de un centenar de europeos. Como represalia mueren 5.000 musulmanes. Fundación de la Liga Árabe: Egipto, Jordania, Siria, Iraq, Líbano, Arabia Saudita y Yemen. Retirada de las tropas francesas e inglesas de Siria.
1947	Marruecos reivindica su independencia.
1952	Disturbios antibritánicos en El Cairo.
1954-1962	Guerra de la independencia en Argelia.
1956	Independencia de Marruecos, que se adhiere a la Liga Árabe. Intervención armada de Israel, Francia y Gran Bretaña en Suez, tras la nacionalización del canal por Nasser.
1961	El ejército tunecino sitia Bizerta, ocupada por las tropas francesas.
1973	Guerra israelo-árabe del Kippur. Los países árabes decretan el embargo petrolero contra los países de Occidente que ayudan a Israel.
1974	Desembarco de tropas turcas en Chipre y ocupación del norte de la isla.
1976	El airbús Tel-Aviv-París es secuestrado por un comando palestino, al despegar de Atenas, y dirigido al aeropuerto de Entebbe (Uganda), con 258 pasajeros a bordo.
1977	Un pirata egipcio secuestra un Airbús que hacía el trayecto París-El Cairo y lo dirige a Brindisi, Italia.
1978	Disturbios en Irán contra el régimen del sha. Intervención soviética en Afganistán.
1979	Abdicación del sha de Irán e instauración de la República islámica. Operación militar americana que termina en un fracaso.
1981	Intento de asesinato del papa Juan Pablo II, en la plaza de San Pedro, por el turco Alí Agca.
1982	Explosión de un coche bomba en la calle Marbeuf de París. Francia expulsa a dos diplomáticos sirios. Explosión de un coche bomba ante la Embajada de Francia en

Beirut. Asesinato del presidente cristiano del Líbano, Bechir Gemayel. Matanza de palestinos por las falanges cristianas en los campamentos de Sabra y Chatila, en el Líbano.

1983   Atentado contra las tropas francesas y americanas en Beirut reivindicado por la Djihad islámica (más de 300 muertos).

Expedición americana contra las posiciones sirias y drusas al sur de Beirut.

El ejército israelí evacua a los cristianos sitiados por los drusos.

Explosión de un coche bomba contra la Embajada de Estados Unidos en Beirut (80 muertos y 120 heridos).

El Boeing 727 Viena-París es desviado hacia Ginebra, donde son liberados 36 de los 106 pasajeros. Sesenta son liberados en Catania (Sicilia). El avión aterriza, al día siguiente, en Damasco (Siria) y se dirige después al aeropuerto de Teherán. Tras tres días de negociaciones, los cinco piratas se rinden y obtienen asilo político en Irán.

Las tropas libias toman Faya-Largeau en el Chad. Francia envía un cuerpo expedicionario.

Cierre, en Irán, del Consulado de Francia en Ispahan y del Instituto Cultural de Teherán.

Los sirios y los drusos bombardean los barrios cristianos de Beirut.

La aviación francesa destruye los acantonamientos de las milicias pro-iraníes a las puertas de Baalbeck.

1984   Atentado con explosivos contra el Centro Cultural francés en Trípoli (Líbano).

Un Boeing 737 de la línea Frankfurt-París es desviado hacia Ginebra con 62 pasajeros a bordo por un pirata del aire con pasaporte argelino y que deseaba ir a Trípoli. Es reducido por la policía suiza.

Bombardeo de los barrios cristianos de Beirut.

La marina americana bombardea las posiciones sirias en el Líbano.

Una escuadrilla turca ametralla una torpedera griega en el mar Egeo.

Un Boeing 737 de la línea Frankfurt-París, con 58 pasajeros a bordo y seis miembros de la tripulación, es desviado hacia Ginebra por tres piratas del aire que exigen la liberación de los cinco autores del intento de asesinato, en París, contra el antiguo primer ministro del sha, Shapur Bakhtiar. El aparato aterriza en Beirut, en Larnaka (Chipre) y, luego, en Teherán. Los piratas hacen saltar la cabina del piloto tras haber liberado a sus rehenes y se rinden a las fuerzas del orden.

Las tropas francesas abandonan el Líbano.

Tiroteo en Londres ante la Embajada de Libia (un muerto y diez heridos). En Trípoli, las tropas libias cercan la Embajada de Gran Bretaña.

Se firma un tratado de amistad entre Malta y Libia.

1985   Atentado con explosivos contra los edificios ortodoxos de Trípoli (Líbano).

Dos diplomáticos franceses son raptados en Beirut.

La explosión de una bomba en un restaurante de Madrid, frecuentado por los americanos, hace dieciocho muertos. El atentado es reivindicado por la Djihad islámica.

Dos franceses, un periodista y un investigador, raptados en Beirut.

Asesinato de dos observadores franceses de la fuerza de interposición en Beirut.

Reivindicación en Saida de una república islámica por los extremistas chiítas.

La Djihad islámica rapta en el Líbano a un jesuita holandés, que será encontrado asesinado, dos británicos, un americano, al vicecónsul de Francia, un agregado de la Embajada de Francia y su hija, el director del Centro Cultural de Trípoli y un oficial italiano.

Palestinos y milicias musulmanas se apoderan de las últimas posiciones cristianas en torno a Saida y en los límites del Chuf. La aldea católica de Aarba es destruida por las milicias drusas.

Un comando chiíta desvía, en Atenas, un Boeing 727 de la TWA. Los 97 pasajeros y miembros de la tripulación son tomados como rehenes y, luego, liberados.

Un comando palestino se apodera de la embarcación de crucero italiana *Hachille-Lauro* ante las costas egipcias y mata a un pasajero judío-americano.

1986	Explosión de un coche bomba en el sector cristiano de Beirut: 22 muertos, 110 heridos.

1986 Explosión de un coche bomba en el sector cristiano de Beirut: 22 muertos, 110 heridos.

Disparo de misiles libios contra aviones americanos. Cuatro lanchas y dos bases de misiles libias destruidas.

La Djihad islámica secuestra a cuatro periodistas franceses de Antenne 2.

Michel Seurat asesinado por la Djihad islámica.

Secuestro en Beirut de un cámara británico. Descubrimiento de los cuerpos de tres rehenes británicos en el Chuf (Líbano).

Tentativa de bombardeo libio de la isla italiana de Lampedusa.

Secuestro en Beirut de un enseñante irlandés. Explosión de una bomba a bordo de un Boeing 727 de la TWA, atentado reivindicado por las «células revolucionarias de Al Kassam».

Secuestro y asesinato de armenios en el Líbano.

Expulsión de Libia de 36 diplomáticos europeos.

Rapto en Beirut del francés Camille Sonta.

Operación policial en Auvers-sur-Oise. Expulsión de Massoud Radjavi, jefe de los «muyahidines» que se refugia en Iraq.

Atentado en el sector musulmán de Beirut: 22 muertos, 163 heridos.

Atentado con coche bomba en el sector cristiano de Beirut: 35 muertos, 140 heridos.

Explosión de un coche bomba en el sector cristiano de Beirut: quince muertos, 40 heridos.

Enfrentamiento en el sur del Líbano entre los soldados franceses de la FINUL y los milicianos chiítas de Amal.

Detención en Francia de catorce individuos del Oriente Próximo, vinculados al PC libanés y al FPLP.

Mueren tres soldados franceses de la FINUL y otro es herido en el Líbano.

Francia lanza en paracaídas carburante, víveres y municiones en el Tibesti, para los soldados de Goukouni Ueddei que combaten contra las tropas libias.

1987 Secuestro, en el Líbano, de un periodista francés, Roger Auques, dos súbditos alemanes, dos libaneses de origen armenio y, luego, tres americanos.

Irán ataca en el golfo Pérsico un buque soviético.

Los aviones de caza iraníes atacan, en el golfo Pérsico, la fragata americana *Stark*: 38 muertos y desaparecidos.

Secuestro de un diplomático británico en Teherán, luego del periodista americano Charles Glass en Beirut-Oeste. Ataque, entre Kuwait y Bahrein, al carguero francés *Ville d'Anvers* por dos lanchas iraníes.

Ruptura de relaciones diplomáticas entre Francia e Irán. Desfile armado del Hezbollah en el arrabal sur de Beirut, al grito de: «¡Muerte a Estados Unidos y a Francia!». Estados Unidos manda al golfo Pérsico algunas lanchas rápidas, el acorazado *Missouri* y el porta helicópteros *Guadalcanal*.

Un navío iraní es ametrallado por helicópteros americanos cuando estaba colocando minas.

Un petrolero americano es alcanzado en aguas kuwaitíes por un misil iraní.

Ataque americano contra dos plataformas iraníes convertidas en bases militares.

Dos gendarmes franceses muertos y otro herido en los barrios cristianos de Beirut.

1988   Asesinato, en Beirut-Oeste, de un agente francés de la DGSE que investigaba el asesinato de otro francés.

Secuestro al sur de Saida de dos funcionarios de las Naciones Unidas: un sueco y un noruego.

Secuestro, en el Líbano, de un oficial americano de la ONU.

Secuestro, en el Líbano, del director para el Oriente Próximo de la organización caritativa británica OXFAM.

Seis navíos de la flota americana bombardean las plataformas petrolíferas iraníes de Sirri y Sassan, y hunden tres fragatas iraníes.

Expulsión de Francia del hombre de negocios sirio Omrane Adhan.

El crucero americano *USS-Vincennes* derriba un Airbús civil iraní: 290 muertos.

Secuestro en Saida de un miembro suizo de la Cruz Roja.

1989   151 año de guerra en el Líbano entre cristianos y musulmanes.

Dos Mig-23 libios son abatidos por dos F-14 americanos sobre el Mediterráneo.

El Parlamento iraní vota la ruptura de relaciones diplomáticas con Londres.

Evacuación, en el norte de Beirut, de catorce heridos cristianos a bordo del navío-hospital francés *La Rance*.

El presidente del Parlamento iraní, Hachemi Rafsandjani, hace un llamamiento a los palestinos para que «maten americanos, británicos o franceses, y ataquen sus intereses en el mundo», como represalia contra «la brutalidad sionista en Palestina».

Un Airbús que efectúa el trayecto París-Argel es secuestrado por un argelino expulsado del territorio francés. El pirata es reducido poco después de la llegada del aparato a Argel.

Ofensiva de las milicias drusas y de las fuerzas palestinas prosirias contra el cerrojo cristiano de Suk el-Gharb.

El papa Juan Pablo II denuncia el genocidio perpetrado por los sirios contra los cristianos del Líbano.

Asesinato en Beirut del presidente cristiano René Mohawad.

1990   El rey Hassan II se declara hostil a la integración de los inmigrantes en Francia.

Tras la invasión de Kuwait por Iraq, el portaaviones americano *Independance* y ocho navíos de guerra más ponen rumbo al Golfo.

El portaaviones francés *Clemenceau* es enviado al Golfo.

Saddam Hussein lanza una llamada a la guerra santa.

Bloqueo naval de Estados Unidos contra Iraq.

En Teherán, el ayatolá Jamenei llama a la guerra santa contra Estados Unidos.

Ofensiva siria contra el reducto cristiano del general Aoun en Beirut. Matanzas y saqueos perpetrados por los sirios.

Asesinato cerca de Beirut del dirigente maronita Dany Chamoun, su mujer y sus dos hijos.

A monseñor Michel Dubost, consiliario general francés de los ejércitos, se le prohíbe la entrada en Arabia.

1991	Manifestaciones antiamericanas en los países del Magreb, Jordania y Paquistán.
	El 17 de enero, inicio de la operación *Tormenta del desierto* contra Iraq (bombardeo de los lugares estratégicos).
	En Rabat, manifestación de apoyo a Iraq.
	Tutela de Siria sobre el Líbano.
	Secuestro en Beirut de un administrador francés de «Médicos del mundo», Jérôme Leyraud.
1992	En Azerbaidján, enfrentamiento en azeríes y armenios.
	Huelga general de los cristianos en el Líbano contra las elecciones legislativas.
	En Bosnia, combates entre croatas y musulmanes.
	Mig-25 iraquí es derribado por un F-16 americano.
1993	La aviación aliada bombardea ocho objetivos militares en el sur de Iraq.
	Disparo de misiles americanos contra una instalación militar cercana a Bagdad.
	El general Morillon es retenido por unos civiles en el enclave musulmán de Srebrenica.
	Toma de la ciudad azerí de Kaldajan por los armenios.
	En Bosnia, los cascos azules desarman a los musulmanes de Srebrenica.
	23 misiles de crucero americanos disparados contra el cuartel general de los servicios secretos iraquíes en Bagdad.
	En Argelia, dos jóvenes geómetras franceses son hallados asesinados.
	En Argelia, secuestro de tres funcionarios del Consulado de Francia en Argel.
	En Egipto, dos americanos y un francés asesinados a tiros en el hotel Semiramis de El Cairo.
	Arresto domiciliario, en Ariège, del presidente de la Fraternidad argelina en Francia, Djaffar el-Houari.
	En Argelia, asesinato a tiros de un hombre de negocios español, un jubilado francés, una rusa y un informático británico. Doce cooperantes croatas son degollados.
	En Beirut, atentado con un camión bomba contra la sede del Partido Falangista Cristiano.
	En El Cairo, siete austriacos heridos en un atentado contra un autobús de turismo.

| 1994 | En Argel, asesinato de una empleada francesa en el Consulado de Francia, luego asesinato en la Casbah de un periodista francés, Olivier Quémener. |

1994 · En Argel, asesinato de una empleada francesa en el Consulado de Francia, luego asesinato en la Casbah de un periodista francés, Olivier Quémener.

En Argelia, en la Pequeña Cabilia, asesinato de un técnico ruso de la central eléctrica de Jijel.

En Argel, asesinato del francés Joaquin Grau.

En el Líbano, atentado en Beirut, en una iglesia maronita, en pleno país cristiano (diez muertos y 60 heridos).

Asesinato de dos franceses en las afueras de Argel.

En Bosnia, el enclave musulmán de Jorazde es sitiado.

En Argelia, dos religiosos franceses son asesinados en la Casbah, el padre Henri-Barthélemy Vergès y sor Paule-Hélène Saint-Raymond.

En Argelia, siete marineros italianos son degollados a bordo del *Lucina*, en el puerto de Djendjen. Cuatro rusos, dos croatas y un rumano son también asesinados.

En el sudoeste de Argel, un comando de los Grupos Islámicos ataca el barrio diplomático de Ain Allah: cuatro gendarmes franceses y dos agentes consulares de la Embajada de Francia muertos.

En el sudoeste de Argelia, una enfermera francesa herida de bala en Sig.

En Marrakech, ataque al hotel Atlas-Asni (dos turistas españoles muertos).

Un ingeniero francés hallado degollado en Hammadi, al sudeste de Argel.

Un francés es hallado asesinado en Bouira, al sudeste de Argel.

Expulsan a seis muchachas que llevan el velo islámico del instituto Saint-Exupéry de Mantes-la-Jolie y de una alumna de CMU en Clermont-Ferrand.

1995 · Argelia: un comando toma como rehenes la tripulación y los pasajeros de un airbús de Air France en el aeropuerto de Argel.

Asesinato, reivindicado por el GIA, de cuatro padres blancos en su presbiterio de Tizi-Ouzou.

El Ejército Islámico de Salvación (EIS) declara que «la guerra contra Francia se ha convertido en un deber legal».

Asesinato del vigésimo sexto francés en Argel: Joseph Belaïche, presidente de la comunidad israelita de la ciudad.

Bosnia: ruptura por los musulmanes de la tregua que había entrado en vigor el 1 de enero. Los serbios responden bombardeando Tuzla.

Argelia: asesinato cerca de Orán de un empleado italiano, y asesinato en Argel de dos religiosas católicas. La policía descubre en Vaucluse y los Alpes de Haute-Provence varios depósitos de explosivos vinculados a un tráfico destinado al GIA.

En un comunicado del 23 de septiembre firmado por Abou Abderrahmane Amine, el GIA reivindica los atentados cometidos en Francia desde el mes de julio, y menciona una carta dirigida a Jacques Chirac para exigir su «conversión» al Islam.

Operación policial llevada a cabo, conjuntamente, en París, Lyon y Lille: seis detenciones, entre ellas la de Boualem ben Said, que reconoce haber participado en el atentado de la avenida de Italia, en París, el 6 de octubre. Arresto en Londres de un responsable del GIA, Rachid Ramda, a quien los investigadores franceses acusan de ser el que «dio las órdenes» de los atentados en Francia desde el mes de julio.

Arabia Saudita: atentado en Riad, reivindicado por los Tigres del Golfo (seis muertos, cinco de ellos americanos).

1996 Grecia-Turquía: incidentes con respecto a un islote del mar Egeo reivindicado por ambos países.

Argelia: secuestro, el 27 de marzo, de siete monjes trapenses franceses en su monasterio de Tibehirine, en la región de Medea. Sus cuerpos son descubiertos el 30 de mayo.

Arabia Saudita: atentado con un camión bomba contra la base aérea americana de Khobar, cerca de Dharan (19 muertos).

Libia: el juez Bruguière prosigue en Libia su investigación sobre el atentado del DC-10 de UTA (170 muertos) el 19 de septiembre de 1989.

Argelia: asesinato del obispo de Orán, monseñor Pierre Claverie, muerto con su chófer por la explosión de una bomba.

Chipre: enfrentamiento entre chipriotas griegos y turcos

a lo largo de la «línea verde» bajo el control de la ONU (dos muertos, varias decenas de heridos).

Iraq: 44 misiles americanos son disparados contra emplazamientos militares al sur de Bagdad.

Proceso a 34 islamistas implicados en la campaña de acciones terroristas de agosto de 1994 en Marruecos.

1997   Bosnia: en Mostar, tiroteado por la policía croata un cortejo de musulmanes.

Europa-Irán: crisis entre Teherán y los Quince cuando el tribunal de lo penal de Berlín encausa al Estado iraní en su más alto nivel.

Egipto: atentado islamista contra un autobús de turistas ante el Museo Arqueológico de El Cairo (diez muertos, entre ellos seis turistas alemanes).

Iraq: Bagdad expulsa a tres americanos de la ONU, luego a seis miembros americanos de la Unscom.

1998   Iraq: Bill Clinton amenaza a Iraq con nuevos ataques.

Comunicado común de Rusia y China expresando su oposición categórica a un eventual recurso a la fuerza.

Estados Unidos: atentados contra las embajadas americanas de Nairobi y Dar es-Salaam, reivindicados por un Ejército Islámico para la Liberación de los Lugares Santos musulmanes (258 muertos, doce de ellos americanos). Días más tarde, ataques americanos en el Sudán y Afganistán. La Liga Árabe proclama su apoyo al Sudán.

Operación *Zorro del desierto*: bombardeos americanos e ingleses contra emplazamientos iraquíes.

Continuará...

124

ISLAM-EUROPA
ACONTECIMIENTOS PREVISTOS POR NOSTRADAMUS

En *Nostradamus historiador y profeta* –tomos I y II– se encontrarán las cuartetas y sextillas referentes a los acontecimientos pasados entre el Islam y Europa. He aquí su inventario:

1565	Asedio de Malta por los turcos.
1567	Levantamiento de los mahometanos de Granada y su expulsión en 1610 III, 30 (t. II).
1571	Batalla de Lepanto IX, 61 (t. I).
1686	La toma de Buda por el duque de Lorena acarrea la caída del Imperio otomano en 1829 X, 62 (t. I).
1799	La campaña de Egipto y la administración del país por Bonaparte I, 74 (t. I) y I, 8 (t. II).
1810-1821	Matanza de prelados y notables griegos en Chipre III, 89 (t. I).
1822	Las matanzas de Quío y la independencia de Grecia V, 90 (t. I) y VI, 55 (t. II).
1827	La batalla de Navarino.
1833	Independencia de Grecia IX, 75 (t. I) y V, 95 (t. II).
1840-1847	Los siete años de conquista de Argelia IX, 89 (t. I).
1908-1919	Guerra en los Balcanes y Mustafá Kemal II, 49 (t.I).
1958	La caída de la IV República a causa de la guerra de Argelia III, 59 y *Carta a Enrique II* (t. I y II).
1979	La invasión de Afganistán por el ejército ruso X, 31.
1981	Asesinato del presidente egipcio Anuar el Sadat, el 6 de octubre y las conferencias israelo-árabes II, 34 (t. I).

Como se ha expuesto anteriormente, Nostradamus, en su viaje por una parte del bloque espacio-tiempo, menciona los acontecimientos entremezclados unos con otros; lo que imposibilita cualquier clasificación cronológica. En función de este principio, a nadie debe extrañar que se encuentren fragmentos de historia u hechos pasados tras otros por venir. ¿Es posible imaginar múltiples clasificaciones de las cuartetas? Sin duda. La que aquí se ha llevado a cabo no tiene una importancia fundamental con respecto al desarrollo de la historia, puesto que el profeta tiene una «visión» global y panorámica del pasado, el presente y el porvenir.

EL CONFLICTO ENTRE EUROPA Y EL ISLAM

Los acontecimientos anunciados y referentes al enfrentamiento entre Occidente y los países musulmanes tienen un carácter catastrófico y espantoso. Como se ha indicado en el preámbulo, hay a menudo en las centurias una exageración de los horrores de las guerras, de las locuras de los hombres que se hacen terroríficas por medio de un relato, ciertamente conciso, pero redactado con un vocabulario explícito. Podemos preguntarnos si este método no tiene un objetivo pedagógico, para hacer reflexionar y, luego, reaccionar, con el fin de atenuar el aspecto apocalíptico de la historia del hombre, impedir que éste se autodestruya y, de ese modo, llevarle a su salvación.

Es preciso citar aquí las palabras pronunciadas por Michel Debré, durante la guerra del Golfo (las referencias a las cuartetas de Nostradamus que siguen han sido puestas en cursiva): «Lo que vivimos es sólo el comienzo de una nueva guerra de los Cien Años. Una *guerra implacable* cuyo envite más inmediato es el mantenimiento o la desaparición de Francia como potencia europea y *mediterránea*. Porque nuestro flanco sur es el más expuesto a un acceso de fiebre en el mundo árabe, porque nuestra natalidad se ha estancado desde hace mucho tiempo ante la *demografía musulmana, conquistadora* entre todas, porque la historia ha mostrado que las naciones jóvenes acaban siempre por imponer su ley a las naciones viejas, queda claro que nos concierne de un modo especial lo que ocurre en el *Mediterráneo*».

El 30 de marzo de 1995, se celebró en Jartum la tercera Conferencia popular árabe e islámica. Al día siguiente, era posible leer en *Le Monde*, en la pluma de Moura Naïm, en un artículo titulado «La conferencia islamista de Jartum denuncia el "sionismo" y el "imperialismo occidental"»: «El señor Tourabi, secretario general de la conferencia, eminencia gris del régimen sudanés, fustigó a quienes, en Occidente, han hecho acopio de fuerzas y *proclamado su hostilidad al Islam...* Criticó vivamente a los *dirigentes árabes musulmanes* que han *traicionado* a los palestinos y también a esa *institución mundial a la que se denomina la ONU*, que se ha convertido, a su entender, en *un instrumento dirigido contra los países musulmanes*... Aparentemente, los participantes en el foro de Jartum son muy distintos y sus preocupaciones inmediatas muy diversas: Chechenia, Bosnia, Irán, Albania, Kosovo, Camerún, Benín, Paquistán. No dejan de tener, por ello, un denominador común: el Corán».

Nostradamus consagró algunas sextillas a un personaje al que denomina *el proveedor*. En francés medio, un proveedor es un aprovisionador, alguien encargado del aprovisionamiento. Probablemente el término se refiere al Fondo Monetario Internacional que aprovisiona en dólares a los países con dificultades financieras.

En la siguiente sextilla, Nostradamus, para precisar el momento en que se producirá un acontecimiento, indicó una conjunción Marte, Saturno y Luna en Aries, que sólo se produce una vez por siglo. Esta conjunción tuvo lugar el 28 de marzo de 1998.

Sextilla 46

Le pourvoyeur mettre tout en desroute,
Sangsue & loup en mon dire n'escoute
Quand Mars sera au signe du Mouton
Joint à Saturne, & Saturne à la Lune,
Alors sera ta plus grande infortune,
Le soleil lors en exaltation.

El proveedor lo pondrá todo en fuga,
Sanguijuela & lobo, mi dicho no escucha
Cuando Marte esté en el signo del Cordero
Junto a Saturno, & Saturno a la Luna,
Entonces será tu gran infortunio,
Entonces el sol en exaltación.

En sentido figurado, una sanguijuela es una persona que obtiene dinero por exacciones o cualquier otro medio; ¿quiso Nostradamus designar aquí el poder del dinero en el capitalismo de Occidente y el endeudamiento de los países emergentes, entre ellos el Japón (el Sol Naciente) Esta hipótesis se vería reforzada por la alianza de la sanguijuela con Alemania (el lobo) cuya moneda es una de las más fuertes de los países ricos. Por lo que se refiere al Sol, podemos preguntarnos si Nostradamus no alude, además, al papa Juan Pablo II cuya divisa es, en la profecía de san Malaquías, *de labore solis*, del trabajo del Sol. En la sextilla siguiente veremos un vínculo entre el proveedor y la Iglesia. En astrología, la exaltación es una dignidad planetaria que acentúa, para bien o para mal, según su naturaleza, los presagios proporcionados por un planeta en la interpretación de un horóscopo; pero es también, en derecho canónico, la promoción a la dignidad pontificia.

El hacedor de guerra provocará una derrota general. Los países ricos y Alemania no escuchan mis palabras; el 28 de marzo de 1998, ocurrirá tu mayor infortunio (contrario a fortuna - ruina económica).

Aparentemente, nada especial ocurrió el 28 de marzo de 1998. Sin embargo, hay acontecimientos fundamentales que no tienen resonancia en los medios de comunicación. *Le Figaro-Économie* del 1 de octubre de 1998, con el título de: «Una pérdida de confianza que se ha hecho planetaria» escribía: «La crisis iniciada en Asia ha minado, poco a poco, todas las relaciones de confianza. Los inversores creyeron encontrar refugio en Europa y Estados Unidos. Ya sólo buscan seguridad... Los ministros de Hacienda y los gobernadores de los bancos centrales que se reunirán, la próxima semana, en la asamblea general del FMI (*el proveedor*), en Washington, han establecido un diagrama que pone de relieve las tres grandes etapas de "ese drama cuyo escenario es el mundo", al tiempo que identifican los distintos focos del incendio. *El primer acto, que terminó en marzo de 1998, fue exclusivamente asiático*... El segundo acto siguió centrado, aún, en las economías asiáticas... Este segundo acto está marcado, en el plano financiero, por lo que se ha denominado la "búsqueda de la calidad" por parte de los inversores. El dinero se derrama a chorros sobre Europa y América del Norte. De ahí los récords bursarios que conocerán su cénit el 17 de julio, en Nueva York. Fin del segundo cuadro. El tercero comienza en Moscú... No cabe ya duda, la crisis internacional hace caer Rusia...». Como conclusión, el artículo cita al economista John Maynard Keynes: «*Lo que sucede, a fin de cuentas, no es lo inevitable sino lo imprevisible*».

Se advierte ahí toda la diferencia entre el racionalista y el profeta. A pesar de todos sus conocimientos, nuestros economistas fueron incapaces de prever «*lo imprevisible*»... *Quod erat demostrandum*.[1]

Sextilla 56

Tost l'Elephant de toutes parts verra,
Quand pourvoyeur au Griffon se joindra,
Sa ruine proche, & Mars qui toujours gronde:
Fera grands faits auprès de terre saincte,
Grands étendars sur la terre & sur l'onde,
Si la nef a été de deux frères enceinte.

Pronto el Elefante de todas partes vendrá,
Cuando proveedor al Grifo se unirá,
Su ruina próxima, & Marte sigue gruñendo:
Hará grandes hechos cerca de Tierra Santa,
Grandes estandartes sobre la tierra & las olas,
Si la nave ha sido preñada de dos hermanos.

Probablemente el *Elefante* designa África del Sur, porque numerosos lugares geográficos (montañas, ríos, etc.) llevan este nombre, que les dieron los primeros europeos que desembarcaron en esa tierra. En antiguo francés, *grifo* era el nombre dado a los griegos bizantinos y, por extensión, a los pueblos de Oriente en general; el término designa un país de Asia y probablemente Japón, por el que ha intervenido ya varias veces el FMI. La palabra estandarte se daba a la caballería y a la marina y representa aquí, pues, divisiones blindadas y flotas de guerra.

---

1. QED de Euclides (*quod erat demostrandum*): «Lo que debía demostrarse».

Pronto África del Sur permanecerá vigilante por todas partes, cuando el FMI se asocie (a las dificultades) de Japón cuya ruina (financiera) está próxima; y la guerra que sigue gruñendo provocará grandes actos cerca de Palestina; se verán numerosos carros y barcos de guerra cuando la Iglesia haya engendrado a dos hermanos (¿el papa y, tal vez, un antipapa? A menos que Juan Pablo II abandone su puesto por razones de salud –habría entonces dos papas; uno en ejercicio y el otro jubilado).

El origen del conflicto y el papel de Libia

Varias cuartetas nos hacen pensar que el origen del conflicto estaría en Oriente Medio. Habíamos olvidado un poco al coronel Gadhafi. De nuevo da que hablar con respecto al atentado contra el Boeing de la PanAm, sobre Lockerby, en Escocia.

I, 9

De l'Orient viendra le coeur Punique
Fascher Hadrie, & les hoirs Romulides:
Accompagné de la classe Libyque,
Tremble Melites & proches Isles vuides.

De Oriente vendrá el corazón Púnico
Enojar Adria, & los herederos de Rómulo:
Acompañado de la flota libia,
Temblad Melitas & islas próximas.

Las palabras *Punique, poenus* (cartaginés en latín) *Carthage o Hannibal* son utilizadas por Nostradamus para designar los países musulmanes y, especialmente, África del Norte, parte de la cual ocuparon antaño los cartagineses, pero también como referencia al implacable odio que los cartagineses sentían por los romanos que, por otra parte, les pagaban con la misma moneda: *delenda est Carthago*. Los *hoirs Romulides* son los herederos de Rómulo, es decir los italianos; por los que se refiere a los *Meli-*

130

tes, son los habitantes de la isla de Malta. Cinco nombres geográficos de la cuarteta se refieren al Mediterráneo y permiten, pues, elegir Oriente Medio y no el Extremo Oriente: Cartago, el Adriático, Roma, Libia y Malta.

Un acto de mala fe turbará el Adriático y a los italianos, ayudado por la flota libia que hará temblar Malta y su archipiélago.

III, 27

Prince Libinique puissant en Occident,
François d'Arabes viendra tant enflammer,
Scavant aux lettres sera condescendent,
La langue arabe en françois translater.

Príncipe libio poderoso en Occidente,
Francés de árabes vendrá tanto inflamar,
Sapiente en letras será condescendiente,
La lengua árabe al francés traducir.

La palabra «sabio en letras» se utiliza para designar a los intelectuales o, tal vez, la prensa occidental que el jefe de Estado libio ha utilizado ampliamente. En francés medio, *condescendre* significa aceptar.

Un jefe de Estado libio será poderoso en Occidente y vendrá a inflamar muchos árabes contra los franceses. Será aceptado por los hombres de letras. La lengua árabe será transportada entre los franceses.

V, 14

Saturne & Mars en Leo Spagne captive,
Par chef libyque au conflict attrapé,
Proche de Malte, Heredde prinse vive,
Et Romain sceptre sera para Coq frappé.

Saturno & Marte en Leo España cautiva,
Por jefe libio en el conflicto atrapada,

131

Próximos a Malta, herederos cogidos vivos,
Y Romano cetro será por gallo golpeado.

En francés antiguo, *heredde* significa heredero y tiene, pues, el mismo significado que *hoirs* en la cuarteta 10 de la I centuria; designa pues a los italianos.

Cuando Saturno y Marte estén en la constelación de Leo, España será capturada, el jefe libio arrastrado al conflicto, que se habrá aproximado a Malta y habrá tomado Italia y el poder romano (¿Italia o la Iglesia?) será golpeado por el jefe de Estado francés. Esta conjunción se producirá el 18 de junio de 2006.

V, 13

Par grand fureur le Roy Romain Belgique,
Vexer voudra par phalange barbare:
Fureur grinssant chassera gent libyque,
Depuis Pannons jusques Hercules la Hare.

Por gran furor el Rey Romano Bélgica,
Vejar querrá por falange bárbara:
Furor rechinante expulsará gente líbica,
Desde los Panonios hasta Hércules la Tronera.

La expresión *Rey Romano Bélgica* es difícilmente comprensible; el acontecimiento nos dará las precisiones necesarias. La palabra falange significa cuerpo de tropa. Panonia era Hungría. La palabra Hércules no se refiere, aquí, al futuro rey de Francia, como veremos más adelante, sino que se trata de un nombre de lugar: Gibraltar es llamada las columnas de Hércules. *Hare* en antiguo francés es una especie de tronera y significa, aquí, fortificación.

Las tropas islámicas querrán vejar al rey de los belgas con un gran furor. Éste, loco de rabia, expulsará a los libios desde Hungría hasta las fortificaciones de Gibraltar.

La gent de Dace, d'Angleterre & Polonne,
Et de Boesne feront nouvelle ligue,
Pour passer outre d'Hercules la colonne,
Barcins, Tyrrens dresser cruelle brigue.

La gente de Dacia, de Inglaterra & Polonia,
Y de Bohemia harán nueva liga,
Para pasar más allá de Hércules la columna,
Barcinos, Tirrenos levantar cruel tumulto.

Dacia es el antiguo nombre de los rumanos. *Bohemia* designa Alemania. Los *Barcinos* eran los miembros de una familia cartaginesa. Esta palabra, como púnico o *poenus*, designa a los islamistas de África del Norte. En antiguo francés, *brigue* significa riña, tumulto.

Los pueblos rumano, inglés, polaco y alemán harán una nueva alianza para cruzar el estrecho de Gibraltar, cuando los islamistas hayan iniciado una cruel lucha contra los habitantes de la costa tirrena.

La foy Punique en Orient rompue,
Grand Iud, & Rosne Loire, & Tag. Changeront,
Quand du mulet la faim sera repue,
Classe espargie, sang et corps nageront.

La fe Púnica en Oriente rota,
Gran Judío & Ródano Loira, & Tajo cambiarán,
Cuando el mulo habrá saciado su hambre,
Flota hundida, sangre y cuerpos nadarán.

La expresión *grand Iud* designa el Estado hebreo, incluidos los territorios ocupados; en efecto, la palabra Judea designa el país de los judíos y comprendía toda Palestina en la época de los

Macabeos (167 a. C.). *El hambre del mulo* es una alusión al proverbio: «La mula del Papa sólo come a su hora», lo que significa que, aunque se viva en la mayor abundancia, sólo se come con placer cuando se tiene hambre. El verbo *espargier* quiere decir, en antiguo francés, regar, esparcir.

Los acuerdos musulmanes serán rotos en Oriente Medio. El gran Israel, el Ródano, el Loira y el Tajo sufrirán cambios cuando quede satisfecho el apetito de conquista. La flota será regada (¿bombardeada?); la sangre y los cuerpos nadarán.

Nostradamus da en la siguiente cuarteta el eje de extensión del conflicto desde Palestina hasta Portugal, pasando por el Ródano y el Loira. Luego indica que Inglaterra será arrastrada a esta guerra:

II, 78

Le grand Neptune du profond de la mer,
De Gent Punique & sang Gaulois meslé:
Les Isles à sang pour le tardif ramer,
Plus luy nuira que l'occult mal célé.

El gran Neptuno de lo profundo del mar,
De Gente púnica & sangre gala mezclado:
Las Islas a sangre por el tardío esfuerzo,
Más le perjudicará que el oculto mal guardado.

Como en el presagio 12 que se refiere a Inglaterra y la guerra de sucesión de España, *el gran Neptuno*, dios del mar, designa a Inglaterra. El verbo *ramer* significa utilizar los remos, y podemos entenderlo como poner en movimiento la flota. El *oculto mal guardado* significa la verdad mal escondida.

Inglaterra, desde el mar que la rodea, verá la sangre musulmana y francesa mezcladas. Las islas anglo-normandas quedarán ensangrentadas por haber puesto en marcha la flota demasiado tarde; lo que les perjudicará más aún que su política del avestruz.

Je pleure Nisse, Mannego, Pize, Gennes,
Savone, Sienne, Capoue, Modène, Malte:
Le dessus sang & glaive par estrennes,
Feu, trembler terre, eau, malhereuse nolte.

Lloro Niza, Mónaco, Pisa, Génova,
Savona, Siena, Capua, Módena, Malta:
Encima sangre & espada por combate,
Fuego, tierra temblar, agua, desgracia no querida.

Strenne en antiguo francés significa encuentro, combate y la palabra *glaive* (espada), carnicería. *Nolte* es un afrancesamiento de la palabra latina *noltis* de *nolere* que significa no querer.

Lloro Niza, Mónaco, Pisa, Génova, Savona, Siena, Capua, Módena y Malta que serán sumergidas por la sangre y la carnicería a causa de los combates, del fuego (de la guerra), del terremoto, de una inundación, desgracias que no se quisieron.

Par feu du ciel la cité presque aduste,
l'Urne menace encore Ceucalion,
Vexée Sardaigne para la Punique fuste,
Après le Libra lairra son Phaëton.

Por fuego del cielo la ciudad casi adusta,
La urna amenaza todavía Ceucalión,
Vejada Cerdeña por la Púnica fusta,
Después de Libra dejará su Faetón.

La expresión «gran ciudad» designa siempre París. La palabra ciudad sola designa pues otra ciudad. Tal vez Londres cuyo centro se denomina la «city». *Aduste* quiere decir quemado en antiguo francés. La urna designa aquí el sufragio universal. La C de Ceucalion es un error tipográfico; en efecto, se trata de Deucalión que, como Noé, recibió el encargo de salvar al hombre del diluvio (cf. la cuarteta sobre la inundación de Nîmes en octubre de 1988). Una *fusta* es una embarcación del tipo de las galeras y designa aquí una flota de guerra. Libra es el nombre latino de la *Balanza* (símbolo de la justicia) y representa Italia y a los italianos, porque el derecho romano fue la base de todos los derechos europeos contemporáneos y, especialmente, del Código Civil francés. *Phaëton* (Φαέθων) es el nombre griego de la constelación del Cochero, que designa aquí a un guía o un jefe de Estado. Por lo que se refiere a *lairra* es el futuro del verbo *laier* que, en antiguo francés, significa dejar.

Por un fuego procedente del cielo (¿bombardeo, cohete?), la ciudad queda casi destruida. El diluvio (¿de agua o de fuego?) sigue amenazando. Cerdeña será molestada por una flota musulmana, después de que los italianos hayan abandonado a su jefe de Estado.

VI, 99

L'ennemy docte se tournera confus,
Grand camp malade, & defaict par embusches:
Monts Pyrenées & Poenus lui seront faicts refus,
Proche du fleuve découvrant antiques oruches.

El enemigo docto se volverá confuso,
Gran campo enfermo, & derrotado por emboscadas:
Montes Pirineos & Poenus le serán hechos rechazo,
Próximo al río descubriendo antiguas excavaciones.

La palabra *oruche* es un ejemplo de afrancesamiento de una palabra griega, como solía hacerse en el siglo XVI. Su origen es la palabra ὀρυχή que significa agujero, excavación.

El taimado enemigo se revolverá en la confusión, su gran ejército enfermo y deshecho por emboscadas. Los Pirineos y África del Norte le serán obstáculo, cuando se descubran antiguas excavaciones (¿escondrijos de armas?) cerca del río.

Es demasiado pronto para saber de qué río se trata (¿el Sena, el Garona u otro?).

136

Un qui des dieux d'Annibal infernaux,
Fera renaistre, effrayeur des humains:
Oncq'plus d'horreur ne plus dire journaulx,
Qu'avint viendra par Babel aux Romains.

Uno de los dioses de Aníbal infernales,
Hará renacer, terror de los humanos:
Nunca mayor horror pudieron decir periódicos,
Que sucedió vendrá por Babel a los Romanos.

Los *dioses de Aníbal infernales* designan muy probablemente el integrismo islámico. *Avint* es un afrancesamiento de la palabra latina *adventus*, acontecimiento. Babel es el nombre hebreo de Babilonia y, por lo tanto, designa a Iraq.

Un personaje referido al integrismo islámico hará nacer el espanto de los humanos: nunca los periódicos habrán tenido que describir tanto horror como el del acontecimiento que ocurrirá a los romanos por causa de Iraq.

Presagio 11, septiembre

Pleurer le ciel à-il cela fait faire,
La mer s'appreste. Annibal fait ses ruses:
Denys mouille. Classe tarde. ne taire,
Na sçeur secret. & à quoy tu t'amuses.

LLorar al cielo, ay, eso hace hacer,
El mar se apresta. Aníbal usa sus artimañas:
Denis moja. Flota tarda en no callar,
No ha sabido secreto & en qué te diviertes.

Llorar al cielo es una expresión que significa dolerse de su destino. La palabra Denis puede referirse a la ciudad de Saint-Denis, cerca de París, pero también podría referirse al puerto español de Denia, en la provincia de Alicante, en la orilla occidental del Mediterráneo; este mar debe ser escenario de grandes batallas.

Llorar sobre su suerte, eso es lo que hace hacer: la flota se prepara mientras el jefe musulmán hace sus artimañas. La flota fondeada en el puerto de Denia tarda demasiado en manifestarse, porque no ha sabido lo que se tramaba y pensaban en divertirse. La cuarteta debe vincularse a II, 78 («Por el tardío esfuerzo»).

III, 93

Dans Avignon tout le chef de l'Empire
Fera arrest pour Paris désolé:
Tricast tiendra l'Annibalique ire,
Lyon par change sera mal consolé.

En Aviñón todo el jefe del Imperio
Hará detención por París desolado:
Tricast tendrá el Anibálico furor,
Lyon en cambio será mal consolado.

Aviñón se convertirá en capital porque París estará desolado, después de que el Tricastín reciba la cólera musulmana. A los de Lyon les sentará mal el cambio de capital.

El Tricastín es la región de Saint-Paul-Trois-Châteaux, al norte de Aviñón. Allí se ubicó la planta de enriquecimiento de uranio de Tricastín que fue financiada, en parte, por el sha de Irán en 1974. Tras la revolución islámica en Irán de 1978, Teherán solicitó la devolución de los mil millones de dólares prestados. El litigio fue una manzana de la discordia entre ambos países hasta 1986, pero es de suponer que puede reavivarse próximamente. El problema del Tricastín no tiene, aparentemente, relación con el resto de la cuarteta, la instalación de la capital en Aviñón, salvo que Nostradamus viera, tal vez, simultáneamente, ambos acontecimientos en su muro de imágenes, aunque estén separados por algunos años.

La guerra del Golfo, iniciada en 17 de enero de 1991, era sólo un signo precursor del papel que debe desempeñar Iraq (Mesopotamia o Babilonia o Babel para Nostradamus) en el futuro conflicto. En el número especial de *Le Monde* sobre la guerra del Golfo, titulado «De la guerra a la paz» con fecha de noviembre de 1991, podía leerse en la pluma de Jacques Lesourne: «La intervención en Kuwait ha permitido evitar un grave deterioro de la situación en Oriente Próximo. No ha resuelto, en profundidad, ninguno de los problemas de esa encrucijada entre África, Europa y Asia». Gracias al siguiente texto, era posible prever, ya en 1980, que Iraq se volvería contra Occidente, mientras se estaban proporcionando a ese país las armas más sofisticadas, y que seguiría siendo un enemigo de los países cristianos:

VII, 22

Les citoyens de Mésopotamie,
Irez encontre amis de Tarragonne:
Jeux, ris, banquets, toute gent endormie,
Vicaire au Rosne, prins cité, ceux d'Ausone.

Los ciudadanos de Mesopotamia,
Irán al encuentro amigos de Tarragona:
Juegos, risas, banquetes, toda la gente dormida,
Vicario en el Ródano, tomada la ciudad, los de Ausonia.

Nostradamus, por sinécdoque, tomó la ciudad de Tarragona para referirse a España y, más ampliamente, al Occidente; en efecto, la Tarraconense era una de las tres grandes provincias romanas de España y Tarragona está a orillas del Mediterráneo. Por otra parte, los griegos llamaron a España *Hesperia* es decir «la Occidental». *Encontre* («encuentro») es en antiguo francés un sustantivo que significa combate. Las palabras *juegos, risas, banquetes* deben vincularse con la expresión *en qué te diviertes* del presagio 11, pues estigmatizan la despreocupación de Occidente. El Papa lleva el título de Vicario de Cristo; *Ausonia* es el antiguo nombre de Italia. Al parecer, el Papa se refugiará a orillas del Ródano (Lyon, la ciudad que dos ríos riegan), porque la ciudad de Italia (Roma) será tomada.

Los habitantes de Iraq combatirán contra los occidentales, mientras éstos jueguen, rían, duerman o se entreguen a la buena vida. El Papa se refugiará a orillas del Ródano porque Roma habrá caído.

III, 61

La grande bande & secte crucigere,[2]
Se dressera en Mesopotamie:
Du proche fleuve compagnie legiere,
Que telle loy tiendra pour ennemie.

La grande banda & secta crucifígera,
Se levantará en Mesopotamia:
Del próximo río compañía ligera,
Que tal ley tendrá por enemiga.

Nostradamus «cepilló» por síncopa el verbo latino *crucifigere* (crucificar). Iraq y Siria tienen importantes comunidades cristianas.

La gran pandilla y secta anticristiana (integrista) se levantará en Iraq: los carros (*compañía ligera*, la caballería) manteniéndose junto al río (Tigris o Éufrates), y considerará la ley (cristiana) como enemiga.

Le Figaro magazine del 13 de diciembre de 1998, tenía el siguiente titular en su portada: «En Asia, en Oriente Próximo, en el Magreb... el Islam contra Occidente», con un comentario que da la razón a Nostradamus: «¿Algunos siglos después de las cruzadas, nos dirigimos a un enfrentamiento inverso? En tierras de Islam, los cristianos son a menudo prohibidos o francamente perseguidos. Sin que se trate de una guerra de religión (hay Estados musulmanes tolerantes), los motivos de preocupación se acumulan...».

2. Véase III, 60 en el capítulo V.

Aux champs herbeux d'Alein & du Varneigne,
Du mont Lebron, proche de la Durance,
Camps de deux pars conflict sera si aigre,
Mesopotamie défaillira en la France.

En los campos herbosos de Alein & de Varneigne,
Del monte Lebron, cercano a Durance,
Campos de dos partes conflicto será tan agrio,
Mesopotamia desfallecerá en Francia.

Alleins y Vernègue son dos municipios de Bouches-du-Rhône, al pie del Luberon cuyo antiguo nombre era *Lebron*. El macizo forma parte de los montes de Vaucluse donde se halla la llanura de Albion, emplazamiento de cohetes nucleares. *Aigre* en antiguo francés significa ardiente, impetuoso.

En los campos herbosos de Alleins y de Vernègue y del Luberon, cerca del Durance, la guerra será tan ardiente para ambos campos que Iraq se derrumbará en (o contra) Francia.

El Islam o los berberiscos

En un importante número de cuartetas, Nostradamus utiliza sistemáticamente las palabras bárbaros, barbárico, barbarin o barbaris para designar todo lo relacionado con el Islam y a los países islámicos, porque el Magreb era denominado Berbería o Estados berberiscos.

Presagio 60, abril

Le temps purgé, pestilente tempeste,
Barbare insult. fureur, invasion:
Maux infinis par se mois nous appreste,
Et les plus Grands, deux moins, d'irrision.

El tiempo basura, pestilencia, tempestad,
Bárbaro ataque. Furor, invasión:
Infinitos males para este mes nos prepara,
Y los más Grandes, menos dos, en irrisión.

En antiguo francés (como en castellano), *irrisión* significa burla, chanza.

Tiempo de expiación y de disturbios pestilentes; furioso ataque islámico e invasión; este mes (abril) nos prepara para infinitas desgracias; los mayores (jefes de Estado) serán burlados, salvo dos.

Presagio 31, octubre

Pluye, vent, classe Barbare ister. Thyrrene,
Passer Holcades Ceres, soldats munies:
Reduits bien faits par Flor. franchie Sienne,
Les deux seront morts, amitiez unies.

Lluvia, viento, ejército bárbaro Ister. Tirreno,
Pasar navíos Ceres, soldados pertrechados:
Reducidos beneficios por Flor. cruzada Siena,
Ambos estarán muertos, amistades unidas.

Ister es, en latín, la parte inferior del Danubio. La palabra *holcade* es una palabra griega (ὁλκάς, ὁλκάδος) que significa barco. *Caeres* era en la época romana una pequeña ciudad de Toscana (mar Tirreno). *Munio* significa, en latín, fortificar, atrincherar. Flor. es la abreviación de Florencia, ciudad de Toscana.

En invierno, el ejército islámico irá del mar Tirreno hasta el Danubio, hará pasar barcos hasta Toscana con soldados armados, habiéndose perdido el bienestar, habiendo sido cruzadas Florencia y Siena; dos (personajes ¿jefes de Estado ruso y americano?) estarán muertos, unidos en la amistad.

La siguiente cuarteta señala la provisional reconciliación entre americanos y rusos.

Quand seurs du pole artiq unis ensemble,
En Orient grande effrayeur & crainte:
Esleu nouveau, soustenu le grand tremble,
Bisance de sang barbare taincte.

Cuando los del polo ártico unidos conjuntamente,
En Oriente gran terror y miedo:
El nuevo elegido, sostenido el gran temblor;
Bizancio tinto en sangre bárbara.

Estados Unidos, por el estado de Alaska y, más globalmente, América del Norte, y Rusia ocupan las nueve décimas partes del polo Norte o polo Ártico.

Cuando los americanos y los rusos se hayan unido (por algún tiempo), habrá gran temor y un gran espanto en Oriente Medio. Un nuevo personaje (¿ruso, americano o chino?) será elegido y apoyado en un gran desorden. Estambul quedará tinta en sangre musulmana.

V, 78

Les deux unis ne tiendront longuement,
Et dans treize ans au Barbare Satrappe:
Aux deux costez feront tel perdement,
Qu'un bénira la Barque & sa cappe.

Los dos unidos no aguantarán largo tiempo,
Y en trece años al Bárbaro Sátrapa:
A ambos lados harán tal perdimiento,
Que uno bendecirá la Barca y su capa.

La palabra Sátrapa constituye un juego de palabras cuya utilización Nostradamus domina. En efecto, además del sentido del verbo atrapar («s'atrapa») hay una alusión a los Sátrapas que, en el Imperio medo-persa se encargaban de la administración del país y de la recaudación de impuestos. Hay pues una alusión a Irán. Por otra parte, en francés, la palabra Sátrapa designa a un hombre que ejerce con orgullo un poder despótico. La Barca representa a la Iglesia y, especialmente aquí, el Vaticano, dada la prenda de tela que lleva el Papa.

Los dos unidos (Estados Unidos y Comunidad de Estados Independientes) no aguantarán (la unión) por mucho tiempo porque *se atraparán* a causa de Irán, al cabo de trece años. Eso provocará tales pérdidas (*perdement* en antiguo francés) en ambos campos que se bendecirá a la Iglesia y al Papa.

Mijail Gorbachov, el artífice de la aproximación entre rusos y americanos, fue elegido en el Soviet Supremo el 11 de marzo de 1985. En noviembre de aquel mismo año, Ronald Reagan y Mijail Gorbachov se encontraron en Ginebra.

Rusia entrega armas y reactores nucleares a Irán y Estados Unidos exigen que se imponga a ese Estado terrorista (*sic*) un embargo económico, a lo que rusos y europeos se niegan.

En la noche del 16 de diciembre de 1998, Bill Clinton pone en marcha la operación *Zorro del desierto*. Dieciséis países árabes, Rusia y China condenan, unánimemente, esta intervención unilateral de Estados Unidos. *Los dos unidos* (Rusia y Estados Unidos) *se atrapan en los bárbaros*.

Tras la pelea, cuyas primicias estamos viendo, el Papa podría desempeñar un importante papel en esta situación.

Estragos en la costa mediterránea

II, 4

Depuis Monach jusqu'auprès de Sicile,
Toute la plage demourra désolée,
Il n'y aura faubourgs, cité, ne ville,
Que par Barbares pillée soit et volée.

Desde Mónaco hasta más allá de Sicilia,
Toda la playa estará desolada,

No habrá barrio, ciudad ni pueblo,
Que por Bárbaros no sea saqueada.

Desde Mónaco hasta Sicilia, toda la costa quedará desolada; no habrá ningún barrio, ni ciudades, ni pueblos que no sean saqueados por los islamistas.

III, 82

Erins, Antibor, villes autour de Nice,
Seront vastées fort par mer & par terre:
Les saturelles terre & mer vent propice,
Prins, morts, troussez, pillez, sans loy de guerre.

Erins, Antíbor, ciudades alrededor de Niza,
Serán devastadas mucho por mar & por tierra:
Los saltamontes tierra & mar viento propicio,
Presos, muertos, despachados, pillados, sin ley de guerra.

Saturelles es, probablemente, un error tipográfico; debiera decir *sauterelles* («saltamontes»), insectos terrestres y aéreos que simbolizan la aviación y el ejército.

Tener la ventaja del viento, significa hallarse a barlovento de ese navío.

Las islas de Lérins, Antibes y las ciudades alrededor de Niza quedarán muy devastadas por tierra y por mar. La flota que incluirá aviones y soldados tendrá ventaja. Los habitantes serán hechos prisioneros, muertos, despachados, pillados sin ley de guerra.

VII, 6

Naples, Palerme & toute la Secille,
Par main barbare sera inhabitée,
Corsicque, Salerne & de Sardeigne l'Isle,
Faim, peste, guerre, fin de maux intemptée.

Nápoles, Palermo & toda Sicilia,
Por mano bárbara serán inhabitadas,
Córcega, Salerno & la isla de Cerdeña,
Hambre, peste, guerra, fin de males deseado.

Nápoles, Palermo y toda Sicilia quedarán deshabitadas a causa de las fuerzas islámicas, así como Córcega, Salerno (ciudad a 55 km de Nápoles) y Cerdeña, que conocerán el hambre, la epidemia, la guerra, luego se deseará el final de esos males.

IX, 42

De Barcelonne, de Gennes & Venise,
De la Secille peste Monet unis:
Contre Barbare classe prendront la vise,
Barbar poulsé bien loin jusqu'à Thunis.

De Barcelona, de Génova & Venecia,
De Sicilia peste Monet unidos:
Contra Bárbara flota tomarán persecución,
Bárbaro empujado muy lejos hasta Túnez.

Monet es el afrancesamiento de *Monoeci*, nombre latino de Mónaco. *Viser* significa intentar alcanzar, perseguir.

(Tropas llegadas) de Barcelona, de Génova y de Venecia, de Sicilia reunidas en Mónaco, donde habrá una epidemia, perseguirán al ejército islámico y lo rechazarán muy lejos, hasta Túnez.

I, 28

La tour de Boucq craindra fuste barbare,
Un temps, longtemps après barque hespérique,
Bestail, gens, meubles, tous deux feront grand tare
Taurus & Libra, quelle mortelle picque.

La torre de Bouc temerá fusta bárbara,
Un tiempo, mucho tiempo después barca hespérica,

Animales, gente, muebles, los dos harán gran tara
Taurus & Libra, qué mortal lanzazo.

A la entrada del puerto de Port-de-Bouc hay una torre. Una fusta es una embarcación a vela y remos y designa una flota de guerra. Hesperia es el antiguo nombre de España y procede de una palabra griega que significa Occidente, comprende pues Estados Unidos. El Taurus es una montaña de Asia Menor y designa Turquía y *Libra*, nombre latino de la Balanza, se refiere a Italia.

Port-de-Bouc temerá una flota islámica durante cierto tiempo, y mucho después llegará una flota occidental (¿americana?). Ambas flotas causarán grandes daños a los animales, la gente y los bienes muebles. Qué mortal ataque para Turquía e Italia.

I, 71

La tour marine trois fois prise & reprise,
Par Spagnols, Barbares, Ligurins:
Marseille & Aix, Arles par ceux de Pise,
Vast, feu, fer pillé Avignon des Thurins.

La torre marina tres veces tomada & retomada,
Por Españoles, Bárbaros, Ligures:
Marsella & Aix, Arles por los de Pisa,
Vasto, fuego, hierro pillado Aviñón por los thurinos.

Probablemente, esta torre marina sea la de Port-de-Bouc, como la precedente cuarteta.

La torre marina será tres veces tomada y retomada por los españoles, los islámicos y (las tropas de) Liguria; Marsella, Aix-en-Provence y Arles por (tropas llegadas) de Pisa, que habrá sido devastada, incendiada y saqueada. Aviñón será tomada (por tropas llegadas) de Turín.

III, 56

Montauban, Nismes, Avignon & Besier,
Peste, Tonnerre & gresle à fin de mars,
De Paris pont, Lyon mur, Montpellier,
Depuis six cens & sept vingt trois pars.

Montauban, Nîmes, Aviñón & Béziers,
Peste, trueno & granizo a fin de marzo,
De París puente, Lyon muro, Montpellier,
Desde seiscientos & siete veintitrés partes.

Mur («muro») se utiliza, por síncopa, en vez de *muier* que significa «gritar». *Partes* se refiere a región, paraje. Por lo que respecta a *seiscientos & siete* se trata probablemente de la abreviación de la fecha de *mil seiscientos siete de liturgia* que se sitúa entre 1995 y 2005, dada en la cuarteta referente al arresto del rey de Marruecos (654). Más adelante se encontrarán las explicaciones referentes a esta fecha.

En Montauban, Nîmes, Aviñón y Béziers, habrá una epidemia, trueno y granizo (¿bombardeos?) a finales de marzo, en los puentes de París, los muros de Lyon y Montpellier entre 1995 y 2005, y en 23 departamentos o países.

I, 18

Par la discorde negligence gauloise
Sera passage à Mahomet ouvert:
De sang trempé la terre & mer sénoise,
Le port Phocen de boilles & nefs couverts.

Por la discordia negligencia gala
Estará Mahoma en paso abierto:
De sangre empapados la tierra & mar senés,
El puerto Foceo de velas & naves cubiertos.

Los *sénois* son los habitantes de La Seyne-sur-Mer, puerto de reparación de barcos de guerra cerca de Toulon y *Phocen* se utiliza para Focea, nombre griego de Marsella. *Naves* designa los aviones, cuyo primer nombre fue aeronave.

Por la discordia y la negligencia de los franceses, se abrirá paso a los islámicos. La tierra y el mar de La Seyne-sur-Mer estarán empapados en sangre y Marsella estará cubierta de barcos y aviones.

IX, 80

Le Duc voudra les siens exterminer,
Envoyera les plus forts lieux estranges:
Par tyrannie Bize, & Luc ruiner,
Puis les Barbares sans vin feront vendanges.

El Duque querrá a los suyos exterminar,
Enviará los más fuertes lugares extraños:
Por tiranía Bize & Luc arruinar,
Luego los Bárbaros sin vino harán vendimias.

La palabra duque procede del latín *dux* que significa jefe de un ejército, general; en francés medio, *exterminer* significa expulsar, alejar. Bize es una pequeña población del departamento del Aude, salvo si Nostradamus quiso citar a Pisa, que se encuentra en Toscana, como Luca. *Hacer su vendimia* es una expresión que significa derramar sangre.

El general querrá expulsar a los suyos (sus partidarios), los más fuertes (los más peligrosos), de los cuales enviará al extranjero. Por su tiranía arruinará Languedoc (Bize) y Toscana (Luca y, tal vez, Pisa). Luego, los islámicos que no beben vino harán correr la sangre.

Es demasiado pronto para saber quién será ese general.

Des régions subjectes a la Balance,
Feront troubler les monts par grande guerre,
Captifs tout sexe deu & tout Bisance,
Qu'on criera à l'aube terre à terre.

Regiones sometidas a Libra,
Harán turbar los montes por gran guerra,
Cautivo todo sexo & todo Bizancio,
Que gritará al alba tierra a tierra.

En antiguo francés, *deu* es el dios de los cristianos; designa pues, aquí, a los cristianos. La expresión *terre à terre* significa muy cerca de tierra o de la orilla.

Las regiones de Italia conocerán trastornos en las altas montañas (los Alpes y los Apeninos que culminan a 2.960 metros) por una gran guerra. Habrá prisioneros cristianos de ambos sexos, incluso en Estambul, porque se gritará al amanecer (al ver la flota) cerca de la orilla.

V, 61

L'enfant du grand n'estant à sa naissance,
Subjuguera les hauts monts Appenis:
Fera trembler tous ceux de la Balance,
Et des monts feux jusques à Mont-Senis.

El hijo del grande no estando en su nacimiento,
Subyugará los altos montes Apeninos:
Hará temblar a todos los de Libra,
Y montes fuego hasta el Mont-Senis.

El hijo del gran (jefe), estando sólo al principio (de su carrera), subyugará los Apeninos, hará temblar a los italianos y llevará los fuegos (de la guerra) desde estos montes hasta el Mont-Cenis.

IV, 50

Libra verra regner les Hespéries,
De ciel & terre tenir la Monarchie,
D'Asie forces nul ne verra peries,
Que sept ne tiennent par rang la hierarchie.

Libra verá reinar las Hesperias,
Del cielo & tierra tener la Monarquía,
De Asia fuerzas nadie verá parecidas,
Que siete no tienen por rango la jerarquía.

Italia asistirá al triunfo de Occidente (¿Estados Unidos, América?); la monarquía ocupará el cielo y la tierra (llevada por los medios de comunicación, por satélite y la prensa escrita). Nadie verá las fuerzas asiáticas (¿China?) destruidas, mientras siete (países, el G7, los siete países más industrializados) sean clasificados de modo jerárquico (según su poder económico: Estados Unidos, Japón, Alemania, Reino Unido, Francia, Italia y Canadá).

X, 97

Triremes pleines tout aage captifs,
Temps bon à mal, le doux pour amertume:
Proye à Barbares trop tost seront hatifs,
Cupide de veoir plaindre au vent la plume.

Trirremes llenos toda edad cautivos,
Tiempo bueno a malo, el bueno para amargura:
Presa de Bárbaros muy pronto serán procurados,
Ávido de ver planear al viento la pluma.

Los trirremes eran embarcaciones de guerra con tres hileras de remos superpuestas. En antiguo francés *hastif* significa rápido, apresurado. La expresión «arrojar la pluma al viento» significa dejar al azar la decisión que debe tomarse.

Barcos de guerra estarán llenos de prisioneros de todas las edades. El buen tiempo empeorará y se pensará en la buena vida (perdida) con amargura. Los islámicos se habrán apresurado demasiado en recoger el botín y se les verá quejándose de haberse entregado al azar por avidez.

El mar Adriático

En el capítulo III, las cuartetas sobre la ex Yugoslavia se refieren, en parte, al pasado reciente y en parte al porvenir. La que sigue cita Ragusa, es decir Dubrovnik, que fue bombardeada por la flota serbia en el Adriático.

X, 63

Cydron, Raguse, la cité au sainct Hieron,
Reverdira le médicant secours:
Mort fils de Roy par mort de deux hérons,
L'Arabe, Ongrie feront un mesme cours.

Cydron, Ragusa, la ciudad de san Hieron,
Reverdecerá el medicante socorro:
Muerto hijo de Rey por muerte de dos garzas,
El Árabe, Hungría harán un mismo curso.

Dado que no existe ciudad que lleve el nombre de Cydron, podemos suponer que Nostradamus añadió una *r* a la ciudad de Cydonia, puerto de la costa norte de Creta. *Reverdir* («reverdecer») significa en antiguo francés maltratar. *Heron* («garza») es la modificación de *hérauts* («heraldos») por necesidades de la rima con Hieron; el heraldo era el oficial encargado de llevar el mensaje.

En Creta y en Dubrovnik se maltratará la ayuda humanitaria (Médicos del Mundo, Médicos sin Fronteras, etc.). El hijo de un jefe de Estado morirá a causa de la muerte de dos oficiales portadores de mensajes; los musulmanes y los húngaros tendrán el

152

mismo problema. Es sabido que la ayuda humanitaria tuvo muchas dificultades para llevar a cabo su trabajo en Dubrovnik, Sarajevo, Vukovar, etc. El último verso permite suponer que los húngaros, que son el 17% en Vojvodina (Serbia del Norte) podrían tener los mismos problemas que los musulmanes de la ex Yugoslavia.

El mar Mediterráneo y el mar Adriático, donde ahora hay numerosas embarcaciones de guerra occidentales a causa del conflicto en la ex Yugoslavia, serían escenario de numerosos e importantes combates. En febrero de 1995, los países de la OTAN se preocuparon ante la compra de armas de destrucción masiva por países islámicos antioccidentales (Irán, Iraq, Libia). La conclusión de esta reunión fue que «desde la caída del comunismo, el militantismo islámico al sur del Mediterráneo constituía, sin duda, la más grave amenaza con la que se enfrentaba Occidente». En esta región se efectúan regularmente maniobras militares.

III, 23

Si France passe outre mer Lygustique,
Tu te verras en isles & mer enclos:
Mahommet contraire, plus mer Hadriatique,
Chevaux et asnes tu rongeras les os.

Si Francia pasa más allá del mar Lygústico,
Te verás en islas & mar cerrada:
Mahoma contrario, más mar Adriático,
Caballos y asnos roerás los huesos.

La palabra *Lygusticus* es una trampa; en efecto, *ligusticus* con una *i* significa en latín «de Liguria», se trataría pues del mar Tirreno. Con *y* la palabra podría referirse a Estambul (pues el antiguo nombre de Bizancio era *Lygus*); el mar *Lygústico* sería entonces el mar de Estambul, es decir, el mar de Mármara. *Contraire* en antiguo francés significa «represalia». Los caballos representan la caballería (los carros) y los asnos la infantería, refiriéndose a los asnos de Carmania que se enviaban a la guerra.

Si Francia sobrepasa el mar Tirreno o de Mármara, se verá encerrada en el mar entre islas (¿mar Egeo?), a causa de las represalias del Islam, y más aún en el mar Adriático. Sus blindados y su infantería quedarán deteriorados.

II, 86

Naufrage à classe près d'onde Hadriatique,
La terre tremble esmeue sus l'air en terre mis,
Égypte tremble augment mahometique,
L'Heraut soy rendre à crier est commis.

Naufragio de la flota cerca de la ola Adriática,
La tierra tiembla, mueve sobre aire en tierra puesto,
Egipto tiembla aumento mahometano,
El Heraldo gritar rendición es obligado.

En francés antiguo, *esmeu* viene de *esmovoir* que significa «poner en movimiento, hacer mover». La expresión *mettre sus* quiere decir, en antiguo francés, levantar una tropa y el verbo *crier*, pedir, reclamar.

Una flota naufragará cerca del mar Adriático; la tierra tiembla agitada a causa de una tropa levantada en tierra y en el aire (ejército de tierra y de aire). Egipto tiembla a causa del aumento de los islámicos. El oficial de enlace se encarga de pedir la rendición.

III, 21

Au Crustamin par onde Hadriatique,
Apparoistra un horrible poisson,
De face humaine & la fin aquatique,
Qui le prendra dehors de l'ameçon.

En el Crustamin por onda Adriática,
Aparecerá un horrible pez,
De faz humana & el final acuático,
Que le atrapará fuera del anzuelo.

Crustamerium es la ciudad italiana de Marcilliano Vecchio en el Lacio, a 20 kilómetros al noroeste de Roma. Nostradamus designa sin duda la capital por medio de esta pequeña ciudad. *Morder el anzuelo*, dejarse atrapar por una apariencia engañosa.

A Roma (llegado) por el mar Adriático, un horrible pez de función acuática, pero de creación humana (¿submarino nuclear?) será atrapado con astucia.

X, 38

Amour alegre non loin pose le siège,
Au sainct barbar seront les garnisons:
Ursins Hadrie pour Gaulois feront plaige,
Pour peur rendus de l'armée aux Grisons.

Amor alegre no lejos pone sede,
En santo bárbaro estarán las guarniciones:
Ursinos Adria para galos harán playa,
Para miedo idos del ejército a los Grisones.

Nostradamus da aquí dos nombres de ciudades de Argelia: Amoura, pequeña ciudad de los montes de los Uled-Nail, a unos 500 kilómetros de Argel, y Argel por anagrama. Alrededor de este eje se encuentra la mayor concentración de integristas islámicos, designados con la expresión *santos bárbaros*. *Ursinus* en latín es un adjetivo que significa «de oso», designa a los rusos. Los Grisones son un cantón suizo al norte de Ticino, citado por Nostradamus.

Las guarniciones de los integristas islámicos se instalarán entre Amoura y Argel. Los rusos desembarcarán a causa de los franceses en el Adriático, y de un ejército que habrá acudido al cantón de los Grisones (Suiza).

IX, 28

Voille Symacle port Massiliolique,
Dans Venise port marcher aux Pannons:

Partir du Goulphre & Synus Illirique,
Vast Socille, Ligurs coups de canons.

Vela Simacla puerto Masiólico,
En Venecia puerto marchar a los Panonios:
Partir del Golfo & Seno Ilírico,
Devastar Sicilia, Lugures cañonazos.

La palabra Simacla plantea un problema de traducción, puesto que no existe. Puede relacionarse con la palabra Symmaque (en griego συμμαχος: el que combate con, aliados) nombre que llevaron un papa originario de Cerdeña, un cónsul romano y un heresiarca originario de Samaria; tenemos pues tres hipótesis: una flota aliada, italiana o israelí. Masiólico es una palabra fabricada por Nostradamus con *Massilia* (el antiguo nombre de Marsella), por necesidades de la rima, con Ilírico. Panonia es el antiguo nombre de Hungría. La palabra *goulphre* es una forma de «golfo». El golfo por excelencia es el golfo Pérsico. *Sinus* en latín, significa también golfo e Iliria es el antiguo nombre de Dalmacia. El contexto permite pensar que *Socille* es un error tipográfico por *Sicilia*.

Una flota italiana llegará al puerto de Marsella y al puerto de Venecia para desembarcar en Hungría; (un ejército) habiendo salido del golfo Pérsico y del golfo de Dalmacia para devastar Sicilia y bombardear Liguria. La siguiente cuarteta anuncia el arresto del rey de Marruecos. La fecha indicada está en código y plantea un problema de transcripción: *el año 1607 de liturgia*. Las liturgias de las Iglesias de Oriente y de Occidente fueron escritas, por primera vez, durante el pontificado del papa san Siricio, que ocupó el trono de San Pedro del 22 de diciembre del 384 al 14 de noviembre del 398. El acontecimiento anunciado se producirá, pues, entre 1999 y 2005, dado que ignoramos en qué año del pontificado fueron escritas las liturgias.

Au poinct du jour au second chant du coq,
  Ceux de Tunes, de Fez & de Bugie,
  Par les Arabes captif le roy Maroq,
  L'an mil six cens & sept de Liturgie.

Al amanecer al segundo canto del gallo,
  Los de Túnez, Fez y Bugia,
  Por los Árabes cautivo el rey Marruecos,
  El año mil seiscientos & siete de Liturgia.

La expresión *al segundo canto del gallo* alude a las palabras de Cristo a Pedro cuando fue apresado: «Antes de que el gallo haya cantado dos veces, me habrás negado tres».

Al amanecer, por una traición, a causa de los de Túnez, Fez y Bugia (¿integristas tunecinos, marroquíes y argelinos?) el rey de Marruecos será hecho prisionero por los árabes entre 1999 y 2005.

Papel de Rusia (CEI - Comunidad de Estados Independientes)

Rusia es designada por las palabras oso, ursinos (ursones) o Aquilón, el Norte, porque Rusia ocupa gran parte del hemisferio norte desde el mar Báltico hasta el estrecho de Bering.

VIII, 15

Vers Aquilon grands efforts par hommasse,
  Presque l'Europe et l'univers vexer,
  Les deux eclypses mettra en telle chasse,
  Et aux Pannons vie & mort renforcer.

Hacia Aquilón grandes esfuerzos por masa de hombres,
  Casi Europa y el universo vejar,

Los dos eclipses pondrán en tal huida,
Y a los panonios vida & muerte reforzar.

En antiguo francés, *hommasse* significa «relacionado con el hombre». Los dos eclipses podrían ser, perfectamente, el eclipse de Luna del 28 de julio de 1999 a 5E de Acuario y el eclipse de Sol del 11 de agosto del mismo año a 18E de Leo.

Hacia Rusia los hombres harán grandes esfuerzos para vejar Europa y casi al universo y se lanzarán a una persecución en el momento de los dos eclipses (¿julio-agosto de 1999?), reforzarán su derecho de vida y muerte sobre los húngaros (o los amarillos).

X, 86

Comme un gryphon viendra le roy d'Europe,
Accompagné de feux de l'Aquilon:
De rouges & blancs conduira grand troppe,
Et iront contre le roy de Babylon.

Como un grifo vendrá el rey de Europa,
Acompañado por los de Aquilón:
De rojos y blancos conducirá gran tropa,
E irán contra el rey de Babilonia.

El grifo es un animal fantástico, medio águila, medio león; en la mitología vivía en los montes Urales, entre los Hiperbóreos (el extremo Norte de los poetas, y los Arimaspes, pueblo situado entre los Cárpatos y el Don); el grifo designa Rusia y alude a la bandera nacional rusa (el águila de dos cabezas) recuperada desde la caída del Imperio soviético.

El jefe de Europa llegará como un ave de presa con los rusos; dirigirá una gran tropa de rojos (comunistas) y blancos (islámicos) y se aliarán con Iraq.

II, 68

De l'Aquilon les efforts seront grands,
Su l'Océan sera la porte ouverte:
Le regne en l'Isle sera reintegrant,
Tremblera Londres par voille descouverte.

Del Aquilón los esfuerzos serán grandes,
Al Océano estará la puerta abierta:
El reino en la Isla será reintegrado,
Temblará Londres por vela descubierta.

Los esfuerzos serán grandes, el acceso al Océano (Atlántico) estará abierto (¿para la flota rusa del Báltico?); el poder inglés quedará encerrado en su isla y Londres temblará, tras haber sido abierto por la marina el acceso a la ciudad (¿desembarco?).

IX, 99

Vent Aquilon fera partir le siège,
Par murs getter cendres, chaulx & poussieres:
Par pluie après qui leur fera bien piege,
Dernier secours encontre leur frontiere.

Viento Aquilón hará partir la sede,
Por muro arrojar cenizas, cales & polvo:
Por lluvia luego les hará buena trampa,
Último socorro hacia sus fronteras.

En francés antiguo *encontre* significa «encuentro, combate».
De Rusia partirá la sede (de Europa); los muros quedarán reducidos a ceniza, cal (en la composición de numerosos morteros, a menos que se trate de guerra química) y polvo; tras ello, la lluvia (¿bombardeos?) les tenderá una trampa y un último socorro será enviado al combate en sus fronteras.

Presagio 34

Poeur, glas grand pille, passer mer croistre regne,
Sectes, Sacrez outremer plus polis:
Peste, chaux, feu, Roy d'Aquilon l'enseigne,
Dresser trophée cité d'HENRIPOLIS.

Miedo, ruido, gran saqueo pasará el mar, acrecentar reino,
Sectas, Sagradas ultramar mejor estado:
Peste, cal, fuego, Rey de Aquilón la enseña,
Levantar trofeo ciudad de HENRIPOLIS.

En francés medio, *glas* significa gran ruido y *polir* mantener en el mejor estado, embellecer. La cal tal vez simbolice la guerra química, dadas las quemaduras que provoca. Trofeo procede del griego *tropaion* (τρόπαιον) que significa triunfo, victoria. Enrique I, nieto de Hugo Capeto, adquirió el condado de Sens, que fue, durante mucho tiempo, la metrópolis de París; Henripolis designa pues París; el pleonasmo *ciudad* y *polis* (πόλις) que significa ciudad en griego, se utilizan para aludir a la palabra metrópolis.

Miedo, gran ruido y saqueo, Rusia pasará por mar para acrecentar su poder, cuando las sectas hagan hablar de ellas y las cosas sagradas sean embellecidas (monumentos religiosos restaurados). Se conocerá la epidemia, la guerra química, el fuego bajo la bandera del jefe de Estado ruso que saboreará su victoria en París.

Presagio 26, abril

Par la discorde defaille au defaut,
Un tout à coup le remettra au sus:
Vers l'Aquilon seront les bruits si hauts,
Lesions, pointes à travers, par dessus.

Por la discordia desfallecer en defecto,
Uno de pronto le pondrá de pie:

Hacia Aquilón será tan fuerte el ruido,
Lesiones, puntas a través, por encima.

En francés antiguo, *default* significa falta, error, y *sus*, en alto. Probablemente *pointes* aluda a la cabeza puntiaguda de los cohetes.

A causa de la discordia que será una falta, se derrumbarán (cf.: *Par la discorde, negligence gauloise* I, 18). Los ruidos (¿de guerra?) serán tan fuertes hacia Rusia que habrá daños por los cohetes que atravesarán el cielo y por encima de la tierra.

X, 69

Le fait luysant de neuf vieux esleué,
Seront si grands par midy Aquilon:
De sa seur propre grandes alles leué,
Fuyant murdry au buissont d'ambellon.

El hecho brillando de nuevo viejo elevado,
Serán tan grandes por mediodía Aquilón:
De su seguro propio grandes alas levantadas,
Huyendo lastimado en los matorrales de ambellon.

En antiguo francés, *seur* significa que tiene seguridad y *mordrir*, matar, asesinar. Ambellon, en griego Ampelos (῎πόλις) es una ciudad de Macedonia. Nostradamus, en esta palabra, sustituyó la labial *p* por una *b*.

Por un hecho esplendoroso, un viejo personaje será de nuevo elevado (al poder), sus esfuerzos serán tan grandes en Rusia y entre sus aliados del Mediodía (repúblicas musulmanas), que por su propia seguridad las grandes alas (del águila bicéfala rusa) serán levantadas, luego será asesinado en su fuga por entre los matorrales de Macedonia.

Presagio 8, junio

Loin près de l'Urne le malin tourne arrière,
Qu'au grand Mars feu donra empeschement:
Vers l'Aquilon au midy la grand fiere,
FLORA tiendra la porte en pensement.

Lejos cerca de la Urna el maligno vuelve atrás,
Que el gran Marte fuego dará impedimento:
Hacia el Aquilón a mediodía el gran orgulloso,
FLORA mantendrá la puerta en pensamiento.

La Urna es el atributo de Acuario. En francés antiguo *empeschement* significa «tortura», *fier* «terrible, cruel, violento» y *pensement* «pensamiento». En la mitología, Flora, como Iris, es la esposa del Céfiro, el viento de Occidente.

Cuando se esté cerca de la era de Acuario (2000-2025) el maligno (Satán) regresará de lejos, hasta el punto de que provocará la tortura durante el fuego de la gran guerra a causa de la (gente cruel y) orgullosa (el Islam, véase II, 79), desde Rusia hasta los países musulmanes.

Occidente mantendrá la puerta abierta a (la libertad) de pensamiento.

VI, 44

De nuict par Nantes Lyris apparoistra,
Des arts marins susciteront la pluie:
Arabiq goulphre grand classe parfondra,
Un monstre en saxe naistra d'ours & de truye.

De noche por Nantes el Iris aparecerá,
Artes marinas suscitarán la lluvia:
Arábigo golfo gran flota hundirá,
Monstruo de Sajonia nacerá de oso & cerda.

En la mitología, Iris es la mensajera de los dioses, esposa del Céfiro, viento de Occidente. Probablemente Nostradamus designe así Estados Unidos. En antiguo francés, *parfondre* significa cambiar por completo y *monstre* algo prodigioso, increíble. El oso designa siempre Rusia. *Truye* (cerda) se dice en latín *troja* como la ciudad de Troya por comparación con el caballo de los griegos, cuyo vientre estaba atestado de soldados; probablemente Nostradamus designe Turquía, dado el emplazamiento geográfico de la antigua Troya.

(La flota americana) aparecerá de noche por Nantes. Las artes militares de la marina provocarán la lluvia (¿bombardeos?). Una gran flota (¿occidental?) será hundida en el golfo Pérsico (o Arábigo). Un acontecimiento increíble comenzará en Alemania a causa de Rusia y Turquía.

Ticino, envite estratégico

XIV, 37

Gaulois par saults monts viendra pénétrer,
Occupera le gran lieu de l'Insubre,
Au plus profond son ost fera entrer,
Gennes, monechs pouseront classe rubre.

Galos por saltos montes vendrá penetrar,
Ocupará el gran lugar de Insubre,
En lo más profundo su hueste hará entrar,
Génova, Mónaco rechazarán ejército rojo.

Los insubrios eran los habitantes de la Galia Transpadana, hoy el Milanesado. *Ost* («hueste») significa «ejército» en francés antiguo. *Rubre* es un afrancesamiento de la palabra latina *rubor*, «rojez».

Los franceses con asaltos lograrán atravesar las montañas (¿Los Alpes?) y ocupar Milán; harán que penetre profundamente su ejército y rechazarán el ejército de los rojos en Génova y Mónaco.

II, 26

Pour la faveur de la cité fera,
Au grand qui tost perdra camp de bataille,
Fuis le rang Pau Thesin versera,
De sang, feux, mors, noyez de coup de taille.

Por el favor que la ciudad hará,
Al grande que pronto perderá campo de batalla,
Huye la hilera Pau Ticino derramará,
De sangre, fuegos muertos aniquilados con golpes de tajo.

El contexto permite afirmar que la palabra Pau no se refiere a la ciudad de los Pirineos, sino al Po en Italia (*Padus* en latín).

A causa del recibimiento que la ciudad (¿Milán?) hará al jefe que rápidamente abandonará el campo de batalla, se huirá por el eje Po-Ticino, que será trastornado: sangre, fuego de la guerra, muertos, aniquilados por las armas.

VI, 79

Près du tesin les habitants de Loyre,
Garonne & Saone, Seine, Tain & Gironde:
Outre les monts dresseront promontoire,
Conflict donné, Pau granci, submergé onde.

Cerca de Ticino los habitantes del Loira,
Garona & Saona, Sena, Tain & Gironda:
Más allá de los montes levantarán promontorio,
Conflicto dado, Pau triste, sumergido en las olas.

Dada la enumeración de ríos, podemos suponer que Tain-l'-Hermitage consta aquí en vez del Ródano. En antiguo francés, la palabra *dresse* designa un sendero o un camino. Promontorio

viene de la palabra latina *promunturium* que significa la parte
avanzada de una cadena de montañas. La palabra *granci* plantea
un problema, porque no existe; tal vez haya sido fabricada a partir de la palabra del antiguo francés *gran* que significa triste.

Cerca de Ticino, los habitantes de las regiones del Loira, el
Garona, el Saona, el Sena, el Ródano y el Gironda emprenderán
el camino para pasar más allá de las montañas, tras haber estallado la guerra, estando el valle del Po dominado por la tristeza,
durante una inundación.

II, 72

Armée celtique en Italie vexée,
De toutes parts conflict & grande perte,
Romains fuis, ô Gaule repoulsée,
Près du Thessin, Rubicon pugne incerte.

Ejército céltico en Italia vejado,
Por todas partes conflicto y grandes pérdidas,
Romanos huidos, ¡oh, Galia rechazada!
Cerca de Ticino, Rubicón pugna incierta.

En latín *rubicondus* significa «de un rojo vivo». Nostradamus
da un doble sentido a la palabra. Por una parte los rojos y, por la
otra, el río tributario del Adriático cuyo nombre es hoy Pisatello.

El ejército francés sufrirá una derrota en Italia; habrá guerra y
grandes pérdidas por todos lados. Los romanos huirán, los franceses serán expulsados; la batalla será incierta para los rojos
cerca de Ticino (y del Pisatello).

IX, 90

Les veux copies aux murs ne pourront joindre,
Dans cest instant trembler Milan, Ticin:
Faim, soif, doutance si fort les viendra poindre,
Chair, pain, ne vivres n'auront un seul boucin.

Los dos ejércitos en los muros no podrán unirse,
En aquel instante temblar Milán, Ticino:
Hambre, sed, duda tan fuerte vendrá pinchar,
carne, pan, ni víveres tendrán una sola pizca.

En antiguo francés, *doutance* significa duda, temor y *poindre*, pinchar. *Boucin* es una palabra provenzal que significa una pizca, un bocado.

Los dos ejércitos no podrán unirse en los muros (¿Roma?), pues en aquel momento Milán y Ticino temblarán y serán pinchados con fuerza por el hambre, la sed y el temor, pues no quedará ni una pizca de carne, de pan ni de víveres.

Persia (Irán) - El mar Negro

III, 31

Aux champs de Mede, d'Arabe & d'Arménie,
Deux grands copies trois fois s'assembleront:
Pres du rivage d'Araxes la mesgnie,
Du grand Soliman en terre Tomberont.

En los campos de Media, de Arabia & de Armenia,
Dos grandes ejércitos tres veces se reunirán,
Cerca del río Araxes la mesnada,
Del gran Solimán en tierra caerá.

Medas o Persas son, en la actualidad, los iraníes. *Copiae* en latín significa tropas. El Araxes es un río de Armenia que sirve, posteriormente, de frontera entre Azerbaidján e Irán. En antiguo francés, *mesgnie* («mesnada») significa tropa. Por lo que se refiere al *gran Solimán*, podríamos intentar aplicar la cuarteta al reinado de Solimán el Magnífico (1494-1566, año de la muerte de Nostradamus); desgraciadamente, las campañas aquí descritas no tuvieron lugar en aquella época. Sin embargo, Georgia y el Daguestán fueron conquistadas por Solimán en 1549 y 1550, es decir, cinco años antes del inicio de la profecía (1555). Por lo tanto, eso nos lleva a considerar la cuarteta como referente a acontecimientos por venir, tanto más cuanto la región considerada vive hoy en una peligrosa inestabilidad: conflicto en Armenia, en Azerbaidján (Nagorny, Karabaj), en Osetia, en Adjazia y en Chechenia.

En Irán, en Arabia y en Armenia dos grandes ejércitos se reunirán tres veces. Las tropas irán a orillas del Araxes y los soldados islámicos caerán al suelo.

XV, 27

Par feu & armes non loin de la marnegro,
Viendra de Perse occuper Trébisonde:
Trembler Phato, Methelin, sol alegro,
De sang Arabe d'Adrie couvert onde.

Por fuego y armas no lejos del mar Negro,
Vendrá de Persia a ocupar Trebisonda:
Temblar Fato, Methelin, suelo alegro,
De sangre árabe de Adria cubierta la onda.

Marnegro se refiere, claro está, al mar Negro. Trebisonda es una ciudad turca a orillas de este mar. *Phato* viene de *Phatares*, que era un pueblo de Meótida, hoy en Crimea, manzana de la discordia entre Rusia y Ucrania. Methelin es la antigua Mitilene, en la isla griega de Lesbos, en el mar Egeo, frente a Turquía. Como en 1038, *alegro* es el anagrama de Argel con una *o* para que rime con *marnegro*.

Por la guerra y las armas, no lejos del mar Negro, (un ejército) llegará de Irán para ocupar Trebisonda. Crimea, el mar Egeo y el suelo argelino temblarán; el mar Adriático estará cubierto de sangre árabe. La guerra producirá daños en la fauna del mar Negro:

Pour la chaleur solaire sus la mer,
De Negrepont les poissons demy cuits,
Les habitants les viendront entamer,
Quand Rhod & Gennes leur faudra le biscuit.

Por el calor solar sobre el mar,
Del Negroponto los peces medio cocidos,
Los habitantes los vendrán a destruir,
Cuando Rodas y Génova necesitarán galleta.

Negrepont es una palabra fabricada por Nostradamus con *negro* y *ponto* que significa mar en griego; se trata pues del mar Negro (cf. *mar Negro*).

A causa del calor solar (¿explosión atómica?) en el mar, los peces del mar Negro estarán medio cocidos y los habitantes los destruirán, cuando Rodas y Génova necesiten provisiones.

¿Será la destrucción de Estambul, anunciada en la siguiente cuarteta, lo que provoque esta catástrofe en el mar Negro?

VI, 85

La grand cité de Tharse par Gaulois
Sera destruite, captifs tous à Turban:
Secours par mer du grand Portugalois,
Premier d'esté le jour du sacre Urban.

La gran ciudad de Tracia por Galos
Será destruida, cautivos todos en Turbante:
Socorro por mar del gran Portugués,
Primero de estío el día del sagrado Urbano.

La palabra *Tharse* proviene del griego Thrassa (Θρασσα), Tracia, cuya gran ciudad es Estambul.

Estambul será destruida por los franceses, a causa de los prisioneros del Islam. El socorro de un gran jefe portugués llegará por mar entre el día de san Urbano (25 de mayo) y el primer día de verano (21 de junio).

V, 86

Par les deux testes, & trois bras séparés,
La grand cité sera par eaux vexée:
Des Grands d'entre eux par exil esgarés,
Par teste Perse Byzance fort pressée.

Por las dos cabezas y tres brazos separados,
La gran ciudad será por aguas vejada:
De los Grandes de entre ellos por exilio extraviados,
Por cabeza Persia Bizancio muy apretada.

El agua es utilizada por Nostradamus para designar una inundación o disturbios populares. La *gran ciudad* designa siempre París, capital del país del profeta, salvo cuando la expresión es acompañada por una precisión de lugar, como en la cuarteta precedente (*de Tharse*). En antiguo francés, *esgarer* significa alejar, apartar. *Presser*, en sentido figurado, significa abrumar.

A causa de dos jefes de Estado y de tres ministros que se habrán separado de ellos, París será afectado por una inundación (o por disturbios). Algunos de los hombres de poder serán llevados al exilio. El jefe de Estado iraní atormentará Turquía.

III, 78

Le chef d'Escosse avec six d'Allemagne,
Par gens de mer Orientaux captifs:
Traverseront le Calpre & Spagne,
Présent en Perse au nouveau roy craintif.

El jefe de Escocia, con seis de Alemania,
Por gente de mar orientales cautivos:
Cruzarán el Calpre y España,
Presente en Persia al nuevo rey temeroso.

Podemos preguntarnos si Nostradamus, al hablar de Escocia, no designa Estados Unidos, pues la Nueva Escocia es un estado canadiense limítrofe de Estados Unidos. Calpre es el antiguo nombre de Gibraltar.

El jefe de Estado americano con seis políticos o militares alemanes, después de que los orientales hayan sido hechos prisioneros por la marina, atravesará España y el estrecho de Gibraltar para hacer una propuesta al nuevo jefe de Estado iraní, temeroso.

II, 96

Flambeau ardent au ciel soir sera veu,
Près de la fin et principe du Rosne,
Famine, glaive, tard le secours pourveu,
La Perse tourne envahir Macédoine.

Antorcha ardiente en el cielo noche será vista,
Cerca del fin y principio del Ródano,
Hambre, espada, tarde el socorro previsto,
Persia vuelve a invadir Macedonia.

En el siglo XVI se utilizan las palabras antorcha, espada, lanza, estrella cabelluda, astro y crinito para referirse a los cometas.

Se verá un cometa en el cielo, por la noche, desde las fuentes hasta la desembocadura del Ródano. Se conocerá el hambre, la espada (de la guerra); el socorro se aportará tarde. Irán volverá a invadir Macedonia.

Un cometa

II, 43

Durant l'estoille chevelue apparent,
Les trois grands princes seront faits ennemis:
Frappez du ciel paix terre trémulent,
Pau, Timbre undans, serpent sus le bort mis.

170

Durante la estrella cabelluda aparente,
Los tres grandes príncipes se habrán hecho enemigos:
Golpeado por el cielo paz tierra tremolante,
Pau, Timbre agitado, serpiente puesta en el borde.

Mientras el cometa sea visible los tres Grandes serán hechos enemigos. En paz, serán golpeados por el cielo y por temblores de tierra, el Po y el Tíber en crecida, el demonio (o el dragón) se instalará en sus orillas.

Nostradamus dio las coordenadas astronómicas de ese cometa, así como el eje en el que será más visible. Recordemos aquí que los astrónomos descubren cada año varios cometas, de los que no se oye hablar porque no se perciben a simple vista o ni siquiera son observables con instrumentos de aficionado.

¿Serán los tres Grandes los tres jefes chino, ruso y árabe?

VI, 6

Apparoistra vers le Septentrion,
Non loing de Cancer l'estoille chevelue:
Suze, Sienne, Boëce, Eretrion,
Mourra de Rome grand, la nuict disparue.

Aparecerá cerca del Septentrión,
No lejos de Cáncer la estrella cabelluda:
Susa, Siena, Beocia, Eretrión,
Morirá de Roma grande, la noche desaparecida.

Susa es una ciudad italiana al oeste de Turín; Siena está en Toscana. *Boëce* es el afrancesamiento de la palabra griega *Boiotia* (Βοιωία), Beocia, región de Grecia al nordeste de Atenas; *Eretrion* en griego (Ἐρέρια) es la ciudad de Eretria, en la isla de Eubea, frente a Beocia. Basta pues con unir los cuatro lugares por una línea para tener el eje de visibilidad de este próximo cometa. Hay que añadir a estos territorios Francia, puesto que en la cuarteta 96 en la II centuria, Nostradamus dice que el cometa será visible de las fuentes a la desembocadura del Ródano.

El cometa aparecerá hacia el Norte, no lejos de la constelación de Cáncer en un eje Susa, Siena, Beocia y Eretria; entonces, un gran personaje de Roma (¿el Papa o el jefe del Estado?) morirá cuando el cometa no sea ya visible por la noche.

II, 41

La grande estoille par sept jour bruslera,
Nuee fera deux soleils apparoir,
Le gros mastin toute nuict hurlera,
Quand grand pontife changera de terroir.

La grande estrella por siete días arderá,
El cielo mostrará dos soles,
El gran mastín toda la noche aullará,
Cuando el gran pontífice cambie de tierra.

En francés antiguo, la palabra *mastin* significa perro grande. Nostradamus designó así a Churchill (V, 4). Podría pues tratarse de un inglés.

El cometa brillará durante siete días hasta el punto de que el cielo mostrará dos soles. El gran perro aullará toda la noche cuando el gran papa cambie de territorio.

II, 15

Un peu devant monarque trucidé,
Castor & Pollux en nef, astre crinite
L'érain public par terre & mer vuidé,
Pise, Ast, Ferrare, Turin terre interdite.

Un poco antes monarca asesinado,
Cástor & Pólux en nave, astro melenudo,
El dinero público por tierra y mar vaciado,
Pisa, Asti, Ferrara, Turín tierra prohibida.

Dado el contexto, la palabra *nave* no puede ser tomada en el sentido de avión. En antiguo francés *nef* significa copa y designa pues aquí, probablemente, la constelación de la Copa que se halla cerca de Leo. Cástor y Pólux se hallan en Géminis y Cáncer está situada entre Leo y estas dos estrellas. *Crinite* en antiguo francés, significa provisto de melena.

Un poco antes de que un jefe de Estado sea asesinado, procediendo el cometa de la Copa hacia Cástor y Pólux, el dinero público se agotará por tierra y por mar (¿ejércitos?). Pisa, Asti, Ferrara y Turín serán territorios prohibidos.

Presagio 12, octubre

Venus, Neptune poursuivra l'entreprinse,
Serrez pensifs troublez les opposans:
Classe en Adrie, citez sous la Tamise,
Le quart bruit blesse de nuict les reposans.

Venus, Neptuno proseguirá la empresa,
Aprisionados pensativos, turbados los oponentes:
Flota en Adria, movidos hacia el Támesis,
El cuarto ruido hiere de noche a los que reposan.

Venus es el símbolo de la corrupción y el desenfreno. En francés antiguo, *serrer* significa mantener cerrado, encerrar y *sous* quiere decir «hacia». *Citare* en latín significa poner en movimiento, hacer salir. Es demasiado pronto para comprender lo que Nostradamus designa con la expresión *quart* (cuarto) *bruit* (ruido).

La corrupción proseguirá su empresa en Inglaterra. Los pensadores oponentes serán encerrados a causa de un disturbio. La flota del Adriático se pondrá en camino hacia el Támesis. El ruido (¿de la guerra?) dejará por la noche, a las cuatro (¿a la 40 campanada del Big Ben?), al pueblo dormido.

Le grand du ciel soubs la Cape donra,
Secours Adrie à la porte faict offre:
Se sauvera des dangers qui pourra,
La nuict le Grand blessé pursuit le coffre.

El grande del cielo bajo la Capa dará,
Socorro Adria a la puerta hace oferta:
Se salvará de los peligros quien pueda,
Por la noche el Gran herido persigue el cofre.

La palabra *cielo* designa aquí la China, cuyo emperador era llamado *hijo del cielo. Sous* significa hacia en antiguo francés. La Capa designa al Papa por la pequeña capa que lleva en los hombros. *Dar* tiene aquí el sentido de atacar, como en la expresión *régiment prêt à donner* («regimiento dispuesto a atacar»). La Puerta es el antiguo nombre del Imperio otomano. Designa Turquía. En antiguo francés, *offre* significa saqueador y *coffre* quiere decir ataúd. Perseguir tiene aquí el sentido de la palabra latina *prosequo*, acompañar, conducir a alguien en cortejo.

El gran jefe asiático atacará al Papa; llegará socorro al Adriático contra el saqueo de Turquía. Se salvará de esos peligros quien pueda. El gran personaje herido será acompañado a la tumba (morirá).

V, 55

De la felice Arabie contrade,
Naistra puissant de loy Mahometique,
Vexer l'Espagne, conqueter la Grenade,
Et plus par mer à la gent Lygustique.

De la feliz Arabia región,
Nacerá poderoso de la ley Mahometana,
Vejar España, conquistar Granada,
Y además por mar a la gente Ligústica.

Un poderoso personaje de la ley islámica nacerá en la Arabia feliz, luego someterá España, conquistará la región de Granada que será aún más (vejada) por mar por los turcos.

España

Nostradamus consagró a España 75 cuartetas que abarcan el período de 1555 a 2050. El propio nombre de España se cita 31 veces; las demás palabras son ciudades, montañas o ríos.

El rey Juan Carlos I era anunciado en un texto que le promete un eminente papel en el conflicto por venir:

X, 95

Dedans les Espagnes viendra roy tres puissant,
Par terre & mer suvjugant or midy:
Ce mal fera, rabaissant le croissant,
Baisser les aeles à ceux du vendredy.

A las Españas llegará rey muy poderoso,
Por mar & tierra subyugará el mediodía:
Este mal hará, rebajando el creciente,
Bajar las alas a los del viernes.

En antiguo francés *or* significa lado. En el arte militar, la palabra ala designa las partes laterales de un ejército, en marcha o en orden de batalla; Nostradamus designa aquí los ejércitos. El viernes es el día de descanso de los musulmanes, como el sábado lo es para los judíos y el domingo para los cristianos. Podría tentarnos aplicar la cuarteta a Carlos V, emperador de Alemania y rey de España, que derrotó a Barbarroja en 1535 y tomó Túnez, aunque fracasó ante Argel en 1541. Pero la profecía comienza en 1555. Nostradamus no podía pues anunciar la llegada de un rey que estaba ya en el poder. Por otra parte, en Lepanto, en 1571, fue don Juan de Austria el que combatió a los moros y en 1683, en el sitio de Viena, fue Juan Sobieski, rey de Polonia.

Un rey muy poderoso llegará a España; por tierra y por mar someterá los países del mediodía (el Magreb, al sur de España); hará este mal para rebajar a la gente del creciente (es decir la media luna, los islámicos) y reducir los ejércitos de quienes observan el viernes.

IV, 5

Croix paix, soubs un accompli divin verbe,
L'Espagne & Gaule seront unies ensemble:
Grand clave proche, & combat très acerbe,
Coeur si hardy ne sera qui ne tremble.

Cruz paz, bajo un cumplido divino verbo,
España & Galia estarán unidas juntas:
Gran desastre próximo y combate muy acerbo,
Corazón tan osado no habrá que no tiemble.

En latín, *claves* significa desastre militar, derrota.

Para que los cristianos vivan en paz, será necesario que la profecía se cumpla. España y Francia estarán aliadas. Una gran derrota se acerca, así como una durísima batalla: incluso los más valerosos temblarán por ello.

V, 59

Au chef Anglois à Nismes trop séjour,
Devers l'Espagne au secours Aenobarb:
Plusieurs mourront par Mars ouvert ce jour,
Quand en Artois faillir estoille en barbe.

Al jefe inglés en Nîmes demasiada estancia,
Hacia España al socorro Aenobarbo:
Varios morirán por Marte abierto ese día,
Cuando en Artois fallar estrella con barba.

Aenobarbo o barba de bronce consta aquí por Barbarroja, como referencia a los dos hermanos que reinaron en Argel de 1516 a 1546; sin duda hay también una alusión a los integristas barbudos. Nostradamus recurre a menudo a su historia contemporánea para personalizar algunos acontecimientos o personajes que profetizan. Aenobarbo designa pues a un jefe islámico.

El jefe anglo-(¿americano?) que habrá permanecido mucho tiempo en Nîmes, acudirá en socorro de España contra el jefe islámico, cuando el cometa no sea ya visible en Artois.

Marsella

III, 86

Un chef d'Ausone aux Espagnes ira,
Par mer fera arrest dedans Marseille,
Avant sa mort un long temps languira,
Après sa mort on verra grand merveille.

Un jefe de Ausonia irá a las Españas,
Por mar hará detención en Marsella,
Antes de su muerte largo tiempo languidecerá,
Después de su muerte se verá gran maravilla.

Ausonia es, en latín, el antiguo nombre de Italia.

Un jefe italiano se dirigirá a España y por mar se detendrá en Marsella; languidecerá largo tiempo antes de morir y después de su muerte se verá una gran maravilla.

I, 72

Du tout Marseille des habitants changées,
Course & poursuite jusques aupres de Lyon,
Narbon, Toloze, par Bourdeaux outragée,
Tuez captifs presque d'un million.

De todo Marsella los habitantes cambiados,
Carrera & persecución cerca de Lyon,
Narbona, Toulouse, por Burdeos ultrajada,
Cautivos muertos casi un millón.

A Marsella le cambiarán los habitantes; habrá una carrera y una persecución hasta cerca de Lyon; Narbona y Toulouse serán ultrajadas por la gente procedente de Burdeos y cerca de un millón de prisioneros serán ejecutados.

La siguiente cuarteta permite aportar una precisión importante. Varios autores, después de 1981, han producido libros para demostrar que Nostradamus no había hecho profecías sino explicado acontecimientos del pasado, es decir, anteriores a 1555. Así, Marsella fue devastada por los sarracenos en 836. La cuarteta 88 de la III centuria se atribuyó pues a este acontecimiento. Por desgracia para tales exegetas, poco cuidadosos con las precisiones de la historia, Ludovico Pío, rey de Aquitania que había cruzado los Pirineos en el 799, avanzó en el 800 hacia Barcelona, a la cabeza de tres cuerpos de ejército y, tras un asedio de siete meses, conducido vigorosamente por Ermenguer, conde de Gerona y de Ampurias, el joven rey en persona asistió a la rendición de la ciudad que capituló; hizo en ella su entrada con gran pompa, precedido por el clero que marchaba en procesión y cantaba himnos. Al año siguiente, Barcelona volvía a ser cristiana y el conde Bera, hijo del conde de Toulouse, san Guillermo de Gellone, se convertía en gobernador de la ciudad. En el 836, los árabes no podían salir pues de Barcelona para saquear Marsella. Ese tipo de investigaciones y precisiones es lo que permite clasificar las cuartetas en el futuro.

III, 88

De Barcelonne par mer si grand'armée,
Toute Marseille de frayeur tremblera:
Isles saisies de mer ayre fermée,
Ton traditeur en terre nagera.

De Barcelona por mar tan gran ejército,
Todo Marsella de terror temblará:
Islas ocupadas por mar ayuda cerrada,
Tu traidor en tierra nadará.

Tan gran ejército llegado por mar de Barcelona hará temblar de espanto Marsella; habiendo sido tomadas las islas (del Mediterráneo), la ayuda por mar estará cerrada (¿Gibraltar?). Tu traidor desembarcará.

La siguiente cuarteta da precisiones complementarias.

X, 88

Pieds & cheval à la seconde veille,
Feront entrée vastient tout par la mer:
Dedans le poil entrera de Marseille,
Pleurs, crys & sang, onc nul temps si amer.

Pies & caballos en la segunda vigilia,
Harán entrada devastándolo todo por mar:
Dentro el pelo entrará en Marsella,
Lloros, grito & sangre, nunca se vio tiempo tan amargo.

En antiguo francés *poil* («pelo») significa botín.

La infantería y los blindados entrarán, en la segunda parte de la noche (entre las 21 h y medianoche), y lo devastarán todo por mar hasta Marsella, por el botín: llantos, gritos, sangre, jamás hubo tiempo tan amargo.

III, 79

L'ordre fatal sempiternel par chaisnes,
Viendra tourner par ordre conséquent:
Du port phocen sera rompue la chaisne,
La cité prinse, l'ennemy quant & quant.

El orden fatal sempiterno por cadenas,
Vendrá a regresar por orden consecuente:
Del puerto Foceo será rota la cadena,
La ciudad tomada, el enemigo cuanto y cuanto.

En antiguo francés, *tourner* significa regresar, orden, posición o medio, *quant & quant*, enseguida, inmediatamente y *ordre*, medio, sacramento. Dado el contexto de las cuartetas precedentes el *orden fatal* representa muy probablemente la ley islámica basada en la fatalidad, siendo el concepto completado por la expresión *sempiterno por cadenas*, encadenado siempre por la fatalidad.

La ley (islámica) encadenada siempre por la fatalidad, volverá por una decisión importante, la defensa de Marsella quedará rota y la ciudad será tomada enseguida.

IX, 85

Passer Guienne, Languedoc & le Rosne,
D'Agen tenans de Marmande & la Roole:
D'ouvrir par foy parroy Phocen tiendra son trosne,
Conflict aupres sainct pol de Manseole.

Pasar Guyenne, Languedoc y el Ródano,
De Agen tenientes de Marmande & la Réole:
De abrir por fe playa Focea tendrá su trono,
Conflicto cerca san pol de Manseole.

En antiguo francés, *parroy* significa playa. Por analogía, el trono es el sitial alegórico en el que los fieles de una religión suponen sentado a su dios. Saint-Pol-de-Mausole es un pequeño pueblo junto a Saint-Rémy-de-Provence, ciudad natal de Nostradamus.

Los que tengan Agen, Marmande y La Réole pasarán a Guyenne, al Languedoc y el Ródano, para abrir, a causa de su fe (¿integrismo islámico?), las costas de Marsella donde se mantendrá el trono (¿de Alá?) a pesar del conflicto cerca de Saint-Pol-de-Mausole.

Ataque a las fronteras

Guerre, tonnerre, maints champs depopulez,
Frayeur & bruit, assault à la frontiere:
Grand Grand failli. pardon aux exilez,
Germains, Hispans. par mer Barba. banniere.

Guerra, trueno, muchos campos despoblados,
Espanto & estruendo, asalto en la frontera:
Grande Grande caído, perdón a los exiliados,
Germanos, Hispanos por mar Barba. estandarte.

Se conocerá la guerra y el estruendo de la guerra; numerosos lugares quedarán despoblados; espanto y estruendo; ataque en la frontera. Cuando el gran personaje haya muerto, los deportados serán rehabilitados. Los alemanes y los españoles habrán sido atacados por mar por el ejército islámico.

Par pestilente et feu fruits d'arbres periront,
Signe d'Huile abonder. Pere Denys non queres:
Des grands mourir, mais peu d'estrangers failliront,
Insult, marin barbare & dangers de frontières.

Por pestilencia y fuego frutos de árboles perecerán,
Signo de aceite abundar. Padre Denys no muchos:
Grandes morir, pero pocos extranjeros perecerán,
Ataque, marina bárbara & peligros de fronteras.

Por lo que se refiere al aceite, podemos preguntarnos si no se tratará de los productos tóxicos de la guerra química o de petróleo inflamado. La expresión *Pere Denys non gueres* no tiene, a primera vista, significado alguno. Sólo el contexto y la comparación con otras cuartetas pueden permitirnos hallar el significado de la frase. Como hemos visto que la costa mediterránea de España desempeñaba un importante papel con respecto a las fuerzas islámicas y que *Denys*, probablemente, designa la pequeña ciudad de Denia, cercana a Barcelona, podemos suponer que la palabra *Pere* es un nombre geográfico «cepillado» por apócope; se trataría pues de la pequeña ciudad de Perelló, que está cerca de Alicante. (A estas alturas de la traducción, forzoso es reconocer que la geografía de Nostradamus y la de sus intérpretes resulta peculiar, o así me lo parece.) *Insultare*, en latín, significa atacar.

A causa de la pestilencia y por el fuego (de la guerra) los frutos de los árboles perecerán, a causa de abundancia de aceite (¿armas químicas?). Pere(lló) y Denia no serán muy (respetadas). Personalidades importantes perecerán, pero pocos extranjeros lo harán. La flota islámica atacará y habrá peligro en las fronteras.

En la siguiente cuarteta, Nostradamus precisa que Francia (el hexágono) será atacada por cinco lados:

I, 73

France à cinq part par neglect assaillie
Tunys, Argal esmeuz par Persiens:
Leon, Seville, Barcelonne faillie,
N'aura la classe par les Venitiens.

Francia por cinco partes por negligencia asaltada
Túnez, Argel movidos por los persas:
León, Sevilla, Barcelona caerán,
No habrá ejército por los venecianos.

En antiguo francés, *esmovoir* («mover») significa excitar, levantar.

A causa de su negligencia, Francia será atacada por cinco fronteras, después de que Túnez y Argelia hayan sido sublevados por Irán; León, Sevilla y Barcelona, que habrán sido tomadas no serán (socorridas) por la flota del Adriático. (La cuarteta debe compararse con I, 18: «*Par la discorde*, négligence *gauloise/Sera passage à Mahomet ouvert...*».)

Con respecto al integrismo islámico en Argelia, en *Le Monde* del jueves 16 de enero de 1992, en la pluma de Jacques de Barrin y con el título de «Matizaciones americanas y amenazas iraníes», podía leerse: «Las autoridades iraníes siguieron, el martes, en voz de radio Teherán, denunciando firmemente la anulación de las elecciones en Argelia. En una amenaza apenas velada, Irán considera que los partidarios del Frente Islámico de Salvación (FIS) están obligados a recurrir a la violencia, puesto que se les arrebata la victoria electoral. Teherán subraya que la actitud de los dirigentes argelinos empujará a *las fuerzas islámicas a utilizar medios no pacíficos*». Forzoso es advertir que esos «medios no pacíficos» están arrasando Argelia.

VIII, 21

Au port de Agde trois fustes entreront,
Portant l'infect non foy et pestilence:
Passant le pont mille milles embleront,
Et le pont rompre à tierce résistance.

En el puerto de Agde tres fustas entrarán,
Llevando el infecto no fe y pestilencia:
Pasando el mar miles huirán,
Y el mar romper tercera resistencia.

En antiguo francés, *infect* significa envenenado, *embler* quiere decir huir y *tierce* es la hora tercia del día. *Pont*, en griego πόντος, es el mar.

Tres embarcaciones de guerra entrarán en el puerto de Agde, llevando el veneno, una fe (no cristiana) y la pestilencia. Miles y miles huirán por el mar, después de que la resistencia en el mar haya sido rota a las 3 de la madrugada.

IV, 94

Deux grands frères seront chassez d'Espagne,
L'aisné vaincu sous les monts Pyrénées:

Rougir mer, Rosne, sang Léman d'Allemagne
Narbon, Blyterre, d'Agath contaminées.

Dos grandes hermanos serán expulsados de España,
El mayor vencido bajo los montes Pirineos:
Enrojecer mar, Ródano, sangre Leman de Alemania
Narbona, Blyterre de Agath contaminadas.

Podemos preguntarnos si los dos hermanos no serán jefes islámicos: véase V, 59, traducida más adelante. Blyterre se utiliza aquí por Biterre y se refiere a los habitantes de Béziers, es decir, los biterrenses. Agath procede del griego *agathos* (ἀγαθός) que dio nombre a la ciudad de Agde.

Dos grandes hermanos (¿de armas?) serán expulsados de España, después de que el mayor haya sido vencido bajo los Pirineos. El mar se enrojecerá y también el Ródano, la sangre correrá por el lago Leman y en Alemania. Narbona y Béziers serán contaminadas por aquellos (que habrán llegado) a Agde.

VIII, 49

Satur au boeuf iove en l'eau, Mars en fleiche,
Six de fevrier mortalité donra:
Ceux de Tardaigne à Bruges si grand breche,
Qu'à Ponterose chef Barbarin mourra.

Satur al buey júpiter en el agua, Marte en flecha,
Seis de febrero mortalidad dará:
Los de Tardaigne en Brujas tan gran brecha,
Que Ponteroso jefe bárbaro morirá.

Iove puesto por *Jovis*, Júpiter en latín. Tardaigne se refiere al Tardenois que es, hoy, una región entre el Aisne y el Marne. *Ponteroso* es una palabra compuesta de *pont* que, en griego, significa mar y *roso*, por rojo; muy probablemente se trate, pues, del mar Rojo. Los tardeneses son los habitantes del Aisne.

Cuando Saturno esté en Tauro, Júpiter en Escorpio, la guerra aumentará y el seis de febrero será especialmente mortífera. Quienes estén en el Aisne abrirán una gran brecha; mientras que el jefe islámico muera en el mar Rojo.

El último rey y la derrota del Islam

Nostradamus indica en varias cuartetas y sextillas que un rey de la rama primogénita de los Borbones (como Juan Carlos I) aparecerá, durante esta guerra, cuando todo se crea perdido, y se lanzará a una guerra de reconquista.

Da a este personaje «providencial», como tantos otros que salpican la historia de Francia (santa Genoveva, Juana de Arco, Enrique IV, Charles de Gaulle, etc.), distintos calificativos, con el fin de precisar una indiscutible legitimidad con respecto a los numerosos pretendientes al trono de Francia:

- Borbón (descendiente de Enrique IV).
- Hércules y Ognion (Ognion era el equivalente a Hércules entre los galos), por la legitimidad de los Valois. En efecto, el cuarto hijo de Catalina de Médicis y Enrique II, el duque de Anjou, se llamaba *Hércules*-Francisco; murió en 1584 antes que su hermano Enrique III (+ 1589), y por lo tanto no reinó.
- El rey de Blois por la legitimidad de los Capetos; en efecto, los condes de Blois proceden de la familia de Hugo Capeto; Blois fue también la residencia favorita de los Valois.
- El Lorenés (*Lorrain*) que se encuentra en forma de anagramas: el LORVARIN, para Lorrain V (por V República) o el Norlaris. El calificativo da al futuro rey, también, la legitimidad de los Carolíngeos, a causa de Ludovico Pío, rey de Francia y emperador de Occidente, que era hijo de Carlomagno y rey de Lorena.
- CHYREN, anagrama de Henryc. Hay que advertir aquí que Nostradamus dedicó su *Carta a Enrique, rey de Francia segundo* y no al rey Enrique II porque, en realidad, dirige la misiva al futuro rey de Francia, llamado *el gran CHYREN* (HENRYC). Por otra parte, la palabra segundo, del latín *se-*

cundus, significa socorredor y otorga pues, a este rey, el papel de salvador que las cuartetas le atribuyen. Finalmente, en una enumeración, segundo supone que no hay tercero; ahora bien Enrique III y Enrique IV sucedieron a Enrique II.

♦ Troyano, porque en *La Franciade*, poema épico inconcluso de Ronsard, Francus, hijo de Héctor, príncipe troyano, escapa del furor de los griegos tras el saqueo de Troya. El destino le lleva a fundar un nuevo imperio. Hyanthe, que es profetisa, revela el porvenir a Francus y hace desfilar ante él a todos los reyes de Francia que de él descenderán, desde Faramundo hasta Carlomagno. Nostradamus retoma pues la leyenda para designar al último rey de Francia, puesto que Francus los vio desfilar a todos.

♦ El Real o el Gran Real o el gran rey.

X, 87

Grand roy viendra prendre port près de Nisse,
Le grand empire de la mort si en fera:
Aux Antipolles posera son genisse,
Par mer la pille tout esvanouyra.

Gran rey vendrá entrar en puerto cerca de Niza,
El gran imperio de la muerte tanto hará:
En los Antipólicos pondrá su genio,
Por mar el saqueo todo desaparecerá.

El imperio de la muerte alude a la octava casa, que es la de la muerte en astrología y cuyo señor es el planeta Plutón, dios de la muerte. *Antipolle* es el afrancesamiento del nombre griego *Antípolis* (Ἀντίπολισ). *Genisse* se utiliza en vez de *genio*, por necesidades de la rima con *Nisse*. En francés medio, *esvanouir* significa desaparecer. El gran jefe (islámico) desembarcará cerca de Niza y hará reinar el imperio de la muerte; en Antibes instalará su estado mayor y el botín desaparecerá por mar.

Le grand Royal d'or, d'airain augmenté,
Rompu la pache, par jeune ouverte guerre,
Peuple affligé par un chef lamenté,
De sang barbare sera couverte terre.

El gran Real de oro, de bronce aumentado,
Roto el pacto, por joven abierta guerra,
Pueblo afligido por jefe lamentado,
de sangre bárbara será cubierta tierra.

El bronce, aleación a base de cobre, servía para hacer monedas, la palabra se refiere pues al dinero en general. *Pache*, en antiguo francés, significa pacto, acuerdo, convenio.

(El poderío) del gran rey será aumentado con oro y plata, habiendo sido roto un tratado e iniciada la guerra por un joven jefe. El pueblo será afligido por un jefe del que se lamentará y la tierra estará cubierta de sangre musulmana.

V, 80

Logmion grande Bisance approchera,
Chassée sera la barbarique ligue:
Des deux lois l'une l'estinique lachera,
Barbare et france en perpetuelle brigue.

Logmion gran Bizancio acercará,
Expulsada será la bárbara liga:
De las dos leyes una, la pagana, cederá,
Bárbaro y franco en perpetuo tumulto.

Grande, utilizado como sustantivo, significa en antiguo francés gran peligro. *L'estinique* es una palabra fabricada a partir de la tercera persona del presente de indicativo del verbo ser griego, *estin* (εστιν), que se traduce literalmente por *el que es*. En antiguo francés, *brigue* significa tumulto.

Hércules (rey de Francia) se acercará a Estambul con gran peligro; la Liga árabe será expulsada. De las dos leyes, una, al del que es (Alá), cederá; estando Islam y Francia en perpetuo tumulto.

VI, 42

A Logmyon sera laissé le regne,
Du grand Selyn qui plus sera defaict:
Par les Itales estendra son enseigne,
Regy sera par prudent contrefaict.

Por Logmyon será dejado el reino,
Del gran Selyn que más será deshecho:
Por las Italias extenderá su enseña,
Será regido por prudente fingido.

Selyn o Selin es el afrancesamiento de la palabra griega *Selene* (Σελήνη) que significa Luna y designa, pues, el Islam (la Media Luna). En antiguo francés, *contrafaict* significa imitación.

El poder del gran jefe islámico será abandonado al rey, que extenderá su enseña por Italia, país gobernado por un hombre prudente que le tomará por modelo.

IV, 23

La légion dans la marine classe,
Calcine Magnes soulphre & poix bruslera
Le long repos de l'asseurée place,
Port Selyn, Hercle feu les consummera.

La legión en la marina flota,
Calcina Magna azufre & pez arderá
El largo reposo de la asegurada plaza,
Port Selyn, Hércules fuego las consumirá.

Calcine es un afrancesamiento de la palabra griega *Chalcis* (Ξαλκίς), nombre que llevaban tres ciudades, una en Grecia, en la isla de Eubea, otra en Macedonia y la tercera en Siria. Magna es una ciudad del Peloponeso. El azufre era utilizado en varios productos incendiarios y la pez designa los productos petrolíferos (¿napal?). Selyn significa la Luna y se refiere, pues, al Islam (la Media Luna). El puerto de un país islámico más cercano a Grecia es Estambul.

Por el ejército de tierra y la marina, Grecia arderá tras haber estado en paz y seguridad. En el puerto islámico, el fuego del rey los incendiará.

IX, 33

Hercules Roy de Rome & d'Annemarc,
De Gaule trois Guion surnommé:
Trembler l'Itale & l'unde de Saint-Marc,
Premier sur tous Monarque renommé.

Hércules Rey de Roma & de Dinamarca,
De Galia tres el Guía apodado:
Temblar Italia & ola de San Marcos,
Primero sobre todos Monarca afamado.

En antiguo francés, *guion* significa guía.

Hércules rey (de Francia), de Roma y de Dinamarca será apodado el tercer Guía de Francia; hará temblar Italia (¿ocupada?) y el mar Adriático y será un monarca afamado más que cualquier otro.

X, 27

Par le cinquiesme & un grand Hercules,
Viendront le temple ouvrir de main bellique:
Un Clement, Iule & Ascans reculés,
L'Espagne, clef, aigle, n'eurent onc si grande picque.

Por quinto & un gran Hércules,
Vendrán el templo abrir por mano bélica:

Un Clemente, Julio & Ascanio retrocedidos,
España, llave, águila, jamás tuvieron tan gran pica.

Par en antiguo francés significa durante. *Templo*, poéticamente, la Iglesia. *Manus*, en latín y en sentido figurado, significa fuerza. San Clemente, ciudad española de Castilla, designa España. Ascanio o Julio, hijo de Eneas, acompañó a su padre hasta Italia; la familia Julia, en Roma, hacía remontar su origen a este personaje y designa Italia. Llave (de san Pedro) designa el Vaticano y el águila, Estados Unidos (Nostradamus utiliza esta imagen para referirse a grandes potencias militares: Napoleón, Hitler, Estados Unidos). En sentido figurado, *pique* significa enfado, tormento.

Durante la V (Estado republicano) un gran rey irá a liberar a la Iglesia con fuerzas armadas, habiendo retrocedido España e Italia. Nunca España, el Vaticano y Estados Unidos conocieron tan grandes tormentos.

En la *Carta a Enrique, rey de Francia segundo*, con respecto a ese rey, se dice: «Luego, brotará un personaje del tallo durante tanto tiempo estéril (los Borbones) y crecerá durante el quinto grado (la V República), para renovar toda la Iglesia cristiana...».

X, 79

Les vieux chemins seront tous embellis.
Lon passera à Memphis somentrées:
Le grand Mercure d'Hercules fleur de lys,
Faisant trembler terre, mer & contrées.

Todos los viejos caminos se habrán embellecido.
Se pasará a Menfis faltados:
El gran Mercurio de Hércules flor de lis,
Haciendo temblar tierra, mar & parajes.

Cuando Tebas hubo caído, Menfis se convirtió en capital de Egipto, hoy está a unos 15 kilómetros de El Cairo; probablemente designa la capital egipcia. En antiguo francés, *somentir* significa faltar. Mercurio era el dios de la elocuencia y era conocido por su belleza.

Los viejos caminos serán reconstruidos; se pasarán a El Cairo las cosas que habían faltado. El elocuente rey de la flor de lis (de los Borbones) habrá hecho temblar la tierra, el mar y las naciones.

IX, 93

Les ennemis du fort bien esloignez,
Par chariots conduict le bastion:
Par sur les murs de Bourges esgrongnez,
Quand Hercules battra l'Haematien.

Los enemigos del fuerte bien alejados,
Por carros conducido el bastión:
Por sobre los muros de Brujas atacados,
Cuando Hércules vencerá al Emacio.

En francés antiguo *esgrongnez* significa atacar. Emacia es el antiguo nombre de Macedonia, que formaba parte de la ex Yugoslavia. Hoy sabemos que Grecia reivindica la anexión de este país. Las cuartetas referentes al Macedonio deben compararse con la cuarteta que contiene la frase *la Perse tourne envahir Macédoine* (II, 96), pues tal vez el Emacio designe al jefe iraní.

Los enemigos serán alejados del fuerte y las fortificaciones serán protegidas por blindados, mientras, la ciudad de Brujas será atacada, cuando el rey derrotará al jefe macedonio (o iraní).

X, 58

Au temps du dueil que le selin monarque,
Guerroyera le jeune Aematien,
Gaule bransler pericliter la barque,
Tenter Phossens au Ponant entretien.

En el tiempo de luto que el selin monarca,
Guerreará el joven Emacio,

Galia trastornar periclitar la barca,
Tentar Foceos al Poniente conservación.

En los tiempos de la muerte del jefe islámico, el joven macedonio (o iraní) guerreará. Francia será trastornada y la Iglesia periclitará; atacará a los marselleses, Occidente se mantendrá.

IV, 77

SELIN Monarque l'Italie pacifique
Regnes unis, roy chrestien du monde,
Mourant voudra coucher en terre blesique,
Après pyrates avoir chassé de l'onde.

SELIN Monarca Italia pacífica
Reinos unidos, rey cristiano del mundo,
Muriendo querrá acostar en tierra blésica,
Después piratas haber expulsado de las olas.

Blesique es una modificación de *blésois*, es decir, los habitantes de Blois.

Tras la muerte del jefe islámico, Italia estará en paz y los países unidos; el rey cristiano del mundo querrá ser enterrado en Blois, tras haber expulsado de los mares a los piratas (berberiscos).

Como sucede con frecuencia, Nostradamus utiliza el término concreto que retendrá la historia. En efecto, utiliza para Islam el término «piratas» que se utilizaba en el siglo XVI. Pero ¿quién podía prever que el gobierno francés denominaría su plan de lucha contra el terrorismo del integrismo islámico con la expresión *Vigi-PIRATE*, cuatro siglos y medio más tarde? Algo más adelante, encontraremos la misma palabra en la cuarteta 44 de la V centuria. Eso forma parte de las luces de alarma que van encendiéndose, unas tras otras, en el emplazamiento del desarrollo temporal del esquema profético.

Au port *Selin* le tyran mis à mort,
La liberté non pourtant recouvrée:
Le nouveau Mars par vindicte et remort,
Dame par force de frayeur honorée.

En puerto Selin el tirano muerto,
La libertad sin embargo no recobrada:
El nuevo Marte por venganza y guerra,
Dama por fuerza de terror honrada.

Remort en antiguo francés significa guerra, querella, y *honorée* («honrada») significa con renombre.

En el puerto islámico (¿Estambul?) el tirano será muerto, aunque la libertad no se haya recobrado todavía a causa de una nueva guerra por venganza y espíritu guerrero. Un personaje femenino (de gobierno) obtendrá renombre por su fuerza y el espanto que haya suscitado.

VI, 78

Crier victoire du grand *Selin* croissant,
Par les Romains sera l'Aigle clamé,
Ticcin, Milan & Gennes n'y consent,
Puis par eux mesme Basil grand réclamé.

Gritar victoria del gran Selin creciente,
Por los Romanos será el Águila reclamada,
Ticino, Milán & Génova no consienten,
Luego por ellos mismos Basil gran reclamado.

Se trata del Águila de la bandera americana. *Ticinus* es Ticino en latín. *Basil* procede del griego *basileus* (βασιλεύς) que significa rey.

Antes de haber gritado la victoria de la gran Media Luna islámica, los romanos aclamarán o reclamarán a los americanos. Ti-

cino, Milán y Génova no querrán y, luego, ellas mismas reclamarán el gran rey.

II, 1

Vers Aquitaine par insuls Britanniques,
De par eux mesmes grandes incursions:
Pluyes, gelees feront terroirs iniques,
Port Selyn fortes fera invasion.

Hacia Aquitania por islas británicas,
Por ellos mismos grandes incursiones:
Lluvias, heladas harán terrores inicuos,
Puerto Selyn fuertes hará invasión.

Desde Aquitania hasta las islas Británicas habrá grandes incursiones. Estos territorios serán desfavorables (para los atacan-
tes) a causa de la lluvia y el frío. Poderosa será la invasión procedente del puerto islámico (¿Estambul?).

V, 35

Par cité franche de la grand mer Seline,
Qui porte ancore à l'estomach la pierre:
Anglaise classe viendra sous la bruine,
Prendre un rameau, de grand ouverte guerre.

Por ciudad franca del gran mar Selin,
Que lleva todavía en el estómago la piedra:
Inglesa flota vendrá bajo la lucha,
Tomar un ramo, de gran abierta guerra.

Con la expresión *ciudad franca* Nostradamus designa La
Meca que recibe, cada año, millares de peregrinos procedentes
de todos los rincones del mundo. Por otra parte, La Meca está a
46 kilómetros del mar Rojo, mar islámico entre Arabia y Egipto.
Stomachos (στόμαχος) significa en griego orificio. En el centro

del patio de la mezquita llamada Beith Allah (la casa de Dios) se halla, en un *orificio* de la Kaaba, *la piedra* negra que van a adorar los peregrinos.

En antiguo francés, *bruine* significa lucha, tumulto y *abierto* significa manifiesto, evidente.

En La Meca, junto al mar Rojo, donde todavía está la piedra en un orificio, la flota inglesa combatiendo hará una proposición de paz, cuando la importancia de la guerra sea manifiesta.

VI, 27

Dedans les isles de cinq fleuves à un,
Par le croissant du grand Chyren Selin:
Par les bruynes fureur de l'un,
Six eschappez, cachez fardeaux de lyn.

Dentro las islas de cinco ríos a uno,
Por el creciente del gran Chyren Selin:
Por los combates furor del uno,
Seis escapar, ocultar fardos de navío.

En antiguo francés, un *lin* era una fragata ligera.

En las islas Británicas, después de cinco ríos (¿Francia: Rhin, Sena, Loira, Garona y Ródano?) hasta un río (el Támesis), el gran Enrique llegará a causa de la Media Luna del Islam, siendo su furor provocado por los combates, habiendo escapado seis personas, ocultas en un barco.

II, 79

La barbe crespe & noire par engin,
Subjuguera la gent cruelle & fiere:
Le grand CHYREN ostera du longin,
Tous les captifs par Seline baniere.

La barba crespa & negra por ingenio,
Subyugará a la gente cruel y orgullosa:

El gran CHYREN sacará a lo lejos,
Todos los cautivos por Selina bandera.

Engin en antiguo francés significa artimaña, fraude, engaño. *Longin* se utiliza, por epéntesis, en vez de *longinquo*, de lejos.

El Gran Enrique someterá al personaje de la barba crespa y negra (¿ayatolá?) del pueblo cruel y orgulloso y sacará (de las cárceles) lejanas a todos los prisioneros de la bandera islámica.

VIII, 54

Soubs la couleur du traicté marriage,
Fait magnanime par grand Chyren selin:
Quintin, Arras recouvrez au voyage,
D'Espagnols fait second banc macelin.

Bajo el color del tratado matrimonio,
Hecho magnánimo por gran Chyren selin:
Quintín, Arrás, recobrados en el viaje,
De españoles hecho segundo banco macelino.

Sub, en latín significa debajo, pero también inmediatamente después, a continuación. En antiguo francés, *couleur* («color») significa favor, amistad. Quintin es una pequeña ciudad de Côtes-d'Armor y podría designar Bretaña, a menos que se trate de San Quintín. El contexto permite afirmar que *viaje* alude al viaje de ultramar, viaje que los cristianos emprendían antaño para guerrear con los musulmanes. Antaño, también, el banco era la corte o el consejo de un soberano y *secundus* en latín significa favorable, propicio.

En antiguo francés, *macel* o *maisel* significa carnicería, matanza; Nostradamus añadió el sufijo *in* por necesidades de la rima con Selin.

Al favor de un tratado de alianza, el gran Enrique hará un acto magnánimo para con el Islam; habiendo sido liberados Artois y Picardía (o Bretaña) gracias a la expedición contra el Islam; un consejo (de Estado) será propicio a los españoles tras la matanza.

Les trois pellices de loing s'entrebattront,
La plus grand moindre demeurera à l'escoute:
Le grand Selin n'en sera plus patron,
Le nommera feu pelte blanche route.

Las tres pellizas de lejos se combatirán,
El mayor menor permanecerá a la escucha:
El gran Selin no será ya patrón,
Le nombrará fuego piel blanca tropa.

Las pellizas eran prendas de honor, que el sultán regalaba a sus funcionarios y también a grandes personajes extranjeros; probablemente Nostradamus designa aquí a tres jefes de Estado islámicos. En antiguo francés, *route* significa tropa, compañía, flota. *Pelte* se incluye por *pellitus*, en latín «de piel».

Los tres jefes de Estado islámicos combatirán entre sí; el más importante estará a la expectativa. El gran jefe islámico no le condenará ya y nombrará (al que permanecía en reserva) para pegar fuego a la flota occidental (la piel blanca: los blancos).

VI, 70

Un chef du monde le grand CHYREN sera,
Plus outre après aymé, craint, redouté:
Son bruit & los les cieux surpassera,
Et du seul titre Victeur fort contenté.

Un jefe del mundo el gran CHYREN será,
Plus ultra después amado, temido:
Su ruido & loanza los cielos sobrepasarán,
Y del único título Víctor muy contento.

En antiguo francés, las palabras *bruit* («ruido») y *los* («loanza») significan ambas reputación; la repetición enfática. *Víctor* quiere decir vencedor.

El gran Enrique será un gran jefe del mundo. Luego será aún más amado y temido; su reputación sobrepasará los cielos y se satisfará, perfectamente, sólo con el título de vencedor.

IV, 34

> *Le grand mené captif d'estrange terre,*
> *D'or enchainé au Roy CHYREN offert:*
> *Qui dans Ausone, Milan perdra la guerre,*
> *Et tout son ost mis a feu & a fer.*

> *El grande llevado cautivo de extraña tierra,*
> *De oro encadenado al rey CHYREN ofrecido:*
> *Que en Ausonia, Milán perderá la guerra,*
> *Y toda su hueste pasada a fuego y hierro.*

En antiguo francés, *ost* («hueste») significa ejército.

El jefe de Estado extranjero (¿islámico?) prisionero será ofrecido, encadenado con oro, al rey Enrique; pues habrá perdido la guerra en Italia, en Milán, y todo su ejército habrá sido aniquilado.

Aviñón capital - El rey de Blois

IX, 41

> *Le grand CHYREN soy saisir d'Avignon,*
> *De Rome lettre en miel plein d'amertume:*
> *Lettre ambassade partir de Chanignon,*
> *Carpentras pris par duc noir rouge plume.*

> *El gran CHYREN se apodera de Aviñón,*
> *De Roma carta en miel llena de amargura:*
> *Carta embajada partir de Chanignon,*
> *Carpentras tomada por duque negro rojo pluma.*

Miel en vez de *miels*, que en antiguo francés significa más. *Chanignon* alude a Canino, ciudad de la provincia de Roma a 26 kilómetros al noroeste de Viterbo.

El gran Enrique se apoderará de Aviñón tras haber recibido, de Roma, más noticias llenas de amargura. Un mensaje de embajada partirá de Canino, pues Carpentras habrá sido tomada por un general con bandera roja y negra.

Los países islámicos que tienen el rojo y el negro en su bandera son: Iraq, Siria, Libia, Egipto, Sudán y Yemen. De qué país se trata se sabrá, sólo, cuando llegue el momento.

VIII, 38

Le roy de Blois dans Avignon regner,
Une autre fois le peuple en monopole,
Dedans le Rosne par murs fera baigner,
Jusques à cinq le dernier près de Nole.

El rey de Blois en Aviñón reinar,
Otra vez el pueblo en monopolio,
En el Ródano por muros hará bañar,
Hasta cinco el último cerca de Nola.

En antiguo francés, *monopole* («monopolio») significa conspiración, conjura. Cinco se menciona, probablemente, por la V República. Nola es una pequeña población de Italia, cerca de Nápoles.

El rey de Blois (el gran Enrique) reinará en Aviñón, pues el pueblo (francés) conspirará otra vez; verá el Ródano bañando los muros de la ciudad, hasta el fin de la V República, estando el último (¿Papa? - cf. la profecía de Malaquías: *De gloria olivae*, u otro personaje) cerca de Nola.

V, 82

Le roy de Blois dans Avignon regner,
D'Amboise & seme viendra le long de Lyndre:

Ongle à Poitiers sainctes aisles ruyner,
Devant Boni.

El rey de Blois en Aviñón reinar,
De Amboise & seme vendrá a lo largo del Lyndre:
Uña en Poitiers, santas alas arruinar,
Ante Boni.

Probablemente Seme se utiliza para Semnon, afluente del Vilaine, al sur de Rennes. En antiguo francés, *ongle* («uña») designa un animal de pelaje (el oso, símbolo de Rusia) y la palabra *sainctes* («santas») tal vez se refiera también a este país, por la expresión «la santa Rusia». Los romanos llamaban *alas* a las tropas de caballería. Tal vez Boni se refiera a *Bononia*, antiguo nombre de Bolonia. Sólo cuando llegue el momento podremos precisar esta cuarteta. La traducción es, pues, muy hipotética.

El rey de Blois (el gran Enrique) reinará en Aviñón. Desde Amboise y Rennes flanqueará el Indre. Estando los rusos en Poitiers, arruinará sus blindados ante Bolonia.

X, 44

Par lors qu'un Roy sera contre les siens,
Natif de Bloye subjuguera Ligures:
Mammel, Cordube & les Dalmatiens,
Des sept puis l'ombre à Roy estrennes & lemures.

Cuando un Rey estará contra los suyos,
Nativo de Blois subyugará Ligures:
Mammel, Córdoba & los Dálmatas,
De los siete después de la sombra de Rey combate & lemures.

En antiguo francés *contre* («contra»), significa a favor, en honor de; *natif*, natural; *estrene*, combate, choque. El Mammel es el antiguo nombre del Niemen, río que atraviesa Bielorrusia. En la mitología, los lemures son los espectros o el espíritu de la muerte.

Cuando un rey combata por los suyos, el heredero de Blois
someterá a los ligures (Italia), Rusia, España y Dalmacia; luego,
con la ayuda de los siete países (G7) el rey hará cesar (pondrá a
la sombra) los combates y las muertes cesarán.

He aquí las cuartetas que completan esta campaña militar:

I, 20

Tours, d'Orléans, Blois, Angers, Reims & Nantes,
Citez vexées par subit changement,
Par langues estranges seront tendues tente,
Fleuves, dars, Renes, terre & mer tremblement.

Tours, de Orleans, Blois, Angers, Reims & Nantes,
Ciudades ofendidas por súbito cambio,
Por lenguas extranjeras serán tendidas tiendas,
Ríos, dardos, país, tierra & mar temblarán.

La palabra dardo hace pensar en los cohetes. En antiguo
francés, *Renes* significa país.

Tours después de Orleans, Blois, Angers, Reims y Nantes,
esas ciudades serán ofendidas por un súbito cambio; gente ha-
blando una lengua extranjera irán a ocuparlas. A causa de los cohetes, los ríos, los países, la tierra y el mar temblarán.

IV, 45

Bien défendu le faict par excellence,
Garde toy Tours de ta proche ruine,
Londres & Nantes, par Reims fera défense,
Ne passe outre au temps de la bruine.

Bien prohibido el hecho por excelencia,
Guárdate tú, Tours, de tu próxima ruina,
Londres & Nantes, por Reims hará defensa,
No pasa más allá en el tiempo de la lucha.

Como en la cuarteta 35 de la centuria V, traducida anteriormente, la palabra *bruine* significa lucha, trastorno.

Los movimientos de resistencia serán excelentes, sin embargo,
guárdate Tours de tu próxima ruina. A pesar de los ejércitos en
Londres y en Nantes, se resistirá en Reims, y no podrás escapar de
esos trastornos.

V, 74

De sang Troyen naistra coeur germanique,
Qui deviendra en si haute puissance:
Hors chassera gent estrange arabique.
Tournant l'Église en Pristine prééminence.

De sangre troyana nacerá corazón germánico,
Que llegará a tan alto poderío:
Fuera expulsará gente extranjera arábiga.
Volviendo la Iglesia en Pristina preeminencia.

De sangre real francesa, nacerá el rey con sentimientos
germánicos y alcanzará un grandísimo poder. Expulsará entonces
de Francia a los extranjeros islámicos y devolverá a la Iglesia su
preeminencia original (regreso al cristianismo primitivo, del que
el movimiento ecuménico es, sin duda, el signo precursor).

Suiza en el conflicto

Algunas cuartetas muestran que, esta vez, Suiza no escapará
del conflicto. Dados sus numerosos túneles, tiene una posición
estratégica en el corazón de Europa. Por otra parte, ningún macizo montañoso del mundo está perforado por tantos túneles: *las
montañas excavadas*, decía Nostradamus en el siglo XVI, cuando
en los Alpes no había aún ni un solo túnel.

> Jardin du monde auprès de cité neuve,
> Dans le chemin de montagnes cavées:
> Sera saisi & plongé dans la cuve,
> Buvant par force eaux soulphre envenimées.

> *Jardín del mundo junto a la ciudad nueva,*
> *En el camino de las montañas excavadas:*
> *Será tomado y hundido en el barreño,*
> *Bebiendo por fuerza aguas azufre envenenadas.*

Jardín, en sentido figurado, significa país rico. La *ciudad nueva* es Ginebra, cuyo nombre significa nueva tierra. *Cavées* viene del verbo latino *cavere* que significa excavar.

El país rico del planeta (Suiza), cerca de Ginebra, en el camino de las montañas excavadas, será ocupado y arrastrado al conflicto; y se verán obligados a beber agua químicamente contaminada.

II, 64

> Seicher de faim, de soif, gent Genevoise,
> Espoir prochain viendra au défaillir,
> Sur point tremblant sera loy Gebenoise,
> Classe au grand port ne se peut accueillir.

> *Secar de hambre, de sed, gente ginebrina,*
> *Esperanza próxima vendrá a fallar,*
> *En punto temblando será ley gebanita,*
> *El ejército en el gran puerto no puede acogerse.*

Los gebanitas eran un pueblo de Arabia. En antiguo francés, *point* («punto»), significa momento, instante, ocasión.

Los ginebrinos se secarán de hambre y sed. Una esperanza próxima vendrá después de la caída; durante un momento se temblará bajo la ley islámica. El gran puerto (cf. *port selin*, Estambul) no puede acoger a la flota.

IX, 44

Migrés, migrés de Genesve trestous,
Saturne d'or en fer se changera:
Le contre RAYPOZ exterminera tous,
Avant l'advent le ciel signes fera.

Emigrad, emigrad de Ginebra todos,
Saturno de oro en hierro cambiará:
El contra RAYPOZ exterminará a todos,
Antes del acontecimiento en el cielo habrá signos.

Saturno es el dios del tiempo. Raypoz es el anagrama de Zopyra. Mientras Darío sitiaba Babilonia, defendida por Nabucodonosor III, Zopyra se sacrificó para asegurarle a su dueño la toma de la ciudad. Se mutiló y se introdujo en la ciudad como tránsfuga y, cuando hubo conseguido ganarse la confianza de los sitiados, entregó a los persas las dos puertas cuya guardia le habían confiado (509 a. C.). Nostradamus designa aquí a Irán y, probablemente, con esta artimaña, alude a la guerra Iraq-Irán. *Adventus* en latín significa llegada.

Emigrad, emigrad todos los habitantes de Ginebra, vuestra edad de oro se convertirá en la edad de hierro (guerra); el que estaba contra Iraq os exterminará. Antes de que eso suceda, habrá signos en el cielo (cometa u otro).

IV, 9

Le chef du camp au milieu de la presse,
D'un coup de flèche sera blessé aux cuisses,
Lorsque Genève en larmes & détresse,
Sera trahie par Lozan et par Souysses.

El jefe del campo en medio de la prensa,
De un flechazo será herido en el muslo,
Cuando Ginebra entre lágrimas y desolación,
Será traicionada por Lausana y por los suizos.

Presse («prensa»), en antiguo francés significa tarea dura. *Cuisses* se utiliza aquí por *cuissels* (muslera, parte de la armadura que protegía los muslos), y *flecha* representa, sin duda, las municiones, dadas sus cabezas puntiagudas.

El jefe del ejército tendrá dura tarea; su armamento será alcanzado por cohetes cuando Ginebra derrame lágrimas y esté angustiada y sea traicionada por (los ocupantes) de Lausana y de Suiza.

X, 92

Devant le père l'enfant sera tué,
Le père après entre cordes de jonc:
Genevois peuples sera esvertué,
Gisant le chef au milieu comme un tronc.

Ante el padre el hijo será muerto,
El padre luego entre cuerdas de junco:
El pueblo ginebrino será fortificado,
Y haciendo el jefe en medio como un tronco.

En antiguo francés, *esvertuer* significa fortalecer, dar fuerza a. El hijo será muerto ante su padre que luego será encadenado. Más tarde los ginebrinos recuperarán fuerzas cuando el jefe (militar) yazga como un tronco de árbol en medio (de la ciudad).

VIII, 6

Clarté fulgure à Lyon apparente,
Luysant, print Malte, Subit sera estainte,
Sardon, Mauris traitera décevante,
Genève à Londres à Coq trahison fainte.

Claridad fulgura en Lyon aparente,
Brillante, tomada Malta, súbitamente será extinguida,
Sardón, moros tratará decepcionante,
Ginebra en Londres a Gallo traición fingida.

En antiguo francés, *fulgure* («fulgura») significa rayo, relámpago y *luire* («brillar») significa relampaguear. Los sardones eran un pueblo del Languedoc (Narbona).

La claridad de los relámpagos (¿bombardeos?) que habrá aparecido en Lyon, iluminando el cielo, se apagará súbitamente, estando Malta ocupada. Los islámicos tratarán con engaños a los habitantes de Languedoc. De Ginebra hasta Londres, se hará una traición a Francia.

VIII, 10

Puanteur grande sortira de Laussane,
Qu'on ne sçaura l'origine du fait,
L'on mettre hors toute la gent loingtaine,
Feu vu au ciel, peuple estranger deffait.

Gran hediondez saldrá de Lausana,
Que no se sabrá el origen del hecho,
Se pondrá fuera toda la gente lejana,
Fuego visto en el cielo, pueblo extranjero deshecho.

Una gran hediondez saldrá de Lausana y se ignorará su origen. Se expulsará a los extranjeros. Se verá fuego en el cielo (¿cohetes?), y el pueblo extranjero (enemigo) conocerá la derrota.

V, 85

Par les Suèves et lieux circonvoisins,
Seront en guerre pour cause de nuées:
Camp marins locustes & cousins,
Du Léman fautes seront bien desnuées.

Por los suevos y lugares circunvecinos,
Estarán en guerra a causa de las nubes:
Campo marinos saltamontes y cénzalos,
Del Leman faltas serán muy abandonadas.

206

Los suevos era el nombre que los romanos daban, desde César, a los pueblos de la gran Germania. En antiguo francés, el verbo *nuer* significa desnudar, y *desnu*é, abandonado. En latín *campae* significa caballo de mar. Se trata pues de carros anfibios. *Locustae* quiere decir saltamontes, simbolizando la aviación y la infantería, pues son insectos terrestres y aéreos, y los cénzalos son insectos acuáticos primero y designan, aquí, los barcos o lanchas de desembarco.

Alemania y los países vecinos estarán en guerra porque habrán sido despojados, con blindados anfibios, aviones y barcos. Los errores del lago Leman (inútiles conferencias de paz en Ginebra) serán abandonados.

IV, 81

Pleurs, cris & plaincts, hurlemens, effrayeur,
Coeur inhumain, cruel, noir & transy:
Léman les Isles, de Gennes les maieurs,
Sang espancher, frofaim, à nul mercy.

Llantos, gritos & lamentos, aullidos, aterradores,
Corazón inhumano, cruel, negro & transido:
Leman, las Islas, de Génova las mayores,
Sangre derramar, frihambre, a nadie gracia.

En antiguo francés, *transy* («transido») significa muerto; *mayor* es el antiguo nombre de los alcaldes y *frofaim* («frihambre») una palabra fabricada con frío y hambre (*froid* y *faim*).

Llantos, gritos y lamentos, aullidos, espanto a causa de un personaje sin corazón, cruel, negro y frío como la muerte, del lago Leman hasta las islas Británicas y para los elegidos de Génova. Hará correr la sangre sin piedad para nadie durante el invierno y la hambruna.

Presagio 4, febrero

Près du Léman la frayeur sera grande,
Par le conseil, cela ne peut faillir:
Le nouveau roy fait apprester sa bande,
Le jeune meurt faim, poeur fera faillir.

Cerca del Leman el terror será grande,
A causa del consejo, eso no puede detenerse:
El nuevo rey hace preparar su banda,
El joven muere hambre, miedo hará detener.

En antiguo francés, *conseil* («consejo») significa decisión, deliberación y *faillir* significa acabar, detenerse.

El espanto será grande cerca del lago Leman. Pese a una deliberación eso no podrá detenerse. El nuevo jefe hace preparar su ejército; los jóvenes morirán de hambre, se fracasará a causa del miedo.

II, 73

Au lac Fucin de Benac le rivage,
Prins du Léman au port de l'Orguion,
Nay de trois bras predict bellique image,
Par trois couronnes au grand Endymion.

En el lago Fucino de Benac la ribera,
Tomado del Leman al puerto del Orguion,
Nacido de tres brazos predicha bélica imagen,
Por tres coronas al gran Endimión.

El lago Fucino está al este de Roma. *Lacus Benacus* es el antiguo nombre del lago de Garda, en la alta Italia. *Orguion* (en griego Ὀργών) es la isla de Orgón, ante las costas de Toscana (hoy Gorgona). *Bras* («brazo») era una especie de medida. Mientras Endimión, hijo de Júpiter, dormía en el monte Latmus, en

Caria, su sorprendente belleza inflamó el frío corazón de Selene (la Luna), que bajó, le besó y descansó junto a él. Nostradamus, probablemente, designa con esta palabra al gran jefe islámico, dadas las referencias a la Luna (el creciente) y a Turquía.

Del lago Fucino hasta el lago de Garda, el lago Leman será ocupado a partir de la isla de Orgón. El gran jefe islámico habrá «nacido de tres brazos» (¿de mar o de río?, la expresión no se comprenderá hasta que llegue el momento, a menos que tenga el mismo significado que «de la acuática triplicidad nacerá», I, 50; y entonces se trataría de Iraq), se le habrá predicho una vida guerrera y estará aliado con tres países.

Las dos cuartetas siguientes dan a la ciudad de Hebrón, que en el siglo XVI no debía ser especialmente conocida, un importante papel en el conflicto israelo-palestino. La lista de graves acontecimientos acaecidos en esta ciudad de los Patriarcas, desde hace cinco años, es elocuente:

- 24 de febrero de 1994. Baruch Goldstein dispara sobre unos palestinos en el interior de la tumba de los Patriarcas. La matanza provoca la muerte de unas 30 personas y acarrea algunos enfrentamientos.
- 27 de febrero de 1994. Como respuesta, Damasco suspende las negociaciones.
- 24 de septiembre de 1996. Violentos enfrentamientos debidos a la perforación, por parte de Israel, de un túnel bajo la mezquita Al-Aqsa.
- 1 de enero de 1997. Un joven soldado israelí abre fuego contra la muchedumbre, hiriendo a seis palestinos.
- 15 de enero de 1997. El ejército israelí vuelve a desplegarse.
- 13 de junio de 1997. Enfrentamientos entre palestinos y el ejército israelí.
- 4 de julio de 1997. Nuevos enfrentamientos: dieciocho palestinos heridos.
- 10 de marzo de 1998. Enfrentamientos.
- 26 de octubre de 1998. Un colono judío abatido por un militante de Hamas y un palestino abatido por un colono judío.

III, 12

Par la tumeur de Heb, Po, Tag, Timbre & Rome,
Et par l'estang Léman & Aretin:
Les deux grands chefs & citez de Garonne,
Prins, morts, noyez. Partir butin humain.

Por el trastorno de Heb, Po, Tajo, Tíber & Roma,
Y por el estanque Leman & Aretino:
Los dos grandes jefes y ciudades de Garona,
Tomados, muertos, ahogados. Partir humano botín.

Tumeur («tumor») significa agitación en antiguo francés. Los aretinos son los habitantes de Arezzo, ciudad de Italia cerca del lago Trasimeno.

A causa de la agitación de Hebrón (Israel), del Po, del Tajo, del Tíber y de Roma y por el lago Leman y Arezzo, los dos grandes dirigentes de las ciudades del Garona (Burdeos y Toulouse) serán aprisionados, ahogados y muertos. Hombres partirán como botín.

VI, 88

Un règne grand demourra désolé,
Auprès de l'Hebro se seront assemblées.
Monts Pyrénées le rendront consolé,
Lorsque dans May seront terres tremblées.

Un reino grande permanecerá desolado,
Junto a Hebrón se habrán reunido.
Montes Pirineos le harán consolado,
Cuando en mayo habrán tierras temblado.

Un gran país quedará desolado, cuando haya una reunión cerca de Hebrón (Israel); los Pirineos (¿España?) le consolarán, cuando haya temblores de tierra (o disturbios) en mayo.

Los palestinos piensan proclamar su Estado independiente el 4 de mayo de 1999...

Du lac Léman & ceux de Brannonices,
Tous assemblez contre ceux d'Aquitaine,
Germains, beaucoup, encor plus Souisses,
Seront defaicts avec ceux d'Humaine.

Del lago Leman & de los de Brannonices,
Todos reunidos contra los de Aquitania,
Muchos germanos, todavía más suizos,
Serán derrotados con los de Humana.

Brannonices era una ciudad de los aulercios, pueblo de la región de Lyon. Probablemente *los de Humana* se refiere a Italia, donde nació el Humanismo.

Los del lago Leman y la región de Lyon se unirán todos contra los de Aquitania. Los alemanes sobre todo y más aún los suizos serán derrotados con los italianos.

La cuarteta plantea un problema de comprensión (como otras) que sólo los acontecimientos, cuando se produzcan, permitirán comprender por completo. No es imposible que suizos, franceses y alemanes se unan contra los invasores de Aquitania.

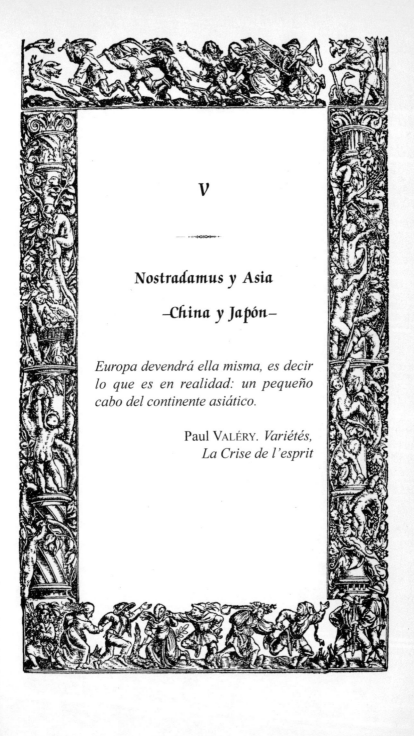

V

Nostradamus y Asia

–China y Japón–

Europa devendrá ella misma, es decir lo que es en realidad: un pequeño cabo del continente asiático.

Paul VALÉRY. *Variétés,*
La Crise de l'esprit

Al parecer, viendo los escritos de los profetas y los poetas, estamos empezando la casa por el tejado cuando construimos la Europa del «euro» (es decir del becerro de oro), en vez de construir la de su civilización cristiana, que le sirvió de cimientos durante siglos...

En el *Prefacio a su hijo César*, como anteriormente hemos visto, Nostradamus advierte que sus profecías se refieren a «Europa, África y una parte de Asia».

Los países asiáticos que llamaron especialmente la atención del profeta son, en primer lugar, los de Oriente Medio (Turquía, Palestina, Israel, Irán e Iraq) y por lo que al Extremo Oriente se refiere son, esencialmente, Japón y China.

Mucha gente que se interesa por Nostradamus se pregunta por qué no hay nada previsto para el continente americano. La respuesta a la pregunta se desprende, sin duda, de la historia del joven continente, cuyos territorios escaparon a los estragos de las dos primeras guerras mundiales. Podemos suponer pues que si, por desgracia, estallara próximamente un tercer conflicto, América, en su conjunto, sería respetada de nuevo por la guerra; lo que no significa que no estuviese implicada en ella, como sucedió ya en 1917 y 1941.

El mundo sería entonces compartido y pacificado por los pueblos amarillos de Asia y América; ambos continentes rodean el océano Pacífico del que podemos preguntarnos si su nombre se debe sólo al azar... La civilización atlántica es vieja y está gastada. El centro económico del mundo ha ido desplazándose, poco a poco, durante el siglo XX, hacia las riberas del Pacífico.

Las dos primeras guerras mundiales, iniciadas por países europeos, son su causa principal. En efecto, provocaron una terrible pérdida en sus demografías: los ejércitos de Francia sufrieron 1.383.000 muertos y casi tres millones de heridos, de ellos

740.000 mutilados; Alemania perdió 1.800.000 hombres; Rusia 1.700.000; Austria-Hungría 1.200.000; Gran Bretaña 947.000; Italia 460.000. Si añadimos la guerra de 1870, las tres guerras franco-alemanas constituyeron una verdadera autodestrucción de la que Francia, Alemania y toda Europa no se han recuperado, a pesar de las engañosas apariencias, pues la verdadera riqueza de un país no es la economía sino los hombres. A este fenómeno de despoblación se ha añadido el hundimiento de la demografía y, precisamente por ello, el envejecimiento de Europa.

La historia de China y Japón anterior al siglo xx no interesó a Nostradamus. La razón es que el objeto esencial de su profecía se centra en el fin de la civilización europea y en los acontecimientos que a él se refieren. Ahora bien, los pueblos amarillos de Asia sólo se vieron arrastrados realmente a las guerras europeas, por los occidentales, a finales del siglo xix, con la colonización de Indochina y la penetración en China.

Al amanecer del siglo xx, Extremo Oriente estaba, en gran parte, bajo dominación europea: las Indias, Birmania, Malasia y Ceilán correspondían a Gran Bretaña; Vietnam, Laos y Camboya a Francia y la actual Indonesia a los Países Bajos. España, Alemania y Portugal ocupaban numerosas factorías. Tras ese movimiento de flujo expansionista europeo llegó, en el siglo xx, el reflujo de la descolonización. Las naciones europeas, conquistadoras, regresaban por todas partes a sus fronteras, mientras América y los pueblos amarillos de Asia tomaban el relevo de la expansión económica.

Las palabras utilizadas por Nostradamus para referirse a China y el Japón son: Asia, asiático, Oriente, los Orientes, el oriental, los orientales, los amarillos; Sol o el Sol Naciente o Levante, las puertas y los solares para el Japón y los japoneses; el cielo para China, el «celeste imperio».

Hiroshima y Nagasaki

El primer acontecimiento predicho en 1555, referente a Extremo Oriente, es la destrucción de Hiroshima el 6 de agosto de 1945 y la de Nagasaki tres días más tarde. Esa catástrofe provocada por el ingenio destructor del hombre es tan importante que se le consagraron dos cuartetas. Las descripciones son tan pasmosas que Nostradamus, instalado en su bloque espacio-tiempo, asistió probablemente a esas dos destrucciones que, entonces, eran presente para él, aunque porvenir para sus contemporáneos.

II, 91

Soleil levant un grand feu on verra,
Bruit et clarté vers Aquilon tendans;
Dedans le rond mort & cris l'on orra,
Par glaive feu, faim, mort les attendans.

Sol naciente un gran fuego se verá,
Ruido y claridad hacia Aquilón tendiendo;
En el círculo muerte & gritos se desearán,
Por espada fuego, hambre, muerte les esperarán.

La palabra *Aquilon* se refiere siempre a Rusia, cuyo territorio ocupa gran parte del hemisferio norte desde el mar Báltico hasta el estrecho de Bering. *Tendant* (tendiendo) se utiliza en vez de *attendant* (esperando) por apócope. En antiguo francés, *orra* es el futuro del verbo *orer* que significa desear y *glaive* («espada») significa calamidad.

En el Japón (el Imperio del Sol Naciente), se verá un gran fuego que provocará ruido y claridad, esperándolo Rusia (para entrar en guerra). En el círculo de la explosión atómica, entre gritos, se deseará la muerte. Por la calamidad del fuego los hombres esperarán la muerte.

Es probable que cuando Nostradamus dice que la gente deseará morir, aluda a los supervivientes horriblemente quemados, irradiados o afectados en el plano genético para su descendencia. Dos días después de la destrucción de Hiroshima, el 8 de agosto de 1945, Rusia declaraba la guerra al Japón. Aprovechará la ocasión para recuperar el sur de la isla de Sajalín y anexionarse las Kuriles. La segunda cuarteta precisa la novedad de la plaga atómica:

Auprès des portes et dedans deux cités,
Seront deux fléaux et onc n'aperçu un tel:
Faim, dedans peste, de fer hors gens boutés,
Crier secours au grand Dieu immortel.

Junto a las puertas y dentro de ambas ciudades,
Habrá dos plagas que no se vieron igual:
Hambre, peste dentro, hierro fuera, gente expulsada,
Gritar socorro al gran Dios inmortal.

Cerca de las *Puertas* («las Puertas de Oriente»: el Japón) y en dos ciudades (Hiroshima y Nagasaki) habrá dos plagas que nunca se habían visto aún; provocarán el hambre y la enfermedad. La gente será herida por algo distinto al hierro de la guerra (alusión al uranio que sirve para fabricar las armas atómicas, metal desconocido en el siglo XVI) y llamarán a Dios en su socorro a través de su representante en la tierra, es decir, el emperador garante de la perennidad del Japón.

Efectivamente, el 15 de agosto de 1945, el emperador Hiro Hito anunciaba, en una alocución radiofónica, la capitulación de Japón.

El Anticristo

En el capítulo VI se encontrarán algunas precisiones complementarias referentes al personaje denominado Anticristo y a su origen asiático. Es importante advertir que la palabra *ante* en latín significa antes y que la deformación en *anti*, es decir contra, se debe a las profecías catastróficas y calamitosas vinculadas a este personaje. Tal vez el Anticristo sea ese personaje llegado de Asia para perseguir a los cristianos antes del verdadero advenimiento del cristianismo. En efecto, los primeros cristianos fueron perseguidos al cristianizar Europa y parte de Asia, pacíficamente, sin dar golpe. Tras las persecuciones del Imperio romano vinieron, en el siglo V, las persecuciones de los *bárbaros*, con Atila y sus hordas asiáticas, luego las de los sarracenos a partir del siglo VII y, por fin, las de los mongoles en el siglo XIII.

A partir del siglo VIII y, sobre todo, en el XI, los pueblos cristianos, para luchar contra las invasiones árabes, manejaron la espada, traicionando así la advertencia que Jesús dio a Pedro en el Huerto de los Olivos.

Recordemos aquí lo que dicen los Evangelios: los soldados romanos iban a apoderarse de Jesús. Pedro tomó su espada y quiso herir a los soldados. Jesús le pidió que la envainara y dijo: *«El que maneja la espada perecerá por la espada»*. El cristianismo y su ética no violenta serán, probablemente, la base que rija las relaciones entre los hombres cuando se establezca la paz universal anunciada tanto por el Apocalipsis como por Nostradamus. Eso explicaría la frase de Cristo: *«Mi reino no es de este mundo»*, es decir, de la era cristiana que estaba iniciándose. El cristianismo recomenzaría, así, prácticamente de cero en una inmensa persecución parecida a la que vio su nacimiento. Monseñor Lustiger abunda en este sentido cuando declara: «El cristianismo está por venir». He aquí cómo anuncia Nostradamus al personaje Anticristo en la siguiente cuarteta:

X, 75

Tant attendu ne reviendra jamais,
Dedans l'Europe, en Asie apparoistra:
Un de la ligue issu du grand Hermés,
Et sur tous Roys des Orients croistra.

Tan esperado no regresará jamás,
En Europa, en Asia aparecerá:
Uno de la liga salido del gran Hermes,
Y sobre todos los Reyes de Oriente crecerá.

En la mitología griega Hermes, llamado Mercurio por los romanos, es el mensajero de los dioses, es decir del cielo. Probablemente esto sea una alusión al origen del Anticristo en el «Celeste

219

Imperio» (*Du ciel viendra un grand roi d'effrayeur*). Era el dios de la astucia, tanto en palabras como en acciones o, incluso, por fraude, perjurio y latrocinio. Es considerado, por ello, el dios de los ladrones (alusión a los saqueos que llevaron a cabo los dos primeros conquistadores asiáticos, Atila y Gengis Khan). En fin, Hermes era el dios de la elocuencia y sabemos que el Anticristo será un tribuno que inflamará numerosos países contra Occidente. La palabra *liga*, tomada en mal sentido, significa coalición o conspiración. Con el plural *Les Orients*, Nostradamus designa Oriente Medio y Extremo Oriente.

Aquel (el Anticristo) que tanto habrá sido esperado (en todos los textos proféticos de la tradición occidental) será expulsado definitivamente. Aparecerá en Asia para ir a Europa. Habrá salido de una coalición de saqueadores y crecerá en poder sobre varios jefes de Estado de Oriente Medio y de Extremo Oriente (pueblos amarillos e islámicos de Asia).

Esta última invasión anticristiana de Europa, procedente de Asia, se concreta en la *Carta a Enrique, rey de Francia segundo*: «La persecución de gente de Iglesia tendrá su origen en el poderío de Rusia unida con los Orientales (chinos) y esta persecución durará algo menos de once años, y entonces se derrumbará el principal Estado, es decir Rusia. Transcurridos estos once años, surgirá su aliado meridional (países islámicos de Oriente Medio) que perseguirá con mayor violencia aún, durante tres años, a la gente de Iglesia, por medio de una seducción apostática de un personaje que habrá recibido su omnipotencia de la Iglesia militante (integrismo islámico), y el santo pueblo de Dios, observador de su ley y todas las órdenes religiosas serán grandemente perseguidos y afligidos, tanto que la sangre de los eclesiásticos nadará por todas partes, y uno de los horribles jefes de Estado temporales (¿Irán?) recibirá tales alabanzas que lo aprovechará para verter más sangre humana de inocentes hombres de Iglesia que vino podría tener nadie. Y ese jefe cometerá increíbles fechorías contra la Iglesia, hasta el punto de que la sangre humana correrá por las calles y las iglesias como el agua cuando llueve mucho; y los ríos que tenemos cerca (el Tíber, el Sena, el Po, etc.) se enrojecerán de sangre y, además, la mar se enrojecerá por una gran guerra naval, de modo que los informes que se harán de un jefe de Estado a otro podrán decir: las guerras navales han enrojecido la superficie del mar. Luego, en este mismo año y durante los siguientes, la cosa producirá la más horrible pestilencia que se añadirá a la precedente hambruna y se conocerán tan grandes tribulaciones como nunca antes habrán sucedido desde la fundación de la Iglesia de Cristo, y ello en todas las regiones de Italia. Eso dejará rastros en todas las regiones de España. Entonces, el tercer jefe de Rusia, escuchando el lamento del pueblo y su principal reivindicación, levantará un grandísimo ejército y cruzará los Estrechos (mar Báltico, Bósforo, estrecho de Ormuz, golfo de Aden) que habían sido ambicionados por sus abuelos y bisabuelos, para devolverlo a su estado. Luego el gran Capeto (el futuro rey de Francia, llamado gran CHYREN) será devuelto a su estado primitivo; pero al final su reino quedará desolado y todo será abandonado, para llegar a la destrucción del Santo de los Santos (Roma) por el paganismo. El Antiguo y el Nuevo Testamento serán prohibidos y quemados, tras de lo que el Anticristo será el príncipe infernal; y por última vez todos los países cristianos temblarán, y también a causa de los infieles (islámicos) durante veinticinco años (Véase capítulo V, VIII, 77), habrá guerras y batallas más ruinosas aún, y las ciudades, los pueblos, los castillos y demás edificios serán incendiados, desolados o destruidos con gran efusión de sangre de muchachas, de mujeres casadas, de viudas violadas, los lactantes serán arrojados contra los muros de las ciudades que así serán golpeados y rotos (bombardeos); y tantas desgracias serán provocadas por Satán, príncipe de los Infiernos, y casi todo el planeta estará desorganizado y desolado. Tras ese tiempo, que a los hombres les habrá parecido largo, la faz de la tierra será renovada por el advenimiento de la Edad de Oro. Dios el Creador ordenará, escuchando la aflicción de su pueblo, que Satán sea encadenado y arrojado al abismo del infierno, en la profunda fosa: comenzará entonces entre Dios y los hombres una paz universal, y Satán permanecerá atado unos mil años, lo que dará una mayor fuerza al poderío de la Iglesia; y luego será de nuevo desatado».

Al Anticristo se le dan varios calificativos; se indican y explican en el capítulo VI. Entre otros nombres, Nostradamus se refiere para este personaje a Hungría, porque en el siglo V, Atila había instalado su cuartel general en Hungría (entonces Panonia), en la orilla izquierda del Danubio. Etimológicamente, la palabra Hungría significa «país de los hunos».

Sextilla 47

Le grand d'Hongrie, ira dans la nacelle,
Le nouveau né fera guerre nouvelle,
À son voisin qu'il tiendra assiégé,
Et le noireau avec son altesse,
Ne souffrira que par trop on le presse,
Durant trois ans ses gens tiendra rangé.

El grande de Hungría, irá en la cesta,
El recién nacido hará guerra nueva,
A su vecino que tendrá sitiado,
Y el negruzco con su alteza,
No sufrirá que demasiado le opriman,
Durante tres años sus gentes tendrá guardadas.

La palabra *nacelle* («cesta», «barquilla») designa probablemente una máquina voladora; en efecto, la palabra se utilizó a comienzos de siglo para los dirigibles. *Noireau* (negruzco, negro) se dice de una persona que tiene los cabellos muy negros y la tez tostada; como la palabra «negro», el término designa probablemente al jefe de Estado iraquí o iraní.

El gran jefe de los hunos (el Anticristo) llegará en avión. El recién llegado hará una nueva guerra a su vecino (¿la Europa del Oeste?) al que sitiará, y el jefe de Estado iraquí o iraní, con su orgullosa autoridad no soportará que se le oprima (¿embargo?) y mantendrá en reserva a sus soldados (gente de armas) durante tres años.

Le grand Arabe marchera bien avant,
Trahy sera par le Bisantinois:
L'antique Rodes lui viendra au devant,
Et plus grand mal par austre Pannonois.

El gran Árabe marchará muy adelante,
Será traicionado por el bizantino:
La antigua Rodas se le pondrá delante,
Y mayor mal por otros panonios.

Bizancio, antigua capital de Asia Menor, designa Turquía. En antiguo francés, *venir au-devant* («ponerse delante») significa impedir.

El gran jefe árabe iniciará una guerra (¿Saddam Hussein y la guerra del Golfo?) mucho antes (del Anticristo); será traicionado por el jefe turco; la antigua Rodas (Grecia) le pondrá obstáculos y el otro huno (el Anticristo) provocará mayor desgracia aún.

Après la grande affliction du sceptre,
Deux ennemis par eux seront défaicts:
Classes d'Affrique aux Pannons viendra naistre,
Par mer & terre seront horribles faicts.

Tras la gran aflicción del cetro,
Dos enemigos por ellos serán derrotados:
Ejércitos de África a los panonios nacerá,
Por mar & tierra serán horribles hechos.

La cuarteta remite a la precedente. Debe advertirse que es muy raro que Nostradamus coloque, una tras otra, dos cuartetas referentes a los mismos acontecimientos. En antiguo francés, *naistre* («nacer») significa asomar.

Tras la gran opresión del poder, dos enemigos serán derrotados por ellos (los panonios, es decir, los del Anticristo). Los ejércitos procedentes de África (¿del Magreb?) asomarán hacia (los ejércitos de) el Anticristo (probablemente también con el significado geográfico de Hungría) y harán horribles actos por tierra y mar.

III, 60

Par toute Asie grande proscription,
Mesme en Mysie, Lysie & Pamphilie:
Sang versera par absolution,
D'un jeune noir remply de felonnie.

En todo Asia gran proscripción,
Incluso en Misia, Lisia & Panfilia:
Sangre derramará por absolución,
De un joven negro lleno de felonía.

«Desde la Antigüedad, se encuentran muchos ejemplos sangrientos de proscripciones, que casi siempre pretenden afectar no a los culpables, sino a los adversarios políticos.» *Dictionnaire Larousse*. Misia, Licia y Panfilia son regiones de Asia Menor, hoy Turquía. *Absolución* es la acción de absolver jurídicamente a un acusado. *Negros* es el nombre que se dio a la dinastía musulmana de los Abasíes, cuya capital fue Bagdad, porque había adoptado el color negro en sus vestiduras y sus banderas. Este término y la expresión *lleno de felonía* describen a Saddam Hussein, jefe de Estado de Iraq. En el número 5 del diario *Libération*, número especial de septiembre de 1990, consagrado a la guerra del Golfo, bajo el título de «Saddam, el nuevo califa de Bagdad», Marc Kravetz escribía: «El presidente iraquí ha buscado biógrafos lo bastante afanosos como para fabricarle una ascendencia a la medida de su ilimitado poder. Nabucodonosor, Saladino, el califa abasí...». El contexto permite afirmar que la palabra *par* («por») se utiliza en vez de *para*, con elisión debida a *a* ante *absolución*, y por lo tanto significa contra. Por lo que a *joven* se refiere, tiene aquí el sentido de heredero.

En todo Asia habrá sangrientas condenas por razones políticas, e incluso en Turquía. La sangre será derramada sin piedad por un heredero de los abasíes lleno de felonía.

Las condenas y ejecuciones de oponentes políticos en China, que duran desde hace años (véase la plaza Tien An Men), se indican en esta cuarteta. Por lo que se refiere a Turquía, se trata de la represión contra los kurdos, además de que numerosos oponentes al régimen están en la cárcel. En cuanto a Saddam Hussein, Marc Kravets escribe en el mismo artículo: «En Iraq no se persigue sólo a los adversarios declarados. Una sumaria justicia, en el mejor de los casos, decide el destino de los eventuales oponentes, pero se asesina sin formalidad a los considerados conspiradores (*proscripciones*) que no han tenido tiempo de conspirar, o de los potenciales rivales que ni siquiera se atreverían a demostrar la centésima parte de las ambiciones que se les atribuyen, sin olvidar a los sospechosos por definición, políticos, como los comunistas antaño, los nasseristas, confesionales, si se trata de los chiítas o los kurdos porque son kurdos». Nostradamus vincula aquí, entre sí, las proscripciones en los países de Extremo Oriente y de Oriente Medio. Por lo que se refiere a la época de estos acontecimientos, la *Carta a Enrique, rey de Francia segundo* facilita valiosos indicios: «Sin embargo, esperando haber dejado por escrito los acontecimientos que afecten los años, los pueblos, las ciudades, las regiones; e incluso los años 1585 y 1606, a partir de hoy, el catorce de marzo de 1557. Y yendo mucho más allá de estas fechas hasta el advenimiento del inicio del séptimo milenio (el año 2000), por una madura reflexión, hasta donde mi cálculo astronómico y otro conocimiento me han permitido llegar; época en la que los adversarios de Jesucristo y de su Iglesia (comunistas e islamistas) comenzarán a pulular...».

La alianza entre Rusia y China se concreta un poco más adelante en esta carta: «Oh, qué calamitosa aflicción conocerán entonces las mujeres encinta (alusión a los efectos de la radiactividad) y el principal jefe oriental (China) será levantado por Rusia, habiendo sido vencidos los occidentales...».

Otro pasaje de esta carta da la misma indicación y anuncia, además, el establecimiento de una paz universal: «Ésta será del lado del Aquilón (Rusia) por la voluntad divina y tendrá lugar una vez que Satán haya sido encadenado; entonces se hará una paz universal entre los hombres y la Iglesia de Jesucristo será liberada de toda tribulación, después que los habitantes de Gaza (los palestinos) hayan querido mezclar hiel con miel (imagen de perfidia) para su infame seducción, y ello será cerca del séptimo milenio (1999-2000), de tal modo que el santuario de Jesucristo (el Santo Sepulcro en Jerusalén) no sea ya hollado por el pie de los infieles (los musulmanes, alusión al saqueo llevado a cabo por el rey de los persas Khosroes II, en el 614) que llegarán de Rusia (repúblicas islámicas de la Comunidad de Estados Independientes), acercándose el mundo a una gran conflagración (cerca del VIIº milenio), aunque mis suputaciones en mis profecías no abarcan todo el curso del tiempo que va mucho más lejos». Esta última frase significa, efectivamente, que se trata del fin de «un» mundo y no del fin del mundo.

IV, 68

En l'an bien proche non esleigné de Vénus
Les deux plus grands de l'Asie & d'Affrique,
Du Ryn et Hister qu'on dira sont venus,
Cris, pleurs à Malte & coste ligustique.

El año muy próximo alejado de Venus
Los dos más grandes de Asia y de África,
Del Rhin y del Hister que se dirá han venido,
Gritos, llanto en Malta y costa ligústica.

Venus simboliza el oeste en la Cábala. Por otra parte, las poblaciones que habitaban América antes de la llegada de los europeos basaban su calendario en el ciclo de Venus. Finalmente, la estatua de la libertad es una hermosa mujer como Venus en la mitología. Venus es utilizada por Nostradamus, simbólicamente, para designar a la República. Por ello es muy probable que Venus designe aquí a Estados Unidos. Los dos mayores países de Asia y África son, respectivamente China con 9.561.000 km^2 y el

Sudán con 2.505.813 km². *Hister* es el antiguo nombre del Danubio. Las costas ligústicas se refieren a Liguria, en Italia.

Se acerca el año en que América domine, se dirá entonces que chinos y sudaneses han llegado del Rhin y del Danubio (tras las batallas en el mar Adriático). Entonces habrá gritos y llantos en Malta y en la costa ligur.

La capital del Sudán, Jartum, es la sede de la Conferencia panislámica, donde regularmente se pronuncian violentos discursos antioccidentales. Esta cuarteta debe compararse con las referentes a los estragos en las costas mediterráneas realizados por las tropas islámicas, en el capítulo IV.

V, 11

Mer par solaires seure passera,
Ceux de Vénus viendront toute l'Affrique:
Leur règne plus Saturne n'occupera,
Et changera la part Asiatique.

Mar por solares seguro pasará,
Los de Venus tendrán todo el África:
Su reino ya Saturno no ocupará,
Y cambiará la parte Asiática.

Nostradamus designa como *solares* a los habitantes del Sol Naciente, es decir, Japón. En antiguo francés, *seure* significa seguridad. Saturno simboliza la edad de oro (2025).

Se cruzará el mar con seguridad gracias a los japoneses. Los americanos dominarán África, su poderío sólo aguantará hasta la edad de oro (2025) y la parte de Asia (¿Japón?) sufrirá cambios.

V, 53

La Loy du Sol, & Vénus contendans,
Appropriant l'esprit de prophétie:
Ne l'un ne l'autre ne seront entendus
Par Sol tiendra la loy du grand messie.

La ley del Sol, & Venus combatientes,
Adquiriendo el espíritu de profecía:
Ni el uno ni el otro serán oídos
Por Sol tendrá la ley del gran mesías.

Contendre en antiguo francés significa combatir y *approprier* quiere decir adquirir. Para Nostradamus, que es católico, el *gran mesías* sólo puede ser Cristo.

Americanos y japoneses, combatiendo bajo la misma ley, se apropiarán de la difusión del mensaje profético (de Cristo). Ni el uno ni el otro serán escuchados. La ley del gran mesías (Cristo) se mantendrá gracias al Japón.

Esa cuarteta permite suponer que, durante el advenimiento de la paz universal, en los aledaños de 2025, Estados Unidos y Japón desempeñarán juntos un papel capital en la instauración de la ética cristiana no violenta. Véase a este respecto, en el capítulo V, el Anticristo procedente de Asia, cuarteta 62 de la centuria V.

En julio de 1995, la sexta cadena de televisión japonesa me visitó para comunicarme que el gurú de la secta Aum utilizaba cuartetas de Nostradamus, así como mi primer libro de 1980, para presentarse como el verdadero mesías. Había afirmado incluso que se había puesto en contacto conmigo, pero que yo me había negado a recibirle. Tales mentiras son corrientes por parte de los gurús de todas las sectas que, en la actualidad, pululan por el planeta. La misma cadena de televisión me comunicó también que existía en Corea una secta que había adoptado el nombre de Nostradamus. ¡Qué vergüenza!

Además, varios intérpretes de las centurias se toman por la reencarnación de Nostradamus o por la de su hijo César, o se presentan, también, como alguien que ha recibido una misión, divina o no. Pobre Nostradamus, utilizado con fines mercantiles o por cerebros trastornados. Su obra ha atraído a gente intelectual y psicológicamente frágil, neuróticos que han construido verdaderos delirios o mistificadores, impostores y charlatanes que ven sólo en las profecías una fuente de beneficios.

La siguiente cuarteta indica, una vez más, la unión entre Estados Unidos y Japón contra el Islam, llamado *selin*, de la palabra griega *selene* que significa Luna. Varias cuartetas más, donde se encuentra la palabra, han sido comentadas en el capítulo IV.

VI, 58

Entre les deux monarques eslongnez,
Lorsque le Sol par selin clair perdue:
Simulté grande entre deux indignez,
Qu'aux isles & Sienne la liberté rendue.

Entre los dos monarcas alejados,
Cuando el Sol por selin clara pérdida:
Rivalidad grande entre dos indignos,
Que a las islas & Siena la libertad devuelta.

Los dos jefes de Estado alejados son Estados Unidos y Japón, separados por el océano Pacífico. En antiguo francés, *simulté* significa odio, enemistad e *indigner* odiar, despreciar. Las *islas* designan siempre las islas Británicas.

Entre los dos jefes de Estado de Estados Unidos y Japón, cuando Japón haya hecho perder su esplendor al creciente (del Islam), el odio será grande (contra el Islam) entre los dos Estados odiados (por los islamistas), hasta que Inglaterra e Italia sean liberadas.

He aquí algunas precisiones más referentes a este acontecimiento:

VI, 98

Ruyne aux Volsques de peur si fort terribles,
Leur grand cité taincte, faict pestilent:
Piller Sol, Lune & violer leurs temples
Et les deux fleuves rougir de sang coulant.

Ruina a los Volscos de miedo tan fuerte terrible,
Su gran ciudad teñida, hecho pestilente:
Saquear Sol, Luna & violar sus templos
Y los dos ríos enrojecer de sangre que corra.

Los *Volscos* era una antigua nación de Italia, cuyo territorio estaba separado del país de los etruscos por el Tíber. Los *dos ríos* que se mencionan son, probablemente, el Tíber y el Po, que son los dos principales ríos de Italia.

Los italianos conocerán una ruina tan fuerte y terrible que producirá el pánico. Su gran ciudad (Roma) quedará teñida (de sangre). El Islam saqueará (los bienes) japoneses y las iglesias (o los bancos, *templos* del dinero); el Tíber y el Po enrojecerán con la sangre que corra.

Presagio 124

Les bleds trop n'abonder, de toutes autres fruits force,
L'esté, printemps humides, hiver long, neige, glace:
En armes l'Orient, la France se renforce,
Mort de bestail prou miel, aux assiegez la place.

Los trigos demasiado no abundar, de todos otros frutos,
El estío, primavera húmedos, invierno largo, nieve, hielo:
En armas el Oriente, Francia se refuerza,
Muerte de ganado basta miel, a los sitiados la plaza.

Habrá una penuria de cereales y de gran cantidad de otros géneros. Tras un estío y una primavera húmedos, habrá un invierno largo con nieve y hielo. Oriente se levantará en armas y Francia se reforzará. El ganado morirá (¿epidemias?, la enfermedad de las vacas locas acarrea la destrucción de miles de animales), habrá poca miel (o buena miel); los sitiados resistirán.

El adversario principal del Anticristo será el futuro rey de Francia.

Sextilla 15

Nouveau esleu patron du grand vaisseau,
Verra longtemps briller le cler flambeau
Qui sert de lampe à ce grand territoire,
Et auquel temps armez sous son nom,
Joinctes à celles de l'hereux de Bourbon
Levant, Ponant & couchant sa mémoire.

Nuevo elegido patrón del gran bajel,
Verá largo tiempo brillar la clara antorcha
Que sirve de lámpara a este gran territorio,
Y en aquel tiempo armados bajo su nombre,
Unidos a aquellos del feliz de Borbón
Levante, Poniente & Occidente su memoria.

Como la palabra *nave*, el gran bajel designa la Iglesia católica y, especialmente, el Vaticano. *Cler* («claro») significa ilustre. La palabra *lámpara*, en sentido figurado, designa una fuente de vida o de claridad. La palabra *couchant* se refiere a América y la palabra *ponant* («poniente») utilizada antaño en el Mediterráneo para designar el océano, indica aquí la Europa del Oeste.

El nuevo elegido de la Iglesia (el Papa) verá brillar por mucho tiempo la ilustre antorcha (la antorcha llameante de la estatua de la Libertad en Nueva York) que sirve de símbolo de vida a ese gran territorio (Estados Unidos); y en el tiempo en el que estarán armados en nombre (de la libertad), unidos a los ejércitos del feliz Borbón (el gran Enrique), su memoria se conservará de Japón a América pasando por Europa.

«La III República francesa ofreció a Estados Unidos una gigantesca estatua de Bartholdi, "la Libertad iluminando el mundo", como prenda de fraternidad. Se erigió en 1886 en la isla Bedloe, en la rada de Nueva York. De 46 metros de alto, hecha de cobre repujado, está colocada en un pedestal que, por su parte, tiene más de 25 metros.

Su brazo derecho sostiene una antorcha encendida (*clara antorcha*)». (*Dictionnaire Larousse*.)

Vous verrez tost & tard faire grand change,
Horreurs extremes & vindications.
Que si la Lune conduite par son ange,
Le ciel s'approche des inclinations.

Veréis pronto & tarde hacer gran cambio,
Horrores extremos & venganza.
Que si la Luna conducida por su ángel,
El cielo se aproxima a los cambios.

La expresión *pronto & tarde* se refiere a las dos fechas clave indicadas por Nostradamus, 1792 que representa el comienzo del fin de la civilización europea y 1999, el final. En antiguo francés, *vindication* significa venganza. La palabra *ángel* se refiere aquí al Anticristo, llamado el ángel exterminador. *Inclination* procede del latín *inclinatio*, que significa cambio.

Veréis pronto (1792) y tarde (1999) hacer grandes cambios que se traducirán en horrores y venganza, mientras el Islam sea así conducido por su ángel (exterminador, el Anticristo), cuando el cielo (China) esté cerca de los cambios (fin del comunismo).

Perdu, trouvé, caché de si long siècle,
Sera pasteur demy Dieu honoré:
Ains que la Lune acheve son grand siècle,
Par autres vents sera déshonoré.

Perdido, hallado, oculto de tan largo siglo,
Será pastor semi Dios honrado:
Antes que la Luna termine su gran siglo,
Por otros vientos será deshonrado.

En sentido figurado, un *pastor* es un hombre que ejerce cierta autoridad. En antiguo francés, *ains* significaba antes. La palabra *viento*, en sentido figurado, significa orgullo, vanidad. El primer verso alude a la descendencia de la rama primogénita de los Borbones, oficialmente extinguida tras la desaparición del delfín Luis XVII en el Templo, en 1795.

El linaje de los Borbones, que había estado perdido y oculto durante tan largos siglos, de 1795 a nuestros días, reaparecerá en un jefe que será honrado como un semidiós: antes de que el Islam termine su gran siglo (¿el xx?), pues será deshonrado por otras vanidades.

El advenimiento del séptimo milenio marca, no sólo el tercer y último conflicto, sino también el cumplimiento de la profecía de Nostradamus.

I, 48

Vingt ans du règne de la Lune passée,
Sept mille ans autre tiendra sa monarchie,
Quand le soleil prendra ses jours lassez,
Lors accomplir et mine ma prophétie.

Veinte años de reino de la Luna pasados,
Siete mil años otro tendrá su monarquía,
Cuando el sol tomará sus días infortunados,
Entonces cumplir y terminar mi profecía.

Los romanos pusieron sobre la cruz de Cristo la inscripción *Jesús el Nazareno, rey de los judíos.* En antiguo francés, *lassé* significa desgraciado. Utiliza *mine* en vez de *termine*, por aféresis.

Tras veinte años de poderío islámico (¿1998-2018?), Cristo Rey tendrá su monarquía hasta el año 7000 (año 3000 de la era cristiana), después de que Japón haya conocido días de desgracia (Hiroshima y Nagasaki), entonces mi profecía se habrá cumplido y terminado.

La cuarteta hace referencia al capítulo XX del *Apocalipsis*:
«1. Después, vi descender del cielo un ángel que tenía la llave del abismo y una gran cadena en la mano.
»2. Y asió el dragón (alusión al origen asiático del Anti-

cristo), la antigua serpiente que es el diablo y Satán, y lo ató por mil años (2025 a 3000).

»3. Y lo arrojó al abismo y lo encerró allí, y lo selló para que no seduzca ya a las naciones, hasta que los mil años hayan pasado; tras ello es preciso que sea desatado por algún tiempo.

»4. Entonces vi tronos, sobre los que se sentaron gente a quien le fue dado el poder de juzgar (organizaciones internacionales, ONU); vi también las almas de quienes habían sido decapitados por el testimonio de Jesús y por la palabra de Dios (persecuciones anunciadas por Nostradamus), que no habían adorado a la bestia, ni su imagen, y que no habían aceptado su marca en la frente, o en sus manos, y que iban a revivir y reinar con Cristo durante esos mil años...».

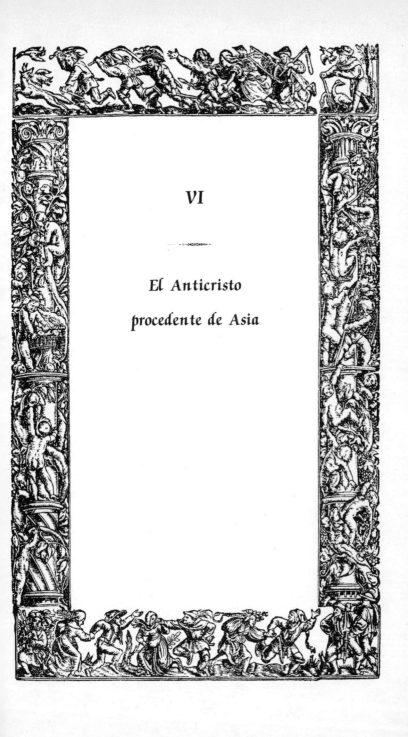

VI

El Anticristo

procedente de Asia

Nostradamus, además de las dos primeras guerras mundiales, anunció un tercer conflicto que comenzaría antes de finalizar el siglo XX, puesto que indica la fecha de 1999 en la siguiente cuarteta:

X, 72

L'an mil neuf cens nonante neuf sept mois,
Du ciel viendra un grand roy d'effrayeur:
Ressusciter le grand Roy d'Angolmois,
Avant après Mars régner par bon heur.

El año mil novecientos noventa y nueve siete meses,
Del cielo vendrá un gran rey de terror:
Resucitar al gran Rey de Angolmois,
Antes después Marte reinar por fortuna.

En julio de 1999 un gran jefe espantoso llegará de Asia y resucitará al gran rey del Angolmois o de los mongoles. Antes y después de 1999, la guerra (Marte, dios de la guerra) reinará por fortuna.

La expresión *vendrá del cielo* no significa ciertamente que se trate de una invasión de extraterrestres, como hemos podido leer en distintas obras. Nostradamus puede querer decir dos cosas: una alusión a una invasión aérea (aviones o cohetes) o China, el imperio del Cielo o el Celeste Imperio.

El *gran Rey de Angolmois* designa, probablemente, dos personajes: el Anticristo procedente de Asia, por una parte (la palabra mongoles está contenida, por anagrama, en Angolmois), y el futuro rey de Francia, su adversario, llamado en el siguiente texto *el Real*; éste, al parecer, hará revivir la imagen del gran rey de Angolmois, es decir Francisco I, nacido en Cognac, hijo de Car-

237

los de Orleans, conde de Angulema, y que fue a su vez, antes de subir al trono, conde de Angulema.

Por lo que se refiere a la expresión *la guerra reinar por fortuna* sólo puede comprenderse sabiendo que este último gran conflicto desemboca en la paz universal; lo que el Apocalipsis de Juan traduce por Satán encadenado por mil años. Tal vez una cuarteta aluda a Francisco I, en quien Francia podría descubrir, dentro de poco, a uno de sus mayores reyes. La construcción de la pirámide del Louvre y la modernización de este museo constituyen un hermoso homenaje a su fundador.

En *Le Monde* del 27 de septiembre de 1995, Francis Deron, con el título de «China intenta contrarrestar la hegemonía de Occidente», escribe: «Pequín pretende cultivar una nueva relación chino-rusa, al tiempo que juega la carta tercermundista. El ministro chino de Asuntos Exteriores, Qian Qichen, y su homólogo americano, Warren Christopher, deben encontrarse esta semana en Nueva York, al margen de la asamblea general de las Naciones Unidas... Esta nueva toma de contacto diplomático no impide a Pequín querer utilizar el Tercer Mundo contra Occidente...».

Desde la caída del Imperio soviético, está formándose contra Occidente un nuevo bloque. Lo constituyen China, Rusia y el Tercer Mundo, el Islam por lo tanto. La toma de posición común de China y Rusia contra los bombardeos de Iraq por Estados Unidos y Gran Bretaña en diciembre de 1998, son una primicia de ello.

III, 94

De cinq cens ans plus compte l'on tiendra,
Celuy qu'estoit l'ornement de son temps,
Puis à un coup grande clarté donra,
Que par le ciel les rendra très contens.

De quinientos años más cuentas tendrá,
Al que fue el ornamento de su tiempo,
Luego en un golpe gran claridad dará,
Que por el cielo les hará muy defensores.

En antiguo francés, *contens* significa defensor.

Durante quinientos años, no se tendrá ya en cuenta a quien fue el ornamento de su tiempo. Luego, de pronto, lo sacarán de nuevo a la luz y tendrá numerosos defensores en las ondas (medios de comunicación).

Francisco I nació hace quinientos años, en 1494. Impulsó en Francia las letras y las bellas artes, protegió a los sabios y mereció, por ello, el título de Padre de las Letras; fundó el Colegio de Francia y la imprenta real, comenzó el Louvre, construyó o embelleció los castillos de Fontainebleau y Chambord; alentó las exploraciones de Verrazano y de Jacques Cartier en América, etc.

En la *Carta a Enrique, rey de Francia segundo*, Nostradamus facilita precisiones sobre el origen geográfico del Anticristo: «Luego el gran imperio del Anticristo comenzará en la Atila y Zerfes, descender en número grande e innumerable, tanto que la venida del Espíritu Santo procedente del 48, hará transmigración, expulsando la abominación del Anticristo, haciendo guerra contra el Real que será el gran Vicario de Jesucristo oportunamente y en el momento elegido (¿1999?) y precederá delante un eclipse solar, el más oscuro y el más tenebroso que haya sido visto desde la creación del mundo hasta la muerte y pasión de Jesucristo, y será en el mes de octubre cuando alguna gran traslación será hecha, y tal que se creerá la tierra haber perdido su natural movimiento y haberse abismado en perpetuas tinieblas, serán precediendo el tiempo vernal (primavera)».

Todas las antiguas ediciones mencionan Atila con una sola *t*, cuando en francés debiera escribirse con dos. No se trata de una falta de ortografía sino de uno de esos juegos de palabras tan habituales en Nostradamus. En efecto, el hecho de poner sólo una *t* en Atila le permite dar, también ahí, dos significados: Atila rey de los hunos y, por anagrama, el origen geográfico de este Anticristo, a saber los montes Altai, en Mongolia. Además, la palabra *Zerfes* recuerda, extrañamente, la pequeña ciudad del pequeño Altai llamada Sevrej. Finalmente, la capital de Mongolia, Ulan-Bator, está situada, como París, en el paralelo 48. Se indicaría de este modo el eje de la invasión. Recordemos aquí que el eclipse solar mencionado será total en París, en el paralelo 48, el 11 de agosto de 1999. Por lo que se refiere a la «gran traslación» anunciada, no podemos saber todavía si se producirá en octubre de 1999 o en otro año entre 1999 y 2025.

En la misma *Carta a Enrique, rey de Francia segundo*, Nostradamus da otras precisiones sobre la llegada del Anticristo: «El gran papa (Pedro el Romano de la profecía de san Malaquías) será devuelto a sus prerrogativas; pero al final (de la profecía) su reino quedará desolado y todo será abandonado y los acontecimientos llevarán a la destrucción del Santo de los Santos (Roma) por el paganismo. El Antiguo y el Nuevo Testamento serán expulsados y quemados. Tras ellos, el Anticristo será el príncipe infernal; y por último, todos los países cristianos temblarán,y también a causa de los infieles (¿musulmanes?) durante veinticinco años (¿1999-2025?); habrá guerras y batallas más ruinosas todavía, y las ciudades, los pueblos, los castillos y otros edificios serán incendiados, asolados o destruidos con gran efusión de sangre de muchachas, mujeres casadas, viudas violadas, los recién nacidos serán arrojados contra las murallas de las ciudades, golpeados y quebrados; y tantas desgracias serán provocadas por Satán, príncipe de los Infiernos, que casi todo el planeta quedará desorganizado y desolado. Tras este tiempo que a los hombres les habrá parecido largo (¡veinticinco años!), la faz de la tierra será renovada por el advenimiento de la Edad de Oro...»

Es curioso advertir que entre el primer Anticristo, Atila y el segundo Gengis Khan, ambos procedentes de Mongolia, hay ocho siglos de separación (Atila, saliendo de Panonia, Hungría, asola la Galia en el 451. Los mongoles llegan a Hungría en 1241. Habría también unos ocho siglos entre el segundo y el tercero).

Este tercer conflicto se precisa geográfica y cronológicamente. En efecto, se inicia entre el Sur (países islámicos) y Occidente, luego se extiende hasta el Japón (el Imperio del Sol Naciente).

Sextilla 27

Céleste feu du costé d'Occident,
Et du Midy, courir jusqu'au Levant,

Vers demy morts sans point trouver racine,
Troisiesme aage à Mars le Belliqueux,
Des Escarboucles on verra briller feux,
Aage Escarboucle, & à la fin famine.

Celeste fuego del lado de Occidente,
Y del Mediodía correr hasta el Levante,
Gusanos medio muertos sin encontrar raíz,
Tercera edad, en Marte el Belicoso,
Carbunclos se verá brillar fuego,
Edad Carbunclo & al final hambre.

Nostradamus describe aquí el comunismo y los destrozos guerreros que engendró en todo el planeta. Las dos primeras guerras mundiales tuvieron como epicentro Europa occidental. La tercera tendría, como centro principal, África del Norte (el *Mediodía* de Europa) y el Japón (*Levant = naciente*), pasando por Oriente Medio (el antiguo *Levante*), punto caliente del mundo. Menciona un tercer período de guerra durante la edad del comunismo, es decir, el siglo XX; comunismo que las potencias occidentales tal vez hayan enterrado demasiado deprisa. Parecen haber olvidado que China, la mayor nación del mundo por su población, sigue siendo comunista. El *carbunclo* es un granate rojo sangre que procedería de un dragón, como nos dice el diccionario de Furetière; hermosa imagen para designar el comunismo chino.

En Occidente se verán, pues, brillar los fulgores de la guerra, desde los países del Sur hasta Japón. La vida animal y vegetal quedará medio muerta; será la tercera época de guerra. Se verán brillar los fulgores del comunismo y esta edad del comunismo aportará el hambre (es decir, a partir de finales del siglo XX).

Como para el rey de Francia, Nostradamus da varios calificativos al Anticristo:

* El Anticristo.
* El Grande de Asia.
* El Oriental.
* Mendosus: el tarado o el mentiroso.

Los amarillos se aliarían con los países islámicos, como Atila y Gengis Khan arrastraron, en sus conquistas guerreras a los pueblos turcófonos: uzbekos, tadyikos, afganos, kirguises, etc.

VI, 10

Un peu de temps les temples des couleurs,
De blanc & noir les deux entremezlées:
Rouges & jaunes leurs embleront les leurs,
Sang, terre, peste, faim, feu d'eau affollée.

Un poco de tiempo los templos de los colores,
De blanco & negro los dos entremezclados:
Rojos & amarillos saquearán los suyos,
Sangre, tierra, peste, hambre, fuego de agua enloquecida.

En antiguo francés, *couleur* significa favor, amistad; *embler* robar y *affoller* («enloquecer»), matar.

Durante cierto tiempo habrá amistad en los lugares de culto entre los musulmanes y los negros que se mezclarán entre sí; luego los rojos (comunistas) y los amarillos (chinos), les saquearán; se morirá por la sangre, la epidemia, el hambre, el fuego y el agua en la tierra.

VI, 80

De Fez le regne parviendra à ceux d'Europe,
Feu leur cité, & lame trenchera:
Le grand d'Asie terre & mer à grand troupe,
Que bleux, pers, croix à mort dechassera.

De Fez el reino llegará al de Europa,
Fuego su ciudad, & hoja cortará:
El grande de Asia tierra & mar a gran ejército,
Que lívidos, pálidos, cruz a muerte perseguirá.

Los calificativos de *bleu* y *per* se completan para designar a los amarillos. El primero tiene el sentido de «lívido» y el segundo significa «pálido» en francés antiguo.

Desde Fez (Marruecos) el poder llegará a Europa para pegar fuego a su ciudad (¿Bruselas o Estrasburgo, capitales europeas?) y la hoja cortará (cabezas). El gran jefe de Asia (¿China?) llevará un gran ejército por tierra y por mar, hasta el punto que los amarillos perseguirán a los de la cruz (los cristianos) para ejecutarlos.

Este texto nos lleva directamente a las cuartetas referentes al Anticristo.

II, 29

L'Oriental sortira de son siege,
Passer les monts Apennins voir la Gaule:
Transpercera le Ciel, les eaux & neige,
Et un chacun frappera de sa gaule.

El Oriental saldrá de su sede,
Pasar los montes Apeninos ver Galia:
Cruzará el Cielo, las aguas & nieve,
Y uno cada uno golpeará con sus fauces.

El Oriental abandonará su territorio, pasará por los montes Apeninos (Italia) para ver Francia. Atravesará China, el agua (mar y ríos) y la nieve (¿polo Norte?) y golpeará con sus armas a cada cual.

La cuarteta es completada por la siguiente:

V, 54

Du pont Euxine & la grand Tartarie,
Un roy sera qui viendra voir la Gaule:
Transpercera Alane et l'Arménie,
Et dans Bisance lairra sanglante gaule.

Del Ponto Euxino & la gran Tartaria,
Será un rey que vendrá a ver Galia:
Cruzará Alania y Armenia,
Y en Bizancio dejará sangrante fauce.

El ponto Euxino es el mar Negro. El nombre de Tartaria incluía, antaño, gran parte de Asia, que corresponde aproximadamente a Mongolia, Manchuria, Turquestán, Afganistán y Beluchistán. *Alani* significa en latín «alanos», pueblo escita que se creía procedente del Altai y que ocupaba las vastas estepas entre el Volga y el Don; no es imposible que Nostradamus haya elegido este término para Mongolia dada la alusión a los montes Altai, origen del Anticristo. En francés medio, *laier en* o *dedans*, significa dejar entrar.

Del mar Negro y de Mongolia (o de China), habrá un jefe que irá a ver Francia; pasará de China a Armenia y dejará entrar en Estambul un sanguinario ejército.

IX, 45

Ne sera soul jamais de demander,
Grand MENDOSUS obtiendra son empire:
Loing de la cour fera contremander,
Piedmont, Picard, Paris, Thyren le pire.

No será cansado nunca de pedir,
Gran MENDOSUS obtendrá su imperio:
Lejos de la corte hará no comparecer,
Piamonte, Picardía, París y el Tirreno el peor.

En latín, *mendosus* significa lleno de defectos, de taras. En antiguo francés, *contremander* significa negarse a comparecer ante un tribunal.

Las demandas nunca serán bastante satisfechas, el gran tarado obtendrá su imperio. Lejos de la corte (de justicia, el tribunal), impedirá comparecer (sentencia sin juicio). Piamonte, Picardía, París y el mar Tirreno conocerán lo peor.

MENDOSUS tost viendra à son haut regne,
Mettant arrière un peu le Norlaris:
Le rouge blesme le masle à l'interrègne,
Le jeune trainte & frayeur Barbaris.

MENDOSUS vendrá pronto a su alto reino,
Dejando un poco atrás al Norlaris:
El rojo pálido el macho en el interregno,
Joven temor & espanto Bárbaros.

La palabra *blême* («pálido») es utilizada para el color de piel de los amarillos.

El tarado llegará rápidamente a la cima de su poder y dejará un poco atrás al Lorenés (el rey de Francia). El asiático rojo y macho (poderoso) gobernará durante el interregno, cuando haya un nuevo temor y espanto islámico.

Presagio 76, octubre

Par le légat du terrestre & marin,
La grande Cape à tout s'accomoder:
Estre à l'escoute tacite LORVARIN,
Qu'à son advis ne pourra accorder.

Por el legado del terrestre & marino,
La gran Capa a todo acomodarse:
Estar a la escucha tácita LORVARIN,
Que su opinión no podrá compartir.

LORVARIN es el anagrama de LORRAIN V («Lorenés V»). El Papa se adaptará a las proposiciones del enviado de los ejércitos de tierra y mar. Permanecerá a la escucha del Lorenés, pero no podrá compartir su punto de vista.

L'Antéchrist trois bientost annichilez,
Vingt & sept ans durera sa guerre:
Les heretiques morts: captifs exilez,
Sang corps humain eau rougie gresler terre.

El Anticristo tres muy pronto aniquilar,
Veinte & siete años durará su guerra:
Los herejes muertos: cautivos exiliados,
Sangre cuerpo humano agua enrojecida granizar tierra.

El tercer Anticristo pronto será reducido a la nada. Su guerra habrá durado veintisiete años. Sus oponentes habrán sido ejecutados y los prisioneros exiliados. La sangre humana enrojecerá el mar y la tierra será bombardeada.

Presagio 40, junio

De maison sept par mortelle suite,
Gresle, tempeste. pestilent mal, fureur:
Roy d'Orient d'Occident tous en fuite,
Subjuguera ses jadis conquéreurs.

De casa siete por mortal seguimiento,
Granizo, tempestad. pestilente mal, furores:
Rey de Oriente y Occidente todos en fuga,
Subyugará sus antaño conquistadores.

Los siete representan, muy probablemente el G7, es decir, los siete países más industrializados del mundo en la actualidad (Alemania, Canadá, Estados Unidos, Francia, Italia, Japón y Reino Unido).

Los siete (países) de la misma casa, a causa de una mortal persecución, conocerán el granizo (¿bombardeos?), la tempestad (trastornos), la epidemia y el furor. Los jefes de Estado de Oriente y Occidente (¿G7?) estarán todos huidos, porque (China) someterá a sus antiguos conquistadores (Francia, Alemania, Inglaterra, Japón y Rusia).

Hong Kong ha sido ya devuelta por Inglaterra a China, es un comienzo...

El papel de América

En la *Carta a Enrique, rey de Francia segundo*, Nostradamus habla de un desembarco en las costas españolas: «Habrá entonces un desembarco en las playas para liberar a España de la ocupación islámica. Y todos estos ataques serán muy reales y el lugar donde se estableció Abraham (Palestina) será atacado por los occidentales...».

X, 66

Le chef de Londres par regne l'Americh,
L'isle d'Escosse t'empiera par gelée:
Roy Reb auront un si faux antechrist,
Que les mettra trestous dans la meslée.

El jefe de Londres por reino América,
La isla de Escocia confusión por helada:
Rey Reb tendrán tan falso anticristo,
Que les pondrá a todos en el tumulto.

Podemos preguntarnos si Escocia, que no es una isla, no designa Canadá. La Nueva Escocia o Acadia está formada por una península. Fue descubierta por Sébastien Cabot hacia 1947.

La palabra *t'empiera* está fabricada a partir de *tempier*, que en antiguo francés significa tormenta, tumulto, estruendo, confusión, angustia. *Reb* es la abreviación de *rebrichier* que significa, en antiguo francés, teñir de rojo.

El jefe del gobierno inglés, gracias al poderío americano, provocará la confusión en Escocia o en Canadá durante el invierno (¿desembarco de los americanos en Escocia?). Los jefes rojos (chinos) tendrán (a su cabeza) un Anticristo tan falso que les arrastrará a todos al tumulto.

Recordemos que el primer satélite chino lanzaba al mundo este mensaje: «Oriente es rojo».

V, 93

Soubs le terroir du rond globe lunaire,
Lorsque sera dominateur Mercure:
L'isle de Escosse fera un luminaire,
Qui les Anglais mettra à desconfiture.

Sobre el territorio del redondo globo lunar,
Cuando será dominador Mercurio:
La isla de Escocia hará una luminaria,
Que a los ingleses pondrá en derrota.

El *redondo globo lunar* se utiliza aquí en vez de Islam. En efecto, la divisa de Mahoma era *Donec impleatur*, es decir, «que el creciente se convierta en Luna llena», cubra el mundo pues. La utilización por Nostradamus de Mercurio no tiene aquí un significado astronómico sino simbólico; Mercurio, mensajero de los dioses, era el dios del comercio y también el de los ladrones. En antiguo francés, *desconfiture* significa derrota. La *luminaria* puede ser la antorcha que levanta la estatua de la Libertad en la bahía de Nueva York. Bajo el territorio islámico de la tierra, cuando domine el saqueo, Canadá o Estados Unidos aportarán luz, porque los ingleses estarán derrotados.

Nostradamus designa a Estados Unidos con el águila, como las grandes fuerzas militares, símbolo que figura en su bandera.

V, 62

Sur les rochers sang on verra pleuvoir,
Sol Orient, Saturne Occidental:
Près d'Orgon guerre, à Rome grand mal voir,
Nefs parfondrées & prins le Tridental.

Sobre las rocas se verá llover sangre,
Sol Oriente, Saturno Occidental:
Cerca de Orgón guerra, en Roma grande mal ver,
Naves hundidas & tomado el Tridentario.

Como se ha visto anteriormente, Orgón es la isla de Gorgona, ante las costas de Toscana. El Tridentario alude al tridente de Neptuno que designa siempre a Inglaterra.

Se verá la sangre lloviendo en las rocas, antes de que la Edad de Oro (Saturno) llegue del Sol Naciente (Japón) en Oriente hasta Occidente. La guerra estará cerca de Toscana; se verá una gran desgracia en Roma, una flota habrá sido hundida e Inglaterra tomada.

I, 90

Bourdeaux, Poitiers au son de la campagne,
À grande classe ira qu'à l'Angon,
Contre gaulois sera leur tramontane,
Quand monstre hideux naistra près de Orgon.

Burdeos, Poitiers al son de la campaña,
El gran ejército irá hasta Angón,
Contra galos será su tramontana,
Cuando monstruo horrible nacerá cerca de Orgón.

Angón en griego es el antiguo nombre de la ciudad italiana de Ancona, en el mar Adriático. Tramontana, en antiguo francés, significa más allá de las montañas, es decir del Norte, con respecto a España o a Italia. En francés medio, *monstruo* significa acción monstruosa, criminal.

Burdeos y Poitiers oirán el ruido del ejército en campaña, porque un gran ejército irá hasta Ancona y pasará más allá de las montañas, contra Francia, cuando una horrible acción criminal se inicie cerca de la isla de Gorgona.

VIII, 9

Pendant que l'Aigle & le Coq à Savone,
Seront unis, mer, Levant & Ongrie:
L'armée à Naples, Palerme, Marque d'Ancone,
Rome, Venise par Barbe horrible crie.

Mientras que el Águila y el Gallo en Savona,
Estarán unidos, mar, Levante & Hungría:
El ejército en Nápoles, Palermo, Marca de Ancona,
Roma, Venecia por Barba horrible grito.

Mientras que los ejércitos americano y francés se hayan reunido en Savona, en el mar, en Japón y en Hungría, habrá un ejército en Nápoles, en Sicilia, en Ancona, en Roma y en Venecia donde se oirán horribles gritos a causa del jefe islámico.

I, 31

Tant d'ans en Gaule les guerres dureront,
Outre la course du Castulon monarque:
Victoire incerte trois grand couronneront,
Aigle, Coq, Lune, Lyon, Soleil en marque.

Tantos años en Galia las guerras durarán,
Más allá del curso del Castulón monarca:
Victoria incierta tres grandes coronarán,
Águila, Gallo, Luna, León, Sol en marca.

Castulón es una pequeña ciudad de España que lleva hoy el nombre de Cazorla, en la provincia de Jaén. El monarca es pues el rey de España, precisado en el último verso por el sol de los Borbones. En el contexto de esta cuarteta, la palabra *coronar* significa cumplir, terminar. En provenzal, la palabra *marca* significa represalias. Las guerras durarán tantos años en Francia, más allá incluso del reinado del rey de España (Juan Carlos I) tres jefes de Estado concluirán una victoria que era incierta. América, Francia, el Islam, Inglaterra (el León británico) y España llamarán la atención.

I, 93

Terre Italique près des monts tremblera,
Lyon et Coq non trop confederez,
En lieu de peur l'un l'autre s'aidera,
Seul Catulon et Celtes moderez.

Tierra Itálica cerca de los montes temblará,
León y Gallo no demasiado confederados,
En vez de miedo el uno al otro se ayudarán,
Sólo Catulón y Celtas moderar.

En francés medio, *moderar* significa gobernar.

Italia temblará cerca de las montañas (Alpes y Apeninos). El León británico y Francia no estarán demasiado aliadas, pero a causa de su miedo se aliarán entre sí. El rey de España y los franceses gobernarán solos.

En el párrafo *Hipótesis de cronología* se hallará otra cuarteta referente a Castulón (VIII, 48).

Presagio 83, abril

En debats Princes et Chrestienté esmeue,
Gentils estranges, siège à CHRIST molesté:
Venu tres mal. prou bien mortelle veue.
Mort Orient peste, faim, mal traité.

En debates Príncipes y Cristiandad conmovidas,
Gentiles extranjeros, sede de CRISTO molestada:
Muy mal venido, por bien mortal vista.
Muerte Oriente peste, hambre, maltratado.

Gentiles es el nombre con el que se designa a los paganos en las Santas Escrituras. San Pablo es conocido como el *Apóstol de los Gentiles*. La *sede de Cristo* es, probablemente, Roma o Jerusalén, de donde partió el cristianismo, pero también podría designar el Vaticano. *Prou* significa mucho y refuerza el *bien*.

Los jefes de Estado debatirán y la cristiandad será turbada. A causa de no-cristianos extranjeros, la sede de Cristo (Roma) será dañada. Eso será muy mal venido y también un mortal espectáculo. La epidemia procedente de Oriente sembrará la muerte, se conocerá la hambruna y se maltratarán.

Destrucción de París

La perspectiva de la desaparición de la capital de Francia, anunciada en *Nostradamus historiador y profeta*, suscitó en 1981 una increíble polémica. Ciertamente, no es fácil admitir semejante catástrofe; y sin embargo no pueden cambiarse los términos de la profecía, demasiado clara para comprenderla o interpretarla de otro modo.

Como hemos visto anteriormente, una cuarteta anuncia que Aviñón será elegida como capital porque París estará asolada. Otros textos aportan, ¡lamentablemente!, precisiones complementarias sobre este dramático acontecimiento. Como ya se ha visto, la expresión la «gran ciudad» se utiliza siempre para referirse a París.

III, 24

La grand cité sera bien désolée,
Des habitants un seul n'y demourra:
Mur, sexe, temple & vierge violée,
Par fer, feu, peste, canon peuple mourra.

La gran ciudad será muy desolada,
De los habitantes ni uno solo permanecerá:
Muro, sexo, templo & virgen violada,
Por hierro, fuego, peste, cañón pueblo morirá.

La gran ciudad (París) quedará muy desolada; ni uno solo de sus habitantes permanecerá allí, tras haber sido violada en sus muros, en sus habitantes de todo sexo, en sus iglesias y sus muchachas. Por el hierro, el fuego, la epidemia y el bombardeo el pueblo morirá.

Nostradamus precisa en la siguiente cuarteta la geografía del lugar: la confluencia del Sena y el Marne.

VI, 43

Long temps sera sans estre habitée,
Où Signe & Marne autour vient arrouser,
De la Tamise & martiaux tentée,
Deceus les gardes en cuidant repousser.

Largo tiempo estará sin ser habitada,
Donde Sena y Marne entorno vienen regar,
Del Támesis & marciales ataques,
Engañador los guardas cuidando rechazar.

En latín *temptare* significa atacar. *Deceus* se utiliza, por síncopa, en vez de *deceveus* que, en antiguo francés, significa engañador y *repousser*, expulsar, rechazar.

La región que el Sena y el Marne riegan estará mucho tiempo deshabitada, después que Inglaterra y sus guerreros hayan sido atacados, creyendo expulsar a los grandes engañadores.

Podemos preguntarnos cuál puede ser la causa de la imposibilidad de habitar la región parisina (¿contaminación atómica, química o bacteriológica?).

V, 30

Tout à l'entour de la grande cité,
Seront soldats logez par champs & ville:
Donner l'assaut Paris, Rome incité,
Sur le pont lors sera faicte grande pille.

Alrededor de la gran ciudad,
Estarán soldados alojados en campos & ciudad:
Dar asalto a París, Roma empujada,
En el mar entonces se hará gran saqueo.

En latín, *incitare* significa empujar hacia adelante, lanzar. *Pont* es utilizado en su sentido griego de mar y, tal vez, de mar Negro (ponto Euxino).

Los soldados serán alojados en la campiña y en la ciudad, pues se habrá dado el asalto a París y se habrán lanzado sobre Roma. Entonces se llevará a cabo un gran saqueo en el mar (o el mar Negro).

Destrucción de Roma
y muerte del último rey de Francia

San Malaquías, obispo de Irlanda (1095-1148), en su célebre profecía de los papas,[1] dio los 111 papas que debían ocupar el trono de san Pedro de 1143 hasta nuestros días. Tras el papa Juan Pablo II (el 110º de la profecía), queda un papa al que Malaquías dio como divisa la gloria del olivo –símbolo de Israel– ¿monseñor Lustiger?). Además de este 111º papa, la profecía termina con el anuncio de un personaje no numerado y que se precisa con el siguiente comentario: «En la última persecución de la santa Iglesia romana, actuará Pedro el Romano que apacentará sus ovejas entre numerosas tribulaciones; tras ello, la ciudad de las siete colinas será destruida y el juez terrible juzgará al pueblo». El texto anuncia la destrucción de la ciudad de las siete colinas, Roma. Como sólo queda un papa y Pedro el Romano después de Juan Pablo II, el acontecimiento se sitúa pues en la horquilla temporal indicada por Nostradamus, es decir, como muy tarde en 2025.

---

1. Véase, del mismo autor, *Prophétie des papes de saint Malachie*, editions du Rocher, 1984. Hay edición española: *La profecía de los Papas*, ediciones Martínez Roca, 1985.

I, 69

La grand montagne ronde de sept stades,
Après paix, guerre, faim, inondation,
Roulera loin abismant grans contrades,
Mesmes antiques, & grand fondation.

La gran montaña redonda de siete estadios,
Después paz, guerra, hambre, inundación,
Irá lejos, abismando grandes regiones,
Aun las antiguas, & gran fundación.

En antiguo francés, *loin* significa mucho tiempo y *abismer* arrojar al abismo.

La gran ciudad de las siete colinas, tras un período de paz, de guerra, de hambre y de inundación, se derrumbará, arrastrando al abismo grandes países, incluso los monumentos antiguos y la gran fundación (de la Iglesia: el Vaticano).

II, 93

Bien près de Tymbre presse la Lybitine,
Un peu devant grande inondation:
Le chef du nef, prins mis à la sentine.
Chasteau, palais en conflagration.

Muy cerca del Tíber atareada Libitina,
Un poco antes gran inundación:
El jefe de naves tomadas puesto en la sentina.
Castillo, palacio en conflagración.

Libitina era la diosa de los muertos. *Presse* significa, en francés antiguo, ruda tarea, y *sentina* desperdicio, desecho.

Cerca del Tíber habrá dura tarea para enterrar a la gente; un poco antes habrá habido una gran inundación. El jefe de la Iglesia capturado y desechado. El castillo (el Sant Angelo, a orillas del Tíber) y el palacio (del Vaticano) estarán en la conflagración.

Tous les amis qu'auront tenu party,
Pour rude en lettres mis mort et saccagé:
Biens publiez par fixe grand néanty,
Onc Romain peuple ne fut tant outragé.

Todos los amigos que habrán tenido partido,
Por dureza en letras saqueados y muertos:
Bienes publicados por ficha gran acomodado,
Nunca romano pueblo fue tan ultrajado.

En francés antiguo *fixion* significa acción de fichar y *néanty* es el participio pasado del *noiantir* que significa aniquilar.

Todos los amigos de los partidos políticos, a causa de la dureza de la prensa, serán maltratados y muertos, habiendo sido puestos en ficha y aniquilados los bienes de los grandes (personajes). Nunca el pueblo romano fue tan ultrajado.

II, 65

Le parc enclin grande calamité,
Par l'Hespérie & Insubre fera,
Le feu en nef peste et captivité,
Mercure en l'Arc Saturne fenera.

El parque declinando gran calamidad,
Por Hesperia & Insubre hará,
El fuego en nave peste y cautiverio,
Mercurio en el Arco Saturno segará.

En antiguo francés, *parc* («parque») significa campamento fortificado, *enclin* («declinar») derribado a tierra, y *fener* cortar, segar. *Insubre* es el antiguo nombre del Milanesado. Saturno es el dios del tiempo.

La caída del campamento fortificado (¿cuartel general, el Pentágono?) provocará una gran calamidad para los occidentales y los italianos del Norte. La Iglesia (¿el Vaticano?) arderá durante la epidemia y el cautiverio (¿del Papa?), estando Mercurio en Sagitario, será una época de muerte.

III, 17

Mont Aventin brusler nuict sera veu,
Le ciel obscur tout à coup en Flandres,
Quand le monarque chassera son neveu,
Leurs gens d'Église commetront les esclandres.

Monte Aventino quemar noche será visto,
El cielo oscuro de pronto en Flandes,
Cuando el monarca expulse a su nieto,
Sus gentes de Iglesia cometerán ultrajes.

En antiguo francés *neveu* significa nieto y *esclandre* ultrajar.
El monte Aventino arderá por la noche, y el cielo se oscurecerá de pronto en Bélgica, cuando el rey expulse a su nieto y los eclesiásticos cometan ultraje.

VII, 37

Dix envoyez, chef de nef mettre à mort,
D'un adverty, en classe guerre ouverte:
Confusion chef, l'un se picque & mord,
Leryn, Stecades nefs, cap dedans la nerte.

Diez enviados, jefe de nave dará muerte,
De un contrario, en ejército guerra abierta:
Confusión jefe, uno se pincha & asesina,
Leryn, Stecades naves, rumbo hacia la nerte.

En antiguo francés, *mordre* significa asesino. Las islas Staechades son las islas de Oro, ante las costas de Hyères. *Nerto*, en provenzal, es el nombre de un lugar cercano a Marsella (el túnel de la Nerthe).

Diez personas serán enviadas para asesinar al jefe de la Iglesia (el Papa) que habrá sido avisado, cuando se esté en plena guerra, que la cabeza (de la Iglesia) estará en confusión; un individuo se pincha (¿droga?) y comete su crimen, cuando unos barcos (de guerra) estén en el sector de las islas de Lérins y las islas de Oro, y pondrán rumbo hacia Marsella.

VIII, 73

Soldat barbare le grand Roy frappera,
Injustement non esloigné de mort,
L'avare mere du faict cause sera,
Conjurateur et regne en grand remort.

Soldado bárbaro el gran Rey golpeará,
Injustamente no alejado de la muerte,
El avaro madre de hecho causa será,
Conjurador y reino en gran remordimiento.

Los avaros, pueblo bárbaro originario de Tartaria, de la familia de los hunos, se habían establecido en los aledaños del Altai. *Mere* («madre») significa en antiguo francés barco de gran calado (y ésos son los barcos de guerra) y *remort* («remordimiento»), desgarrón, herida. Un *conjurador* es una persona que se atribuye el poder sobrenatural de conjurar lo que es capaz de perjudicar.

Cuando esté próximo a morir de modo injusto, el gran rey (Enrique) golpeará las tropas islámicas. La flota asiática será causa del acontecimiento (su muerte) y el que intente conjurar la mala suerte y su poder será alcanzado.

V, 44

Par la mer rouge sera pris de pyrates,
La paix sera par son moyen troublée:
L'ire & l'avare commettra par sainct acte
Au grand pontife sera l'armée doublée.

Por mar el rojo será cogido con piratas,
La paz será por su medio turbada:
La ira y el avaro reunirá por santo acto
Al gran pontífice será el ejército doblado.

Ire («ira») se utiliza por Iris, río de Asia Menor (Turquía) que desemboca en el mar Negro; designa Turquía. *Doubler* («doblar») significa en antiguo francés doblegar, arrollar derribando.

El rojo (¿China comunista?), hará pirateo por mar y con este medio turbará la paz; Turquía y China harán la guerra santa. El ejército del gran pontífice será derrotado.

IV, 15

D'où pensera faire venir famine,
De là viendra le rassasiement:
L'oeil de la mer par avare canine,
Pour de l'un l'autre donra huyle, froment.

De donde pensará hacer venir hambre,
De allí vendrá la saciedad:
El ojo del mar por avaro canino,
Para el uno del otro dará aceite, grano.

El *ojo*, en sentido figurado, significa poder, como cuando se dice «el ojo del dueño». *Caninus* en latín significa agresivo.

Del lugar de donde podía pensarse que llegaría el hambre, vendrá la saciedad; la agresión asiática (habiendo perdido) su poder en el mar, se procurarán víveres a todos.

VI, 93

Prélat avare, d'ambition trompé,
Rien ne fera que trop cuider viendra:
Ses messagers, & luy bien attrapé,
Tout au rebours voir qui le bois fendroit.

Prelado avaro, de ambición engañado,
Nada hará que demasiado cuidar vendrá:
Sus mensajeros, & él bien atrapado,
Todo al rechazo ver que la madera agrietará.

En antiguo francés, *prélat* («prelado») significa superior, jefe en general; *cuider* («cuidar»), creer, imaginar; *rebours*, rechazo.

El jefe asiático será engañado por su ambición y nada cambiará el hecho de que tenga demasiada confianza en sí mismo; sus embajadores y él mismo quedarán bien atrapados, siéndole negado todo a pesar de todos sus esfuerzos.

Sextilla 34

Princes & Seigneurs tous se feront la guerre,
Cousin germain le frère avec le frère,
Fini l'Arby de l'hereux de Bourbon,
De Hiérusalem les Princes tant aimables,
Du fait commis énorme & exécrable,
Se ressentiront sur la bourse sans fond.

Príncipes & Señores todos se harán la guerra,
Primo hermano, el hermano contra el hermano,
Terminado el Arbitrio del feliz de Borbón,
De Jerusalén los príncipes tan amables,
Del hecho cometido enorme y execrable,
Se resentirán en la bolsa sin fondo.

Arby se utiliza, por epéntesis, en vez de arbitrio, y en antiguo francés significa el arbitraje.

Los jefes de Estado y los jefes militares se harán la guerra, entre primos hermanos y entre hermanos; será el fin del arbitraje del feliz Borbón. Los jefes tan amables de Jerusalén, a causa de un acto enorme, y execrable que se cometerá, se resentirán del hundimiento de la bolsa (caída del sistema capitalista).

La sextilla es una especie de sinopsis de los acontecimientos que abarcan el período 2000-2025.

La victoria de Occidente y la paz universal

Como en el Apocalipsis de Juan («Satán encadenado por mil años»), Nostradamus anuncia la paz y el renacimiento espiritual.

IV, 39

> Les Rhodiens demanderont secours,
> Par le neglect de ses hoirs délaissée,
> L'Empire Arabe ravalera son cours,
> Par Hespéries la cause redressée.

> *Los de Rodas pedirán socorro,*
> *Por la negligencia de sus herederos olvidados,*
> *El Imperio Árabe rebajará su curso,*
> *Por Hesperia la causa puesta de nuevo en pie.*

En antiguo francés, *ravaler* significa hacer descender, disminuir.

Los habitantes de Rodas pedirán socorro, abandonados por la negligencia de sus herederos. El Imperio árabe reducirá su curso. La situación será enderezada por los occidentales (Estados Unidos).

X, 74

> Au revole du grand nombre septiesme,
> Apparoistra au temps jeux d'Hécatombe:
> Non esloigné du gran eage milliesme,
> Que les entrez sortiront de leur tombe.

> *Pasado el gran número séptimo,*
> *Aparecerá en el tiempo juego de hecatombe:*

No alejado de la gran edad milésima,
Que los entrados saldrán de su tumba.

En antiguo francés, *revoler* significa dar la vuelta. *Hecatombe* (Εκατόμβη) en griego representaba el sacrificio de cien bueyes y, a continuación, de cien víctimas cualesquiera.

Cuando se acerque el gran número séptimo (séptimo milenio: el año 2000) aparecerá un período de matanzas que no estará lejos del inicio de los mil años (de paz universal: 2025-3000 –el número mil no debe tomarse al pie de la letra–). Entonces los que habían entrado en la tumba (o en refugios) saldrán (renacimiento espiritual).

VII, 41

Les os des pieds & les mains enserrez,
Par bruite maison longtemps inhabitée,
Seront par songes concavant deterrez,
Maison salubre & sans bruit habités.

Los huesos de los pies & las manos encerrar,
Por ruido casa largo tiempo deshabitada,
Serán por sueños excavando desenterrar,
Casa salubre y sin ruido habitadas.

Songe en viejo francés significa sueño, ensoñación y *concaver*, excavar.

Quienes tenían los huesos de los pies y las manos encerrados (los que estaban encadenados, los prisioneros), y cuya casa haya permanecido mucho tiempo deshabitada a causa de la guerra (los refugiados), saldrán de las grutas o los abrigos (donde se habían refugiado) como en un sueño, para habitar en casas seguras y sin ruido (de guerra).

HIPÓTESIS DE CRONOLOGÍA

Algunas cuartetas y sextillas que mencionan datos astronómicos, han sido agrupadas aquí y explicadas gracias a la valiosa ayuda de un amigo astrólogo. Algunas configuraciones celestes son raras, otras frecuentes. Éstas no permiten fechar los acontecimientos con precisión y los textos que las incluyen han sido, pues, desechados. Puesto que Nostradamus dio en claro muy pocas fechas, estos datos astronómicos son especialmente valiosos. Las investigaciones se han detenido en 2026, fin de la profecía.

Nostradamus utiliza la astronomía para advertir una concomitancia entre una configuración del cielo y algunos acontecimientos, sin por ello establecer una relación de causa a efecto entre los astros y la historia del hombre; esa argucia le permite dar indicaciones de tiempo. Es, sin duda, la razón por la que escribe en la *Carta a Enrique, rey de Francia segundo* que habría podido poner una fecha en cada cuarteta. Utiliza también la astrología para los símbolos, atribuyéndolos a los planetas o a las constelaciones: Marte para la guerra; Venus para la República, dado el símbolo femenino de Mariana; Neptuno y su Tridente, dios de los mares, para Inglaterra; Saturno para la Edad de Oro, etc. De vez en cuando, complica aún más las cosas poniendo en un mismo texto un dato astronómico de tiempo y un símbolo astrológico.

10 DE AGOSTO DE 2002 O 27 DE JULIO DE 2017

VIII, 2

Condon & Aux & autour de Mirande,
Je voy du ciel feu qui les environne:
Sol Mars conjoinct au Lyon, puis Marmande,
Foudre grand gresle, mur tombe dans Garonne.

Condom & Aux & alrededor de Mirande,
Veo del cielo fuego que la rodea:
Sol Marte junto a León, luego Marmande,
Rayo gran granizo, muro cae en Garona.

Veo el fuego del cielo que rodea Condom, Auch, Mirande y alrededores, en el momento de una conjunción Sol-Marte en la constelación de Leo. El rayo y el granizo (¿bombardeos?) harán caer los muros en el Garona.

Las dos cuartetas siguientes se refieren, probablemente, a los mismos acontecimientos que el precedente y se sitúan pues en la misma época.

I, 79

> Bazaz, Lestore, Condom, Ausch, Agine,
> Esmeus par loix, querelle & monopole:
> Car, Bourd, Tholose Bay mettra en ruine,
> Renouveler voulant leur tauropole.

> Bazaz, Lestore, Condom, Auch, Agine,
> Amotinados por leyes, querella & monopolio:
> Car, Bourd, Toulouse y Bay pondrá en ruina,
> Renovar queriendo su tauropolo.

En antiguo francés, *esmoveor* significa excitar, levantar; *monopole* («monopolio»), conspiración, conjura; *renouveler* («renovar»), reanimar. Tal vez Bourd se refiera a Burdeos, sin embargo, existe una pequeña población llamada Bourdeaux al este de Montélimar. En la mitología, *Tauropolo* es un sobrenombre de Diana, considerada como Selene o la Luna; probablemente designa el Islam. Se organizaban fiestas en honor de Diana.

Los habitantes de Basas (ciudad de Gironde), Lectoure, Condom, Auch (ciudades de Gers) y Agen se levantarán contra las leyes con querellas y por una conjura. Querrán renovar las fiestas musulmanas y pondrán en ruinas Car(casona), Bourdeaux o Burdeos, Toulouse y Bay(ona).

I, 6

> Tout auprès d'Aux, de Lestore & Mirande,
> Grand feu du ciel en trois nuits tombera:

Cause adviendra bien stupende & mirande,
Bien peu après la terre tremblera.

Muy cerca de Aux, de Lestore & Mirande,
Gran fuego del cielo en tres noches caerá:
Causa sucederá muy estupenda & sorprendente,
Poco después la tierra temblará.

En latín *stupendus* y *mirandus* significan «sorprendente».

Muy cerca de Auch, de Lectoure y Mirande (ciudades de Gers), un gran fuego caerá del cielo durante tres noches; la causa será muy sorprendente y poco tiempo después temblará la tierra (¿desembarco?).

¿El fuego del cielo significa bombardeos antes de un desembarco?

SEPTIEMBRE DE 2004

VIII, 48

Saturne en Cancer, Jupiter avec Mars,
Dedans Février Chaldondon salvaterre:
Sault Castallon assailly de trois parts,
Près de Verbiesque conflict mortelle guerre.

Saturno en cáncer, Júpiter con Marte,
Dentro Febrero Caldondon salvaterra:
Salto Castallon asaltada por tres partes,
Cerca de Verbiesco conflicto, mortal guerra.

Chaldondon es el afrancesamiento de la palabra griega *Chaldaioi* que significa caldeos o babilonios, hoy Iraq. Nostradamus repitió la terminación *don* para añadir un pie a su verso. *Salvaterra* es una pequeña ciudad de Portugal, cerca del Tajo. En antiguo francés, *sault* («salto») significa estrecho, desfiladero y *Castulon* es el antiguo nombre de Cazorla, ciudad de España en Jaén; probablemente designe el estrecho de Gibraltar. *Verbiesque* es un latinismo que consiste en añadir *que* para la conjunción *et* a Verbier, ciudad del Balais suizo, no lejos del túnel del Montblanc y de Ticino.

Cuando Saturno esté en la constelación de Cáncer y haya una conjunción Júpiter-Marte (en septiembre de 2004), cuando en febrero haya un salvador en Irak, el estrecho de Gibraltar será atacado por tres lados y el conflicto en el Balais (Suiza) será una guerra mortal.

18 DE JUNIO DE 2006

V, 14

Saturne & Mars en Leo Spagne Captisve,
Par chef Lybique au conflict attrapé,
Proche de Malte heredde prinse vive,
Et Romain sceptre sera par Coq frappé.

Saturno & Marte en Leo España cautiva,
Por jefe líbico en el conflicto atrapado,
Próximos a Malta herederos capturados vivos,
Y Romano cetro será por Gallo golpeado.

Leo en latín se refiere a la constelación. En antiguo francés, *heredde* es un heredero (véase, en el capítulo III los herederos Romulidas I, 9).

Cuando haya una conjunción Saturno-Marte en Leo (18 de junio del 2006) España será tomada mientras el jefe libio será arrastrado al conflicto, habiendo sido capturados vivos los herederos (de Rómulo, los italianos), el poder (¿político o religioso?) en Roma será golpeado por los franceses.

266

27-29 DE SEPTIEMBRE DE 2004
O 10-11 DE DICIEMBRE DE 2006

III, 3

Mars & Mercure, et l'argent joint ensemble,
Vers le Midy extreme siccité:
Au fond d'Asie on dira terre tremble,
Corinthe, Éphèse lors en perplexité.

Marte & Mercurio, y la plata unida junta,
Hacia el Mediodía extremada sequía:
Al fondo de Asia se dirá tierra tiembla,
Corinto, Éfeso entonces en perplejidad.

La *plata* alude a la Edad de Plata que está bajo la influencia de Júpiter. En antiguo francés, *perplexit*é («perplejidad») significa lío, confusa maraña.

Cuando haya una conjunción Marte-Mercurio-Júpiter, habrá una gran sequía hacia el Mediodía (los países islámicos). En el fondo de Asia (Japón), se dirá que la tierra ha temblado; entonces Grecia (Corinto) y Turquía (Éfeso) estarán en plena confusión.

La siguiente cuarteta se refiere, probablemente, al mismo período.

II, 52

Dans plusieurs nuits la terre tremblera,
Sur le printemps deux efforts suite,
Corinthe, Éphèse aux deux mers nagera,
Guerre s'esmeut par deux vaillants de luite.

En varias noches la tierra temblará,
En primavera dos esfuerzos seguirán,
Corinto, Éfeso en dos mares nadarán,
Guerra se mueve por dos valientes de lucha.

En antiguo francés, *vaillant* («valiente»), significa de gran valor y *luite*, lucha.

La tierra temblará durante varias noches (¿en Japón, como en la cuarteta anterior?). En primavera (2003, 2005 o 2007), habrá dos tentativas de persecución (¿desembarco?); (una flota) navegará hacia Grecia y Turquía entre dos mares (¿mar Negro y mar Egeo?); dos personajes de gran valor en el combate (jefes militares) entrarán en la guerra.

DEL 30 DE OCTUBRE DE 2010 A OCTUBRE DE 2012

Sextilla 4

> *D'un rond, d'un lis, naistra un si grand Prince,*
> *Bien tost, & tard venu dans sa Province,*
> *Saturne en Libra en exaltation:*
> *Maison de Vénus en décroissante force,*
> *Dame en après masculin sous l'escorce,*
> *Pour maintenir l'hereux sang de Bourbon.*

> *De un disco, de un lis, nacerá tan gran Príncipe,*
> *Muy pronto, & tarde llegado a su provincia,*
> *Saturno en Libra en exaltación:*
> *Casa de Venus en fuerza decreciente,*
> *Dama después masculino bajo la corteza,*
> *Para mantener la feliz sangre de Borbón.*

Esta sextilla es un ejemplo de la utilización de un dato astronómico y un símbolo astrológico.

Rond procede del latín *rota* que significa el disco del Sol. Con mayúscula, la *Provincia* por excelencia es Provenza (*Provincia romana*). La *casa de Venus* representa la República. Dama representa la reina. En antiguo francés, *scorce* («corteza») significa piel.

Del Sol y del lis (de los Borbones) nacerá un muy gran príncipe, llegado muy pronto (a Francia, antes del 2009), pero tarde en Provenza (entre 2009 y 2012), cuando Saturno esté en exaltación en Libra; habiendo perdido su fuerza la casa República. Después, la reina quedará encinta de un muchacho para perpetuar la feliz sangre de Borbón.

JUNIO DE 2015

I, 16

Faux à l'Estang, joinct vers le Sagittaire,
En son haut auge et exaltation:
Peste, famine, mort de main militaire,
Le siècle approche de rénovation.

Guadaña en el estanque, junto hacia Sagitario,
En su alto auge y exaltación:
Peste, hambre, muerte por mano militar,
El siglo se acerca a renovación.

La *guadaña* es, con el reloj de arena, uno de los atributos de Saturno; el jeroglífico del planeta Saturno es una guadaña coronada por una cruz. La palabra *étang* («estanque») designa la constelación de Escorpio. En efecto, este signo de Agua-fija representa el agua inmóvil. En antiguo francés, la palabra *auge* era sinónimo de ápside, que constituye los extremos del gran eje de la elipse que describe un planeta alrededor del Sol. El ápside más alejado del Sol se llama afelio o ápside superior; el más próximo se llama ápside inferior o perihelio. Por lo que se refiere a la palabra exaltación, en astrología, designa una dignidad planetaria que acentúa, para bien o para mal, según su naturaleza, los presagios proporcionados por un planeta en la interpretación de un horóscopo. Esta configuración celeste se situará en 2015; además, habrá en junio de este mismo año un fenómeno rarísimo, Saturno en Escorpio ocultará la estrella fija Haleka.

Cuando Saturno, en el afelio y en exaltación, esté en la constelación de Escorpio, en conjunción con Sagitario, se conocerá la epidemia, el hambre, la muerte por la guerra; pero el siglo de renovación (la era de Acuario, la Edad de Oro) se acerca.

Esta cuarteta puede hacernos suponer que Nostradamus sitúa en 2026 el comienzo de la era de Acuario.

15 DE AGOSTO DE 2015

V, 25

Le Prince Arabe Mars, Sol, Vénus, Lyon,
Regne d'Église par mer succombera:
Devers la Perse bien près d'un million,
Bisance, Égypte ver.serp. invadera.

El Príncipe Árabe, Marte, Sol, Venus, León,
Reino de Iglesia por mar sucumbirá:
Hacia Persia muy cerca de un millón,
Bizancio, Egipto, ver.serp. invadirá.

La expresión *ver.serp.* se utiliza por *verus serpens*, la verdadera serpiente, que tal vez designe el dragón asiático. En antiguo francés, *succomber* («sucumbir») significa destruir, arruinar e *invadir*, asaltar, atacar.

Cuando haya una conjunción Marte-Sol-Venus en Leo, el jefe árabe arruinará el poder de la Iglesia por mar, cuando muy cerca de un millón (de soldados) se reúna en Irán, la Serpiente (¿China?) atacará Turquía y Egipto.

4 DE JUNIO DE 2024

Sextilla 49

Vénus & Sol, Jupiter & Mercure,
Augmenteront le genre de nature,
Grande alliance en France se fera,
Et du Midy la sansue de mesme,
Le feu esteint par ce remède extrême,
En terre ferme Oliver plantera.

Venus & Sol, Júpiter & Mercurio,
Aumentarán el género natural,
Gran alianza en Francia se hará,
Y del Mediodía la sanguijuela lo mismo,
El fuego extinguido por ese extremo remedio,
En tierra firme Olivo plantará.

Tierra firme significa continente. El *olivo* es símbolo de paz, pero también del Estado hebreo.

Cuando haya una conjunción Venus-Sol y Júpiter-Mercurio, el género de la naturaleza (¿renovación del entorno?) aumentará. Una gran alianza se hará en Francia, al igual que en los países islámicos y capitalistas (¿Estados Unidos?) habiendo sido detenida la guerra por este último recurso. La paz se establecerá en el continente (¿europeo?) y en Israel.

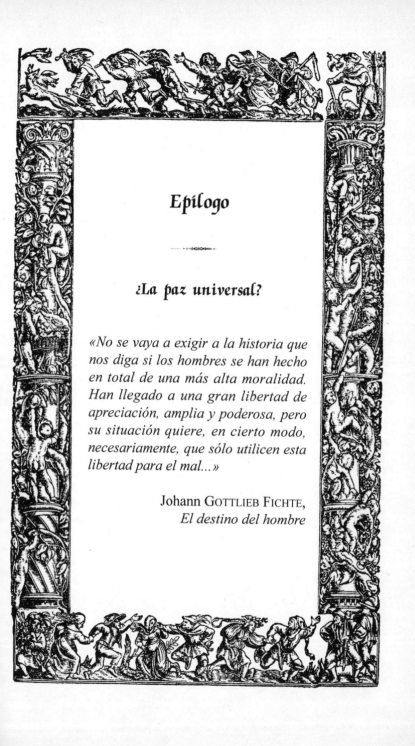

Epílogo

¿La paz universal?

«No se vaya a exigir a la historia que nos diga si los hombres se han hecho en total de una más alta moralidad. Han llegado a una gran libertad de apreciación, amplia y poderosa, pero su situación quiere, en cierto modo, necesariamente, que sólo utilicen esta libertad para el mal...»

Johann GOTTLIEB FICHTE,
El destino del hombre

No has tenido elección entre la Edad de Oro
y la Edad de Piedra.

ARAGON
Le Roman inachevé

Esperemos que el catastrófico escenario anunciado por Nostradamus y aquí expuesto no sea ineluctable. En 1555, tras su viaje por una parte del bloque espacio-tiempo, Nostradamus entregó el conjunto de sus «visiones» a la posteridad. Pese al «cepillado», según sus propias palabras, en la redacción de sus profecías, tanto por lo que se refiere a la cronología como para ciertos acontecimientos, debemos preguntarnos cuál podía ser su motivación primera. Parece difícil suponer que, por un absoluto sadismo, se hubiera permitido el maligno placer de aterrorizar, tras él, a generaciones enteras.

En la *Carta a su hijo César*, prefacio de su obra poética, Nostradamus escribe: «Tu tardía llegada, César Nostredame, hijo mío, me ha hecho pasar largo tiempo en continuas velas nocturnas para entregarte por escrito y dejarte esta memoria, tras la muerte de tu progenitor, para *el común beneficio de los hombres...*». He aquí, en efecto, una frase que abre cierta ventana de esperanza en un cielo en el que se amontonan las nubes.

En la *Carta a Enrique, rey de Francia segundo*, Nostradamus anuncia, tras las tribulaciones, la paz y la renovación de la tierra: «Tras este tiempo que a los hombres les habrá parecido largo (25 años), la faz de la tierra será renovada por el advenimiento de la Edad de Oro. Dios Creador ordenará, oyendo la aflicción de su pueblo, que Satán sea encadenado y arrojado al abismo del infierno, en la profunda fosa: comenzará entonces entre Dios y los

275

hombres una paz universal, y Satán permanecerá atado durante unos mil años, lo que proporcionará una mayor fuerza al poderío de la Iglesia, y luego será desatado de nuevo...». Este texto de Nostradamus está perfectamente de acuerdo con el capítulo XX del Apocalipsis de Juan: «Vi también descender del cielo un ángel que tenía la llave del abismo y una gran cadena en la mano. Tomó el dragón, la antigua serpiente, que es el diablo y Satán y lo encadenó por mil años. Y habiéndolo arrojado al abismo, lo cerró sobre él y lo selló, para que no sedujera ya a las naciones hasta que esos mil años hayan transcurrido, tras lo cual debe ser desatado por poco tiempo».

Desde 1980, año de edición de *Nostradamus historiador y profeta*, cierto número de indicadores se ha puesto rojo. El ascenso del integrismo islámico en todos los países musulmanes puede desestabilizar varios Estados. La revolución en Irán, en 1978, llevó a la instauración de una República islámica antioccidental. ¿Qué sería de los países «llamados» moderados si se vieran arrastrados a semejante aventura? El Magreb está minado por ese fenómeno. En Egipto y, especialmente, en el Sudán, los cristianos son asesinados y las iglesias quemadas y la amenaza islámica se hace cada vez más acuciante.

Del lado de Europa, los Balcanes están en erupción. Un genocidio que lleva el nombre de *depuración étnica* se ha perpetrado en la ex Yugoslavia; los musulmanes han sido perseguidos y asesinados por los serbios. La gran Serbia está en marcha y las instancias europeas o internacionales son incapaces de impedir nada. El conflicto ha llegado a Kosovo y puede seguir su curso.

El Cáucaso se ve agitado por movimientos nacionalistas e independentistas que han despertado tras el estallido del Imperio soviético: Chechenia, Osetia, Azerbaiján (Nagorny-Karabaj). La Comunidad de Estados Independientes no ha resuelto varios problemas cruciales. Así, los países bálticos no quisieran seguir teniendo tropas rusas en su suelo; Rusia querría mantener el control militar sobre esa parte estratégica de Ucrania que es Crimea, en el mar Negro, sin contar con las islas Kuriles, manzana de la discordia entre rusos y japoneses. Tal vez Occidente se haya alegrado precipitadamente por la caída del Imperio, mientras que los comunistas o ex comunistas siguen en el poder o entre bastidores, dispuestos a regresar. Bajo el evocador título de «El regreso imperial de Rusia», en *Le Monde* del 20 de abril de 1995, Jean-Baptiste Naudet escribía: «En el escenario internacional, Moscú no vacila ya en desafiar a Occidente... En Oriente Próximo o en África, el Kremlin se ha puesto de nuevo en contacto con «los parias»: Irán –al que vende un programa nuclear, contra la opinión de Washington– Iraq –a quien quiere ayudar a obtener el levantamiento del embargo petrolero de la ONU–... el Sudán con el que está a punto de firmar unos acuerdos de cooperación económica, comercial y técnica (recordemos aquí que en Jartum, en el Sudán, se celebró la Conferencia islámica donde se profirieron violentas frases antioccidentales)... Pese al reflujo, Rusia no ha abandonado por completo sus cabezas de puente en América (Cuba) y Asia... En Vietnam, Rusia desea seguir utilizando la *base* aeronaval de Camp Ranh para su flota del Pacífico, mientras que los americanos evacuan las Filipinas... Pero donde Rusia da pruebas de mayor activismo es en Europa y más allá, en los Balcanes. Toma cada vez más abiertamente la defensa de los serbios... Milita por un levantamiento de las sanciones contra Belgrado... En el momento del ultimátum a Sarajevo, la diplomacia rusa agitó incluso el espectro de una "tercera guerra mundial" si la Organización Atlántica entra en acción...». Este análisis es absolutamente «nostradámico» atendiendo al esquema profético expuesto en esta obra. Preferiríamos, sin duda, que no fuera así.

Por desgracia hay otras zonas de conflicto y matanza. El intento de liquidación del pueblo kurdo en las marcas de Turquía, Iraq e Irán es también un genocidio aunque no quiera reconocerlo. En Palestina y en el Estado hebreo, la violencia y la intolerancia hacen gravitar una pesada hipoteca sobre un proceso de paz cada vez más fragilizado. Nostradamus vio en ese lugar del mundo un riesgo de explosión capaz de incendiar el planeta entero. Hipótesis bastante lógica cuando se advierte el compromiso de Rusia tras los países árabes más antiisraelíes, como Irán, Iraq o el Sudán.

¿Cuáles son la utilizad y la eficacia de las organizaciones internacionales (ONU)? Pese a sus intervenciones, se mencionan cifras de 500.000 a un millón de muertos en Ruanda, durante una guerra tribal que sigue ensangrentando esa tierra, así como la de la República Democrática del Congo. Esta incapacidad de las conferencias de paz, la mayoría de las cuales se han celebrado y siguen celebrándose en Ginebra, fue vista por Nostradamus: «Del lago Leman los sermones enojarán...». Y: «Las faltas del Leman serán bien desnudadas...».

Observando con mirada fría el estado del mundo desde el comienzo del siglo, nos vemos llevados a concluir que nunca antes, en toda su historia, los hombres se habían matado mutuamente con tanta ferocidad, pues las armas modernas permiten matar a distancia y no ya con la espada en la mano. En agosto de 1945, apretar un botón acarreó, en pocos segundos, la muerte de 180.000 japoneses en Hiroshima...

Reina actualmente, en el inconsciente colectivo, una sensación de inminente catástrofe. El hombre, si lo desea, tiene medios para detener el proceso iniciado. Ciertamente, nunca ha escuchado las advertencias de los profetas y las profecías, por ello participa en el cumplimiento de las catástrofes con tanto más *libre albedrío* cuanto estaba advertido de ello.

Los «espíritus fuertes» de nuestra sociedad materialista y racionalista tienen parte de responsabilidad en la realización del esquema profético «apocalíptico». En efecto, atacan, siempre con virulencia, los textos proféticos, con el pretexto de que, a su entender, es siempre imposible ver el porvenir; pero no aportan ni el menor indicio de prueba a esta afirmación gratuita. En lugar de afirmar que los escritos de Nostradamus son sólo galimatías, zarandajas y tonterías, mejor utilizarían su energía si intentaran desmentir al profeta para que el hombre no deba esperar hasta el 2026 para ver cómo se establece la paz universal, tras una catástrofe que, si por desgracia se produjera, haría desaparecer los dos tercios de la humanidad. Nos gustaría, al alba del siglo XXI, poder decir lo contrario de lo que escribía Georges Clemenceau en su *Discurso de paz* de 1919: «Es más fácil hacer la guerra que la paz». Por desgracia, la observación sigue siendo cierta hoy.

El poeta y el profeta coinciden a menudo. Así, Charles Baudelaire escribía en *Fusées*, en 1851: «El mundo va a terminar. La única razón por la que podría durar, es que existe. Qué débil es esta razón, comparada con todas las que anuncian lo contrario, especialmente ésta: ¿Qué tiene que hacer ya el mundo bajo el cielo? –Pues, suponiendo que siguiera existiendo materialmente, ¿sería una existencia digna de este nombre y del diccionario histórico? No digo que el mundo se verá reducido a los expedientes y al bufonesco desorden de las repúblicas de Sudamérica –que tal vez incluso nosotros regresaremos al estado salvaje y, a través de las herbosas ruinas de nuestra civilización, iremos a buscar nuestro pasto, con un fusil en la mano. No –pues esa suerte y esas aventuras supondrían, aún, cierta energía vital, eco de las edades primeras. Nuevo ejemplo y nuevas víctimas de las inexorables leyes morales, pereceremos por donde creímos vivir. La mecánica nos habrá americanizado tanto, el progreso habrá atrofiado tanto, en nosotros, toda la parte espiritual, que nada entre los ensueños sanguinarios, sacrílegos o antinaturales de los utopistas podrá compararse con sus resultados positivos. Solicito a cualquier hombre pensante que me muestre lo que subsiste de la vida. Creo inútil hablar de la religión y buscar sus restos, pues tomarse aún el trabajo de negar a Dios es el único escándalo en semejantes materias. La propiedad había desaparecido virtualmente con la supresión del derecho de primogenitura; pero llegará el tiempo en que la humanidad, como un ogro vengador, arranque su último jirón a quienes crean haber heredado legítimamente de las revoluciones. Y éste no sería, aún, el mal supremo.

»La imaginación humana puede concebir, sin excesivo trabajo, repúblicas u otros estados comunitarios, dignos de cierta gloria, si son dirigidos por hombres sacros, por algunos aristócratas. Pero la ruina universal o el progreso universal no se manifestarán, particularmente, por instituciones políticas; pues poco importa su nombre. Lo hará por el envilecimiento de los corazones. ¿Me será necesario decir que lo poco que reste de política se debatirá penosamente en los abrazos de la animalidad general, y que los gobiernos se verán forzados, para mantenerse y crear un fantasma de orden, a recurrir a medios que harían estremecer a nuestra humanidad actual, muy endurecida no obstante? –Entonces, el hijo abandonará la familia, no a los dieciocho años sino a los doce, emancipado por su glotona precocidad; la abandonará no para buscar aventuras heroicas, no para liberar a una belleza prisionera en una torre, no para inmortalizar un desván con sublimes pensamientos, sino para fundar un comercio, para enriquecerse y hacer la competencia a su infame papá –fundador y accionista de un diario que propagará las luces y haría, entonces, que considperáramos *Le Siècle* como un agente de la superstición. Entonces, las errantes, las desclasadas, aquéllas que han tenido algunos amantes, y a las que a veces se llama ángeles, a causa y como agradecimiento por el atolondramiento que brilla, luz de azar, en su existencia lógica como el mal, –entonces éstas, decía, no serán ya más que implacable prudencia, prudencia que lo condenará todo excepto el dinero, todo, incluso *los errores de los sentidos*. –Entonces, lo que se parecerá a la virtud –qué digo, todo lo que no sea ardor hacia *Plutus* será considerado un inmenso ridículo. La justicia, si, en esa afortunada época, puede existir aún una justicia, hará prohibir a los ciudadanos que no sepan hacer fortuna. Tu esposa, oh burgués, tu casta mitad cuya legitimidad es para ti la poesía, introduciendo entonces en la legalidad una infamia irreprochable, guardiana vigilante y amorosa de tu caja fuerte, ya sólo será el perfecto ideal de la mujer mantenida. Tu hija, con infantil nubilidad, soñará en su cuna que se vende por un millón. Y tú mismo, oh burgués –menos poeta, aún, de lo que hoy eres–, tú nada encontrarás que decir; no lamentarás nada. Pues hay cosas en el hombre que se fortalecen y prosperan a medida que otras se debilitan y menguan, y, gracias al progreso de este tiempo, de tus entrañas sólo quedarán vísceras. Tal vez esos tiempos estén muy cercanos; quién sabe, incluso, si no han llegado y si el florecimiento de nuestra naturaleza no es el único obstáculo que nos impide apreciar el medio en el que respiramos».

Baudelaire escribió ese texto «profético», hace ciento cincuenta años, bajo la II República. (Baudelaire transformó la palabra *Ploutos* «riqueza», en *Plutos*.)

La Edad de Oro o la Edad de Acuario, con su cuerno de la abundancia, está cerca. El salvamento de la humanidad pasa por un renacimiento espiritual; André Malraux escribió: «El siglo XXI será espiritual o no será». Que el hombre haga que lo sea...

ACONTECIMIENTOS PREVISTOS POR NOSTRADAMUS DE 1555 A 2026

(Extractos de *Nostradamus historiador y profeta*)
(tomo I y tomo II)

El Antiguo Régimen

1557	Guerra entre los duques de Alba y de Guisa VI, 29.
1559	Muerte del rey Enrique II en un torneo I, 35.
1560	La conjura de Amboise, el *tumulto* y la guerra de los Guisa IV, 62 y XII, 52.
1562	La guerra de Condé XII, 52.
1565	Sitio de Malta por los turcos IX, 61.
1566	Nostradamus predice su propia muerte el 2 de julio Presagio 141.
1571	Toma de Chipre por los turcos. La batalla de Lepanto XII, 36 - III, 64 y VI, 75.
1572	La matanza de la noche de San Bartolomé. El asesinato de Coligny Sextilla 52 y IV, 8.
1574-1575	Guerra de las *políticas* entre Enrique III y el duque de Alençon VI, 11.
1574-1576	Quinta guerra de Religión III, 98.
1588	Asesinato del duque de Guisa III, 51.
1589	Asesinato de Enrique III. Advenimiento de Enrique IV al trono de Francia IV, 60.
	Sitio de París por Enrique de Navarra IX, 86.
1594	Coronación de Enrique IV en Chartres, su entrada en París IX, 86.
1600	Persecuciones contra los astrónomos: Galileo, Copérnico y Giordano Bruno IV, 18.
1599-1602	Enrique IV traicionado por su amigo Biron. Ejecución de éste Sextilla 6.
1610	Expulsión de los mahometanos de España III, 20.
1625-1628	Sitio de La Rochelle por los ingleses VI, 60 y IX, 18.
1632	Ejecución del duque de Montmorency IX, 18.
1634	Ocupación de Lorena IX, 18.
1636	Guerra contra la Casa de Austria IX, 18.

1640	Las tropas de Luis XVI asedian Barcelona. Ocupación del ducado de Montferrat VIII, 26.
1642	Muerte de María de Médicis, su exilio en los Países Bajos españoles IX, 78.
1618-1648	Guerra de los Treinta Años. Gastón de Orleans en Lorena, su matrimonio secreto con Margarita de Lorena VII, 9.
1646	La flota francesa hundida ante las costas de Córcega III, 87.
	El siglo de Luis XIV X, 89.
1649	Ejecución de Carlos I de Inglaterra. Cromwell «Protector» X, 22.
1658-1714	Ocupación de Bélgica por Francia IX, 49.
1683	Sitio de Viena por los otomanos X, 61.
1688	Revolución en Inglaterra. Conspiración contra Jacobo II. Desembarco de Guillermo de Orange IV, 89.
1689	Guillermo de Orange rey de Inglaterra IV, 89.
1699	Guerra ruso-turca I, 49.
1700	El duque de Anjou, rey de España. Guerra de Sucesión en España V, 49.
1702-1707	Guerra de la Liga de Augsburgo. El duque de Saboya libera Provenza. Revuelta de los *Camisards* y el mariscal de Villars Presagio 2 y IV, 99.
1715	La Regencia III, 15.
1720	La peste de Marsella. La República de las Letras. Los filósofos II, 53 y IV, 28.
1732	Sucesión de los Farnesio en Italia VIII, 66.
1769	Nacimiento de Napoleón Bonaparte I, 60.

La Revolución francesa

1789	Toma de la Bastilla. Juramento del *Jeu de Paume* I, 65.
1791	Huida de la familia real a Varennes IX, 20.
1792	Fin de la monarquía. Proclamación de la I República II, 2 y *Carta a Enrique II*. Toma de las Tullerías. La familia real encarcelada en el Temple, la batalla de Valmy IX, 34 - IX, 58 y Sextilla 9.
1792-1799	Los siete años de la I República VI, 63.
1793	El proceso de Luis XVI. El asunto del armario de hierro. La ejecución de Luis XVI. El Terror. Evasión de

Luis XVII de la prisión del Temple. Ejecución de María Antonieta VIII, 23 - II, 58 y IX, 24.

Felipe Igualdad y la Revolución. Su ejecución. Las matanzas de Nantes. Revuelta de los chuanes II, 98 - III, 66 y V, 33.

1794   Robespierre, el Terror y la fiesta del Ser supremo. Los *Montagnards* VIII, 80 y IV, 63.

1795   Ayuda de William Pitt el Joven a los de la Vendée. Guerra entre Francia, Alemania y España X, 40 y II, 39.

La epopeya napoleónica

1796   La primera campaña de Italia. El ejército sardo se entrega a Bonaparte. Cremona y Mantua. Primera boda de Bonaparte I, 24.

1797   Los ejércitos austriacos vencidos. El ejército de Bonaparte de Verona a Venecia VIII, 11 y VIII, 33.

1795-1799 Los cuatro años de pontificado de Pío VI. Su secuestro por el ejército de Bonaparte. La segunda campaña de Italia VI, 26 y VIII, 8.

1798-1802 Carlos-Manuel IV rey de Cerdeña VIII, 88.

1799   Caída de la I República. El golpe de Estado de 18 Brumario (noviembre). La campaña de Egipto VII, 13 y I, 8.

1799-1814 Los catorce años de reinado de Napoleón I VII, 13.

1800   Masséna en Génova. La derrota del ejército austriaco. Napoleón en Milán. Turín y el papa Pío VI VII, 39 - VII, 15 y VIII, 8.

1804   Coronación de Napoleón. Proclamación del Imperio Sextilla 57 y I, 74.

1805   El duque de Brunswick y las divisiones de Orange, su acuerdo secreto con Dumouriez. La batalla de Trafalgar. Las heridas del almirante Gravina X, 46 y VII, 26.

1806   Wurtzbourg, punto de partida de las conquistas de Napoleón. Anexión de Nápoles y Sicilia. Se inventan los cohetes. El Bloqueo continental X, 13 - III, 25 - IV, 43 y I, 75.

1807   Las tropas francesas en España. Negociación de los Estados pontificios, su anexión IV, 36.

1808-1809 Sitio de Zaragoza. La familia real española en Francia III, 75 - IV, 2 y I, 33.

1809   La segunda boda de Napoleón con María Luisa de Austria. Persecución de los religiosos en Italia y arresto de los sacerdotes Sextilla 57 y VI, 9.

1810   El papa Pío VII internado en Fontainebleau. Divorcio de Napoleón VII, 73.

1812   Wellington en los Bajos Pirineos, en San Juan de Luz, y el general Soult en Bayona. La derrota de la *Grand Armée*. La retirada de Rusia, Bérézina IV, 70 - VII, 85 y VIII, 55.

1813-1814 Las derrotas en Italia. La batalla de Toulouse II, 33.

1814   La batalla de Reims. La primera abdicación. La traición de María Luisa I, 26 y III, 44.

1815   La campaña de Francia y la caída de Napoleón I I, 22. El regreso de la isla de Elba. La batalla de Waterloo. La segunda abdicación. Napoleón prisionero de los ingleses. Su exilio en Santa Helena. La restauración de los Borbones X, 24 - II, 11 - I, 23 y IV, 75 - I, 58.

1815-1821 La isla de Elba y Santa Helena I, 37.

Luis XVIII, Carlos X y Luis Felipe

1820   Asesinato del duque de Berry por Louvel VI, 32.

1821   La agonía de Napoleón en Santa Helena IV, 35.

1825-1833 Guerra de independencia en Grecia. Batalla de Navarino. Matanzas en Quío y Trípoli IX, 75 - V, 95 y VI, 55.

1830   Caída de los Borbones. La bandera tricolor. El asesinato del último de los Condé. Las revoluciones de 1830 y 1848 II, 69 y I, 39.

1830-1870 Cuarenta años de guerra para Francia y, luego, cuarenta años de paz (1871-1911) I, 17.

1832   La revuelta de la calle Saint-Merri VIII, 42.

1840   Napoleón en los Inválidos I, 43.

1840-1847 Los siete años de conquista de Argelia IX, 89.

1842   Muere por accidente el hijo mayor de Luis Felipe VII, 38.

1849   La guerra en el Piamonte. Derrota de Mortara IX, 31.

Napoleón III

1854-1856 Napoleón III. Guerra de Crimea. Sitio de Sebastopol III, 68.

1858 El atentado de Orsini V, 10.

1859 Campaña de Italia de Napoleón III. Napoleón III en Buffalora. Entra en Milán. Los franceses en Turín y Novara. Reunión de los Mil en Génova VIII, 12 - I, 6 y IV, 16.

1860 Víctor-Manuel rey de Italia, Florencia capital. Anexión de Saboya a Francia. Garibaldi de Sicilia hasta Roma. Garibaldi y la expedición de los Mil V, 39 - V, 42 - I, 11 y VII, 31.

1870 El despacho de Ems. Bazaine en Metz. Garibaldi en Magnavacca y Ravena. Fin del poder temporal del papado, bombardeo de la Porta Pía en Roma. El Concilio Vaticano I. La derrota de Sedan. La III República X, 7 - IX, 3 - III, 63 - III, 37 y II, 44.

La III República

1871 Desembarco de Garibaldi en Marsella. La derrota de Bourbaki en Le Mans y de Faidherbe en Cambrai. El ejército del este en Villersexel. Paz de Frankfurt. Anexión de Alsacia y Lorena. Roma capital de Italia. La comuna, guerra civil Sextilla 1 - X, 51 - I, 89 - VI, 87 y II, 77.

1883 Nacimiento de Mussolini entre Rimini y Prato IX, 2.

1889 Nacimiento de Hitler en la frontera austro-bávara III, 58.

El siglo xx
El comunismo. El nazismo
Las guerras mundiales

1900 La *Belle Époque* III, 18.

1900-2000 El siglo de la izquierda II, 10.

1908-1919 La guerra de los Balcanes II, 49.

1914 Atentado en Sarajevo. Muerte de Pío X III, 11.

1914-1918 Primera Guerra Mundial. Reims, centro de la guerra en Francia. Toma de Amberes por los alemanes III, 18 y X, 52.

1916-1918 Batalla del Somme VI, 5.

1917 La revolución bolchevique. Las intervenciones extranjeras en Rusia. El misterio de la matanza de los Romanov. El comunismo y los cantos revolucionarios. Las prisiones. Stalin y la caída del zar Presagio 62 - Presagio 89 y V, 26.

1920 Mustafá Kemal. La revolución turca. El desmembramiento del Imperio otomano y la pérdida de Egipto II, 49 y I, 40.

1922 Proclamación de la Unión Soviética Presagio 62.

1925 Ginebra, centro de conferencias internacionales: Sociedad de Naciones y su heredera la ONU. Primer tomo de *Mein Kampf* I, 47 y V, 5.

1931 Exilio de Alfonso XIII I, 19.

1933 Toma del poder por Hitler, sus trece años de poder (1933-1945) VI, 84.

1934 Franco y la sublevación de Asturias. El nazismo y los campos de concentración X, 48 y VIII, 27.

1936 Franco nombrado jefe de Gobierno en Burgos. Primo de Rivera fundador del fascismo. La guerra de España, toma de Sevilla. Las matanzas de sacerdotes IX, 16 y VI, 19.

1938 Las declaraciones de paz de Hitler. Los acuerdos de Munich I, 34 y VI, 90.

1939 Muerte del papa Pío XI y pontificado de Pío XII. Pacto germano-soviético. Anexión de Eslovaquia, de Polonia. La línea Maginot. La *Drôle de guerre* y el aplastamiento de Polonia V, 56 - V, 4 - IX, 94 - IV, 80 y Sextilla 14.

1940 La invasión de los Países Bajos, Bélgica y Francia. París ocupado. La caída de la III República y el gobierno de Vichy. El general De Gaulle: *el segundo Trasíbulo*. La línea de demarcación VI, 30 - Sextilla 54 - *Carta a Enrique II* y I, 78.

1941 Invasión de Rusia por los ejércitos alemanes III, 33.

1942-1944 Los veinte meses de ocupación total de Francia por los alemanes. Los hornos crematorios: Hitler el nuevo Nerón VIII, 65 y IX, 17.

1943-1944 Liberación de Italia por los americanos, los ingleses y los franceses. Toma de Roma. Liberación de Córcega. Conferencia de Teherán V, 99 - V, 63 - IX, 54 y IV, 59.

1944   El atentado del 20 de julio contra Hitler. Desembarcos de Normandía y Provenza. El secuestro de Pétain por los alemanes, su traición, su encarcelamiento en la isla de Yeu IX, 53 - I, 29 y X, 23; IV, 32 y III, 47.
Desembarco de Normandía I, 29.

1945   La caída de Hitler. Fin de Mussolini y del fascismo en la Piazza Colonna de Roma. Transporte de Mussolini en un camión a Milán y su ejecución. Reunión de los ejércitos americano, francés, inglés y ruso en el Danubio VIII, 81 - IX, 2 - I, 10 y II, 24.

1945-2025

1945   Destrucción de Hiroshima y Nagasaki II, 6 y II, 91.

1946-1946 El proceso de Nuremberg. La guerra fría II, 38.

1948   Regreso de los judíos a Palestina. El Estado de Israel II, 19.

1950   La amistad franco-alemana VIII, 3bis.

1956   La insurrección húngara, su sangrienta represión II, 90.

1958   La caída de la IV República y el regreso al poder del general De Gaulle III, 59.

1967   La guerra de los Seis Días III, 97.

1973   La guerra del Kippur. El ataque sorpresa de Egipto Sextillas 31 y 35.

1974   Dimisión de Golda Meir VIII, 96.

1978   Revolución en Irán. El ayatolá Jomeini en Neauphle-le-Château I, 70.

1979   Caída del sha. Toma del poder por los religiosos en Irán. República islámica X, 12.

1981   La rosa (socialismo) llega al poder en Francia: II, 97. Las etapas de la carrera política de François Mitterrand: 1916, 1966, 1970 y 1981 Sextilla 44.
La profecía de Nostradamus llega a todo el mundo gracias a los medios de comunicación. Asesinato de Anuar el Sadat. El golpe de Estado del general Jaruzelski y las persecuciones contra la Iglesia. Manifestaciones pacifistas II, 97 y V, 96 - III, 2 - II, 34 - V, 73 y I, 91.

1981-1984 Del 10 de mayo de 1981 al 20 de julio de 1984: los tres años y setenta días de presencia de los ministros comunistas en el Gobierno VI, 74.

1982	Guerra de las Malvinas. Atentado contra Juan Pablo II en Fátima por un integrista III, 1 y VIII, 94.
1985	Ruptura de relaciones diplomáticas con Irán Sextilla VIII.
1985	El accidente nuclear de Chernobyl mientras el cometa Halley se hallaba a igual distancia de Saturno y Marte en el mapa del cielo IV, 67.
1988	El cisma de monseñor Lefèvre V, 46.
	Inundaciones en Nîmes X, 6.
1989	El regreso de los seminaristas de Écone al seno de la Iglesia Presagio 75.
1990	Iraq contra Occidente: ataque sorpresa contra Kuwait siete meses después de la caída del muro de Berlín. El estallido del Pacto de Varsovia VII, 23 y V, 81 - II, 88 - I, 50.
1991	Guerra civil en Yugoslavia. Fin del comunismo en la Unión Soviética después de setenta años de la proclamación de la URSS (30 de diciembre de 1922, a agosto de 1991) II, 32.
1991-2000	Continuación de la guerra en los Balcanes II, 32 - IX, 60 - II, 84 - IX, 30 - VIII, 83 y IV, 82.

♦ Hebrón ciudad faro del conflicto israelo-palestino III, 12 y VI, 88.

♦ Importante papel de Irak, Irán, Siria y Libia en el levantamiento del Islam contra Occidente III, 61 - III, 27 y I, 8.

♦ Irán levanta a Argelia y Túnez contra Occidente I, 73.

♦ El rey de Marruecos es detenido por traición y encarcelado por los integristas VI, 54.

♦ Toma del poder por los integristas musulmanes en Turquía.

♦ Una sequía excepcional III, 3 - I, 17 y III, 4.

♦ Multiplicación de sectas I, 45 - I, 55 - VII, 14 - Presagios 118 y 109.

♦ Afganistán se une al mundo árabe contra Occidente III, 90.

♦ Nueva guerra israelo-árabe que provoca la pelea entre *los dos unidos* (Unión Soviética y Estados Unidos) V, 78.

♦ De Israel la guerra se extiende a Europa, invadida por

el ejército ruso y tropas árabes que desembarcan en Italia y en las costas mediterráneas de Francia (Marsella, La Seyne-sur-mer, Port-de-Bouc, Agde). Hundimiento de la bolsa y alza del precio del oro III, 12 - I, 18 - I, 28 - VIII, 21 y VII, 35.

• Francia ocupada durante dos años. Duración de la guerra para Francia: tres años y siete meses X, 32. El ejército ruso pasa por Italia (Tizino) y Suiza, entregada al saqueo. Destrucción de Ginebra y Lausanne afectada por una catástrofe ecológica: contaminación del lago Leman IV, 82 - VI, 79 - IX, 44 y II, 64 - VIII, 10.

• París y Tours destruidos. Combates en el sudoeste III, 84 - VI, 43 - III, 92 y IV, 46.

• Desembarco anglo-americano en las costas de Guyenne y en Portugal. Papel esencial del rey de España en la guerra contra el Islam. Un ejército francés desempeña un papel importante con el gran CHYREN a su cabeza X, 11 - X, 95 - VI, 70 - IX, 41 y IV, 34.

• Un ejército ruso es derrotado en Maurienne X, 37.

• Inglaterra ocupada (túnel bajo la Mancha) X, 68 - V, 93 - V, 62 y X, 66.

• El Papa huye de Roma y se refugia en Lyon donde es asesinado (probablemente un 13 de diciembre) V, 57 y IX, 68.

1998-1999 Catástrofe económica y bursaria.

1999 China y sus aliados entran en guerra con el Anticristo a su cabeza: *Carta a Enrique II* y X, 72.

Tercera Guerra Mundial Sextilla 27.

El Anticristo y su guerra de veintisiete años (1999-2025) VI, 10 - VI, 81 - II, 29 - V, 54 - IX, 45 - IX, 50 - VIII, 77 y X, 66.

Destrucción de Roma I, 69 - II, 93 - X, 20 y III, 17.

2026 La Edad de Oro y la paz universal IV, 39 - X, 74 y VII, 41.

Bibliografía

Advertencia

Pero sabe, hijo mío, que los hombres harán tan gran e incomparable jactancia sobre el modo como he encontrado el mundo.

NOSTRADAMUS,
Carta a su hijo César

La siguiente bibliografía engloba más de trescientos títulos de publicaciones sobre Nostradamus. Esta abundante «jactancia» había sido perfectamente predicha por Michel de Notre-Dame en el prefacio dirigido a su hijo. Esta bibliografía, aunque la más completa, que yo sepa, hasta hoy, no tiene la pretensión de haber catalogado todo lo que ha podido escribirse sobre Nostradamus, especialmente fuera de Francia.

Si nos entregamos a un análisis cifrado, advertiremos que los Fontbrune, padre e hijo, han «inspirado» a un gran número de autores que han utilizado, ampliamente, sus trabajos (1934-1999, es decir 65 años de investigaciones) para «producir» algunos escritos, comerciales, plagiarios o denigrantes, pero que el tiempo sienta un maligno placer al borrarlos de la memoria colectiva.

Así, desde la fecha de la primera publicación de las centurias, 1555, hasta 1938, fecha de la aparición del primer libro del doctor de Fontbrune, encontramos 99 títulos en 383 años, es decir, una media de 0,25 título por año. De 1938 a 1980, fecha de aparición de *Nostradamus historiador y profeta*, encontramos 157 títulos en 42 años, es decir, cuatro títulos por año aproximadamente. Y de 1980 a 1999 no hay menos de 250 títulos consagrados a Nostradamus en unos dieciocho años, es decir una media de casi catorce libros anuales. Y el inventario, sin duda, no es completo. ¿Qué ocurrirá después de esta obra?... Es esencial recordar que *Nostradamus historiador y profeta* (Éditions du Rocher, 1980) fue el segundo best-seller sobre el tema, después de *Les Prophéties de Maître Michel Nostradamus expliquées et commentées* (Éditions Michelet, Sarlat, 1938) del doctor Max de Fontbrune que, entre 1938 y 1940, vendió 60 000 ejemplares, cifra muy importante para la época. Y probablemente la carrera de la obra hubiera sido más brillante aún si la policía de Vichy no la hubiera prohibido y secuestrado el 13 de noviembre de 1940.

ALI Rachid et Édith, *Nostradamus 1983* en n.º 1, col. «Noir et Blanc», Société Française de Revues, París, 1982.

ALLAINES Henri d', *Actualité de l'Apocalypse*, La Colombe, París, 1963.

ALLEAU René, *Nostradamus, le plus grand prophète de l'histoire* en Sallonensa, Salon-de-Provence, 1957.

ALLEMAND Jean-Marc, *Nostradamus et les tréteaux de l'Antéchrist*, éd. Guy Trédaniel, París, 1993.

ALLGEIER Kurt, *Die grossen Prophezeiungen des Nostradamus in moderner Weissagungen bis ins Jahr 2050*, Wilhelra Heyne Verlag, Munich, 1982.

ALLIAUME Maurice, *Magnus Rex de Nostradamus et son drapeau*, editado à cuenta de autor, Chartres, 1948.
—*Prédictions vraies de Nostradamus et Mandragore*, editado a cuenta de autor, Chartres, 1949.
—*Tableau miraculeux de Rubens cryptographiquement prévu par Nostradamus représentant au réel la naissance de Louis XIII, mais au figuré celle du masque de fer*, editado a cuenta de autor, Chartres, 1958.

AMADOU Robert, «Le Devin et son art», en *Le Crapouillot*, n.º 18, 1952.
—«Nostradamus, un poète?», en *Question de*, n.º 44, octubre-noviembre 1981, Retz, 59930 La Chapelle-d'Armentières.

AMARIU Constantin, *Les Prophéties de l'an 2000*, éditions France-Empire, París, 1983.

AMIAUX, *Nostradamus*, Sorlot, París, 1939.

ANÓNIMO, *La première invective du seigneur Hercules, le Françis, contre Nostradamus,* Roux, Lyon, 1557.

–*Huictain contre Nostradamus*, Roux, Lyon, 1557.

–*Déclaration des abus, ignorances, séditions de Michel Nostradamus*, Pierre Roux et Jean Tremblay, Avignon, 1558.

ANQUETÍL Georges, *L'Anti-Nostradamus*, éd. de la Maison des Écrivains, París, 1940.

ANTIPAS, *À la rencontre des ordres de Dieu: le livret des temps*, ciclostilado inédito, Visé (Bélgica), 1990.

ARTIGNY Abbé d', *Nouveaux mémoires d'histoire, de critique et de littérature*, 1974.

ASTRUC Jean, *Mémoires pour servir à l'histoire de la faculté de Montpellier*, 1767.

AUCLAIR Raoul, *Les Centuries de Nostradamus*, Deux-Rives, París, 1958.

–*Le crépuscule des Nations*, La Colombe, París.

–*Les centuries de Nostradamus ou le dixième livre sibyllin*, Nouvelles Éditions Latines, París, 1957, 1975, 1981.

BALDUCCI Richard, *La vie fabuleuse de Nostradamus*, Éditions Filipacchi, París, 1991.

BARBARIN Georges, *Les derniers temps du monde, de l'Antéchrist au Jugement dernier*, col. «Histoire et tradition», éd. Dervy, París, 1951.

BARESTE Eugène, *Éditions des centuries*, Maillet, París, 1840-1842.

BARTOSHEK Norbert, *Nostradamus und Seine berhümte Prophezeiungen*, 1946.

BELLAND Doctor, *Napoléon, premier empereur des Français, prédit par Nostradamus*, París, 1806.

BELLECOUR Élisabeth, *Nostradamus trahi, suivi du texte original et complet des dix centuries*, edición de 1605, Robert Laffont, París, 1981.

BELTHIKINE G., «Un document chiffré: le secret des centuries» en revista *Inconnues*, n.º 12, Lausanne, 1956.

BENEDETTI F. M., *Nostradamus, les nouvelles prophéties pour les cinquante dernières années*, éd. De Vecchi, París, 1997.

BERTRAND Michel, *Histoires secrètes de la Provence*, col. «Histoire secrète des provinces françaises», Albin Michel, París, 1978.

BICHAT Félix, *Les prédictions sensationnelles de Nostradamus, qui était Nostradamus?*, éd. Administration, 14, rue Duphot, París, sin fecha (hacia 1940).

BJORNDAHL-VEGGERBY Paul, *Nostradamus et les ruines gallo-romaines à Martres-Tolosane*, éd. Leisner, Copenhague, 1976.

BLANCHARD y REYNAUD-PLENSE, *La vie et oeuvre de Nostradamus*, Imp. Léon Guillaumichon, Salon-de-Provence, 1963.

Histoire de Salon, Salon-de-Provence, 1935.

BOESER Knut, *Nostradamus*, L'Archipel, Montréal, 1995.

BONIFACE A., *Buonaparte prédit par des prophètes et peint par des historiens, des orateurs et des poètes ou morceaux en prose et en vers sur les circonstances actuelles, recueillis par A. Boniface*, de l'imprimerie de D'Hautel, París, 1814.

BONNELIER Hippolyte, *Nostradamus, roman historico-cabalistique*, (2 volúmenes), A. Ledoux, París, 1833.

BONNET Jean, *Résumé des prophéties de Nostradamus. Les événements et les symboles*, seguido por *Commentaires de la Bible par Nostradamus* y por la determinación de fechas en Nostradamus, París, 1973.

BONNOT Jean De, *Les Oracles de Michel de Nostre-Dame dit Nostradamus. Commentaires d'Anatole le Pelletier et Serge Hutin*, (2 volúmenes), París, 1976.

BORBONELLI DI PARMA Leonidas Antonio di, *Tesi Nostradamus*, 1989. Pretendiente a la sucesión de Luis XVII: demostración por medio de las cuartetas de Nostradamus, inédito.

BOSCOLO Renuccio, *Les vraies centuries et prophéties de Maître Michel Nostradamus* (M.E.B.), Milán, 1972.

–*Nostradamus, centurie et présagi*, Oscar Mondadori, Milán, 1979.

–*Key to the Future, Key Foundation*, Abbot Press, Burlingame, California, 1984.

BOSWELL Rolfe, *Nostradamus Speaks*, 1941.

BOUCHE Honoré, *La chorographie de l'histoire de Provence*, Charles David, Aix-en-Provence, 1664.

BOUCHET Marguerite, *Les oracles de Michel de Nostre-Dame*, Les Livres Nouveaux, París, 1939.

BOULENGER Jacques, *Nostradamus*, Excelsior, París, 1933.

BOUTIN André, *Michel de Nostre-Dame, astrologue et médecin*, tesis para el doctorado en medicina, Librairie Le François, París, 1941.

BOUYS Théodore, *Nouvelles considérations sur les oracles et particulièrement sur Nostradamus*, Desenne, Deray, París, 1806.

BOYER Jean, «Deux peintres oubliés du XVII siècle, Étienne Martellange et César Nostradamus» en *Bulletin de la Société de l'Histoire de l'Art français*, páginas 13 a 20, 1971.

BRICAUD Joanny, *La guerre et les prophéties célèbres*, París, 1916.

BRIND'AMOUR Pierre, *Nostradamus astrophile*, Les Presses de l'Université d'Ottawa, éditions Klincksieck, Canadá, 1993.

BUGET P. F., «Étude sur Nostradamus» en *Bulletin du Bibliophile de la Librairie Techner*, París, 1860.

BUSET Claude, *Nostradamus et autres prophètes du Père et de l'Esprit*, La Pensée Universelle, París, 1974.

BUSQUET Raoul, *Nostradamus, sa famille et son secret*, Fournier Valdes, París, 1950.
—«La Maladie et la mort de Nostradamus» en *Aesculape*, noviembre 1950.

CABERT, *Nostradamus profezie da domani al 2000*, Collezione «I Grandi misteri», Italia, 1983.

CADRES Geoffroy, *L'étrange auteur Nostradamus*, La Pensée Universelle, París, 1978.

CALDOLLE Comte de, *Armorial de César de Nostre-Dame*, Arles, 1899.

CAVANAGH John, *Michel de Nostradamus*, 1923.

CAVE Térence C., «Peinture et émotion dans la poésie religieuse de César de Nostre-Dame» en *Gazette des Beaux-Arts*, t. LXXV, enero 1970.

CENTURIO N., *Nostradamus, der Prophet des Welgeschichte*, Richard Schiknvski, Berlín, 1955 et Turm Verlag, Bietighehl/-Wurt., 1977.

–*Die grossen Weissagungen des Nostradamus, prophetische Weltgeschichte bis, zum Jahr 2050*, Wilhelm Goldmann Verlag, 1981.

COLBERT Albert, *Nostradamus, profecías, centurias y testamento*, A T E, Barcelona, 1982.

CHABAUTY Abbé E. A., *Lettres sur les prophéties et concordances de toutes les prédictions jusqu'au règne de Henri V*, Henri Houdin, Poitiers, 1872.

CHARPENTIER Josiane, *Le livre des prophéties, de l'énigme de la Grande Pyramide aux métamorphoses de l'an 2000*, Robert Morel, Forcalquier, 1971, et Bibliothèque Marabout, collection «Univers secret».

CHATELAIN Maurice, *La fin du monde*, Le Rocher, 1982.

CHAVIGNY A. de, *Les Pléiades du Sieur de Chavigny, Beaunois, divididas en VII libros, basados en las antiguas profecías y conferidos con los oráculos del célebre y renombrado Michel de Nostradamus, que fuera consejero y médico de tres reyes muy cristianos. Donde se habla del transcurso de los siglos, cambio del Imperio y avance del mundo cristiano...* Lyon, Pierre Rigaud, 1604, 2 partes en un volumen.

CHAVIGNY J. A. de, *Commentaires du Sieur de Chavigny sur les centuries et pronostications du feu Michel de Nostre-Dame*, De Breuil, París, 1596.

–*La première face du Janus français extraite et colligée des centuries de Michel Nostradamus*, Herederos de Pierre Roussin, Lyon, 1594.

–*Vie et Testament de Michel Nostradamus*, París, 1789.

–«Bref discours sur la vie de Michel de Nostre-Dame» en *Revue de l'Agenois*, 1876

CHEETHAM Erike, *The prophecies of Nostradamus, Complete works of the 16th century astrologer who predicter air travel, the Second World War and the assassination of president Kennedy*, Neville Spearman, 1973, Londres, y Gorgi Books, Londres, 1985, 1987, 1988, G. P. Putnam's Sons, Nueva York, 1990.

–*The Further Prophecies of Nostradamus, 1985 and beyond*, The Putnam Publishing Group, Nueva York, 1990.

–*The prophecies of Nostradamus*, Perigee Books, G. P. Putnam's Sons, Nueva York, 1989.

CHOLIER Antoine, *Les prophéties de maistre Michel Nostradamus*, Imprimerie Allier, Grenoble, 1940 (conferencia).

CHOMARAT Michel, *Nostradamus entre Rhône et Saône*, ed. Ger, Lyon, 1971.
–*Supplément à la bibliographie lyonnaise des Nostradamus*, Centre culturel de Buenc, Lyon, 1976.
–«Nouvelles recherches sur les "prophéties" de Michel Nostradamus», en *Refue française d'histoire du livre*, n.º 22 Burdeos, 1 er trimestre de 1979.
–*Bibliographie lyonnaise de Nostradamus, suivie d'un inventaire des manuscrits relatifs á la famille Nostradamus*, Centre Culturel de Buenc, Lyon, 1973.

CHRISTIANI Chanoine, *Nostradamus, Malachie et Cie*, Le Centurion, París, 1955.
–«Un curieux homme: Nostradamus» en *Ecclesia*, n.º 73, 1955.

CLARK BELLEVILLOISE, *Nostradamus n.º 3*, col. «Self», Société Française de Revues, París, 1983.

CLAVIEZ Jacques, *Nostradamus, prophéties*, J. C. I. inc., Montréal, Canadá, 1994.

CLÉBERT Jean-Paul, *Nostradamus, mode d'emploi, la clé des prophéties*, J.-C. Lattès, 1981.
–*Nostradamus*, Édisud, 1993.

COLBERT Abel, *Nostradamus, profecías, centurias y testamento*, Editorial A. T. E., Barcelona, 1982.

COLIN DE LARMOR, *La guerre de 1914-1918 vue en 1555 par Nostradamus*, La Roche-sur-Yon, 1922.
–*Merveilleux quatrains de Nostradamus*, Nantes, 1925.
–*Appendice des merveilleux quatrains de Nostradamus*, Nantes, agosto de 1929.

COLIN-SIMARD, «Rois et reines au rendez-vous des astrologues», en *Historia*, n.º 157, 1959.

COMTE Alain, sin título. Comentario del libro de Jean-Charles de Fontbrune, inédito.

CORVAJA Mireille, *Les prophéties de Nostradamus*, éditions De Vecchi, París, 1975. Reediciones a partir de 1981.

–*Les prophéties de Nostradamus, avec le texte intégral des centuries commenté*, éditions De Vecchi poche, París, 1994.

COUILLARD Antoine, *Les Contredits aux prophéties de Nostradamus*, Charles d'Angelier, París, 1560.

CRESCIMBENI Giovanni-Mario, *Istoria della volgar poesia*, t. II: *le vite de piu celebri poeti provenzali, scritte in lingue francese da G. M. Crescembeni* (Véase Jean de Nostre-Dame).

CROCKETT Artur, *L'histoire prodigieuse, les prophéties inédites de Nostradamus*, difundida por Les livres indispensables de Jacques Sanglier, Cannes, 1984.

CROUZET François, *Nostradamus, poète français*, col. «Idée fixe», Julliard, París, 1976.

DAUDET L., «Nostradamus», en *Revue Universelle*, tomo I, 1925.

DAVID-MARESCOT Yves e Yvonne, *Prédictions et prophéties*, Idégraf et Vernoy, Ginebra, 1979.

D. D., *The prophecies of Nostradamus concerning the kings and queens of Great Britain*, Londres, 1715.

DECAUX Alain, «Les prodiges de Nostradamus», en *Histoire pour tous*, n.º 105, enero de 1969.

DELANGE Christian, *Les nouvelles révélations de Nostradamus* (varios opúsculos), éditions SPAL, 1994.

DELCOURT Marie, *L'oracle de Delphes*, 1954.

DEMAR-LATOUR, *Nostradamus et les événementes de 1914-1916*, París, 1916.

DEMARIA Michel, sin título: documento sobre el libro de Jean-Charles de Fontbrune, inédito.

DEPERLAS Félix, *L'avenir ou les grands personnages et les grands événements de ce temps*, París, 1885.
–*Révélations de la Providence*, París, 1885.

DOMENEGHINI F., *Nostradamus, toutes les prévisions jusqu'en 2050*, éd. De Vecchi, París, 1998.

DOUSSY Michel, «Nostradamus, 1999, un tournant de l'histoire», en *Constellation*, n.º 166, febrero de 1962.

DUFRESNE Michel, *Nostradamus, première centurie*, Les Éditions JCL Inc. Chicoutimi, Québec, Canadá, 1989 y Éd. Pygmalion/Gérard Watelet, París, 1994.

–A continuación: Deuxième, Troisième y Quatrième centuries, 1995, 1996, 1997.

DUMÉZIL Georges, ... *Le moyne noir en gris dedans Varennes, sotie nostredamique*, éditions Gallimard, París, 1984.

DUPONT-FOURNIEUX Y., *Les derniers jours del derniers temps* (prefacio del doctor de Fontbrune), La Colombe, París, 1959.

ÉDOUARD P., *Texte ofiginal et complet des prophéties de Nostradamus*, Les Belles Éditions, París, 1939.

ÉDOUARD & MÉZERETTE, *Texte origianl des prophéties de Nostradamus de 1600 à 1948 et de 1948 à l'an 2000*, Les Belles Éditions, París, 1947.

ERLANGER Philippe, «La reine du massacre», en *Historia*, n.º 340, marzo de 1975

FERVAN Jean, *La fin des temps*, éditions La Bourdonnais, París, 1937.

FLORIAN, *Nostradamus, prophéties pour demain à l'an 2000, les grands mystères du mage enfin révélés*, col. de la chance, París, 1982.

FONTBRUNE Doctor Max de, *Les prophéties de Nostradamus dévoilées, lettre à Henry Second*, Adyar, 1937.

–*Les prophéties de maistre Michel Nostradamus expliquées et commentées*, éditions Michelet, Sarlat, 1938, 1939, 1940 (ediciones embargadas en la imprenta de Cahors y destruidas por la policía de Vichy, el 13 de noviembre de 1940). Reimpresión en 1946, 1958, a cuenta del autor en 1975, Jean-Charles de Fontbrune, Aix-en-Provence.

–*Ce que Nostradamus a vraiment dit* (Prefacio de Henry Miller): reimpresión del precedente, Stock, París, 1976.

–*Was Nostradamus wirlich sagte*, Molden Verlag, Munich, 1981.

–*La prédiction mystérieuse de Prémol*, Michelet, Sarlat, 1950.

–«Pourquoi je crois en Nostradamus», en *Ecclesia*, n.º 82, 1956.

–«Le docteur Nostradamus vous parle», en *Les cahiers de Marottes e violons d'ingres*, n.º 10, París, 1953.

FONTBRUNE Jean-Charles de (fils du docteur Max de Fonbrune), *Nostradamus historien et prophète*, Le Rocher, Mónaco, 9 de octubre de 1990.

Primera edición: 200 ejemplares numerados del 1 al 200, constituyendo la edición original.

Edición Club: France-Loisirs, 1982.

Edición con cubierta en *skivertex* negro con un tiraje de 6.000 ejemplares, Le Rocher, 1981.

Col. «Presses Pocket», n.º 2077, París, 1982.

Ediciones no francesas:

 * Canadá: Éditions France-Amérique, Montréal, 1981.
 * España: Barcanova, Barcelona, 1981. (De 1981 a 1991 trece ediciones.)

   Edición especial: Caja de Ahorros de la Inmaculada, Barcanova, 1982.

   Edición Club: Círculo de lectores, 1982.
 * Portugal: Editorial Presença, Lisboa, 1981.
 * Alemania: Paul Zsolnay Verlag, Viena y Hamburgo, 1981.

   Edición Club, C. A. Koch's Verlag Nachf., Berlín, 1982.
 * Gran Bretaña y países de la Commonwealth: Hutchinson Books, Londres, 1982.

   Edición de bolsillo: Pan Books, Londres y Sidney, 1984.
 * Estados Unidos: Holt, Rinehart and Winston, Nueva York, 1983.
 * América Latina: Editora Nova Fronteira, Rio de Janeiro, 1982.

   Edición Club: Circulo do Livro S. A., Sao Paulo, Brásil, 1984.
 * Turquía: Milliyet Yaynlari, Estambul, 1982.
 * Grecia: Plipper Books Ltd, Atenas, 1983.

   —Nostradamus historien et prophète, lettre à Henry, roy de France second, nouvelles prophéties, les preuves, tomo II, Le Rocher, Mónaco, 1982. Primera edición de 200 ejemplares numerados del 1 al 200, constituyendo la edición original.

Ediciones no francesas:

 * Italia: *Nostradamus, nuovi testi, nuove profezie, nuove prove*, Mondadori, Milán, 1983.
 * Gran Bretaña: *Nostradamus 2, into the Twenty-First Century*, Hutchinson, Londres, 1984.
 * España: *Nuevas profecías de Nostradamus, Carta a Enrique, rey de Francia segundo, pruebas de las profecías cumplidas desde octubre de 1980*, Juan Granica, Barcelona, 1983.

- América latina: *Nostradamus historiador y profeta, vol. II* Nova Fronteira, Río de Janeiro, 1983.
- Estado Unidos: *Nostradamus 2 into the twenty-first century*, Henry Holt and Company, Nueva York, 1987.

  –*Les Prophéties de Malachie, histoire et prophétie des papes*, Le Rocher, Mónaco, 1984. Primera tirada de 111 ejemplares numerados de 1 a 111, que constituyen la edición original. El número 110 se entregó al papa Juan Pablo II et le número 111 está reservado para su sucesor.

Ediciones no francesas:
- Canadá: Édition Libre Expression, Montréal, 1984.
- España: *La Profecía de los Papas*, Martínez Roca, Barcelona, 1985.

  Edición especial reservada a los libreros (50 ejemplares); cubierta de Skyvertex rojo, noviembre de 1985.
- Italia: *Le Profezie dei Papi*, Armenia, Milán, 1986.
- Portugal y América latina: *Historia et Profecia dos Papas*, Publicaçoes Europa-America, Portugal, 1985.

  –*La Comète et les Prophéties*, Michel Lafont, París, 1986.

  –España: *Los cometas y las profecías*, Martínez Roca, Barcelona, 1986.

  –«Le Message d'espoir de Nostradamus», en *L'Âge d'Or*, nº 1, éditions Pardes, 61300 L'Aigle, invierno de 1983.

  –«Nostradamus et Salon-de-Provence», en *Agenda du Pays Salonais*, Librairie Le Livre de France, Salon-de-Provence, 1991.

  –«Nostradamus historien et prophète», en *Agenda du Pays Salonais*, Librairie Le Livre de France, Salon-de-Provence, 1992.

  –*Henry Miller et Nostradamus, entretiens sur la fin d'un monde*, Le Rocher, 1994.

  –*Nostradamus, nouvelles prophéties - 1995-2025*, éditions Ramsay, 1995. «Succès du livre» 1996.

Ediciones no francesas:
- Corea: Inner World publishing, 1996.
- España: Martínez Roca, Barcelona, 1996.
- Portugal: Livros de Vida, 1996.

* Brasil: Nova Era, Río de Janeiro, 1997.
* Italia: Amoldo Mondadori, Milán, 1996. Col. «Nuovi misteri», 1997.
* Alemania: VPM Verlagsunion, Rastatt, 1996.
  –Monsieur de Nostradamus - biographie, éditions Ramsay, París, 1997. «Succès du livre», 1997.

FORETICH Rodolphe, *La Prophétie des papes analysée à la lumière des prédictions de Nostradamus*, Salvador, 1961.

–La Grande Tourmente d'après les prédictions de Nostradamus et la chronologie prophétique de la grande pyramide, El Cairo, 1946.

FORMAN Henry-James, *Les prophéties à travers les siècles*, Payot, París, 1938.

FRANCESCO Antoine de, *Centuries sur l'entité, sur les traces de Nostradamus -philosophie métaphysique*, edición del autor en Montrouge.

FRONTENAC Roger, *La clé secrète de Nostradamus*, Denoël, París, 1950.

FULKE, *Contra inutiles astrologorum praedictiones, Nostradamus*, Cunningham, 1560.

GALLOTI A., *Nostradamus, las profecías del futuro*, Martínez-Roca, Barcelona, 1981.

GARÇON Maurice, «Il y a 450 ans Nostradamus naissait», en *Historia*,n° 85, 1953.

GARENCIÈRES Théophilus, *The true profecies of prognostications of Michael Nostradamus*, Londres, 1672.

GAUQUELIN Michel, «Les astres ont-ils changé le cours de l'histoire?», en *Historia*, n° 203, 1963.

–Nostre-Dame des étoiles en La Vie d'avance, Tchou-Laffont, 1978.

GAY-ROSSET Claude, «Michel de Nostre-Dame, une rencontre du quatrième type», en *Midi-Mutualité*, n° 12, enero-febrero 1979, Marsella.

GIMON Louis, *Chroniques de la ville de salon depuis son origine jusqu'en 1792 adaptées à l'histoire*, Aix-en-Provence, 1882.

GIORGI Giorgo, *Il prossimo futuro*, Armenia Editore, Milán, 1980.

GIRARD Samuel, *Histoire généalogique de la Maison de Savoie*, 1660.

GRAVELAINE Joëlle de, *Prédiction et prophéties*, Hachette, París, 1965.

GUÉRIN Pierre, *Le véritable secret de Nostradamus*, Payot, París, 1971.

GUICHARDAN S., *La chasse aux prophéties*, Bonne Presse, Limoges, 1941.

GUICHENOU Joseph, *Catalogue de tableaux au musée Calvet*, Avignon, 1909.

GUILHAUME Philippe, *Nostradamus, l'exploitation séculaire d'un fonds de commerce*, R.M.C. Édition, 1987.

GUY Robert, *Nostradamus, prévisions 1984*, nº 11, colección 33, édition Teain International, 93100 Montreuil, 1984.

GUYNAUD Balthazard, *Concordance des prophéties depuis Henri II jusqu'à Louis le Grand*, Jacques Morel, París, 1693.

HADÈS, *Que sera demain?*, La Table Ronde, París, 1966.

HAITZE Pierre-Joseph, *La vie de Nostradamus*, David, Aix-en-Provence, 1712 y 1911.

HAROLD R.A., *Les prophètes et les prophéties de l'apocalypse à nos jours*, La Caravelle, Bruselas. L'Avenir, París, 1948.

HEWITT V.J. & PETER Lorie, *Nostradamus, prédictions pour la fin du millénaire*, éditions Solar, París, 1992.
Edición alemana: *Die unglaublichen Weissagungen des Nostradamus zur Jahrtausendwende*, Die Bertelsmann Club Gmb, Gütersloh, 1991.

HILDEBRAND Jakob, *Nostradamus sueddeutsche monatshefte*, 1932.

HOGUE John, *Nostradamus and the Millenium*, Labyrinth Publishing, Suisse, 1987, edición francesa con el título de: *Nostradamus, les Révélations*, Arthaud, París, 1988.

HOLTZAUER Jean-Louis, «Nostradamus, un praticien sous la Renaissance», en *Revue des laboratoires SOBIO*, Éd. Labo 92, París, 1975.

HUNTER Cyril L., *Lux in Tenebris*, Amberes, 1982, manuscrito ciclostilado, inédito.

HUTÍN Serge, *Les Prophéties de Nostradamus avec présages et sixains*, Pierre Belfond, París, 1972, 1978, 1981. Poche Club, París, 1966, Hachette, París, 1975.

–*Les Prophéties de Nostradamus*, Club Géant Historique, Les Éditions de la Renaissance, París, 1966.

Formato de bolsillo: col. «J'ai lu», nº A396.

–*Nostradamus et l'alchimie*, éditions du Rocher, París, 1988.

HYMAN, STENFER KORESE & VAN DE ZANDE, *Voorspellingen die uitgekomen zyn, Michael Nostradamus spreekt in 1558 over het verloop en den uitslag van dezen oorlog*, Arnhem, Holanda, sin fecha (hacia 1940-1945).

IACCHIA U., *La Tunisie vue par Nostradamus*, Imprimerie d'art, Tunez, sin fecha (hacia 1940).

I. A. F., *Le substrat mathématique de l'ouvre de Nostradamus*, Psyché, París, 1949.

I. M., *Les vrayes centuries de Me Michel Nostradamus expliquées sur les affaires de ce temps*, I. Boucher, 1652.

IONESCU Vlaicu, *Le Message de Nostradamus sur l'ère prolétaire*, edición a cuenta de autor, difundida por Dervy Livres, París, 1976.

–«Nostradamus et la Gnose», en *Atlantis*, nº 301, Vincennes, enero-febrero 1979.

–*Nostradamus. L'Histoire secrète du Monde*, éditions du Félin, París, 1987.

IONESCU Vlaicu y BROSSES Marie-Thérèse de, *Les dernières Victoires de Nostradamus*, éditions Filipacchi, París, 1993.

IRISCH JOSS, *Nostradamus, profecías de ayer, hoy y mañana*, Mundo Actual de Ediciones, S.A., Barcelona, 1981.

IVELINE M.U., *Nostradamus*, Editorial Orbe, Santiago de Chile, 1972.

JACQUEMIN Suzanne, *Les Prophéties des Derniers Temps*, La Colombe, París, 1958.

JANT Chevalier de, *Prédictions tirées des centuries de Nostradamus qui vraisemblablement peuvent s'appliquer à la guerre entre la France et l'Angleterre contre les Provinces Unies*, 1673.

–*Prophéties de Nostradamus sur la longueur des jours et la félicité du règne de Louis XIV*, 1673.

JAUBERT Étienne, *Éclaircissement des véritables quatrains de Nostradamus et vie de M. Nostradamus*, Amsterdam, 1656.

JOVIAL Alexis, *Lettre ouverte au roi*, La Pensée Universelle, París, 1983.

KERDELAND Jean de, *De Nostradamus à Cagliostro*, éditions Self, París, 1945.

KERT Christian, *Nostradamus le mage de salon*, éditions des Centuries, Salon-de-Provence, 1975.

KLINCKOWSTROEM G. C. von, *Die âlsteten Ausgaben des «Prophéties» des Nostradamus*, Berlín, marzo 1913.

KNIEPF Albert, *Die Weisagungen des alt Fransôsichen Sehers Michel Nostradamus und Weltkrieg*, Hamburgo, 1915.

KRAFT Karl E., *Nostradamus precize vütorul Europei*, Bucarest, 1941.

KUBNICK Henri, *La Grande Peur de l'an 2000*, col. «Les Chemins de l'Impossible», Albin Michel, París, 1974.

LABADIE Jean, *Peut-on dire l'avenir?*, Aubanel, Aviñón, 1941.

LAMONT André, *Nostradamus sees all*, Londres, 1942.

LAMOM Pierre, *De Gaulle révélé par Nostradamus il y a quatre siècles,* Le Scorpion, París, 1961.

LANGNIS Charles, *Les Contradictions de Nostradamus*, Lyon, 1560.

LANTOS Yvan, *Nostradamus, la prima vera biografia dell'uomo che visse il futuro nel suo tempo*, Editoriale Nuova, Rome, 1982.

LAROCHE-VALMONT Jean-Quentin, *Les prophéties de Nostradamus*, SIPE, París, 1981. Plagio del libro de Jean-Charles de Fontbrune, secuestrado judicialmente.

LAURENT, *Prédictions jusqu'à l'an 2000. Prophéties du Christ, de Nostradamus, de saint Malachie*, a cuenta de autor, Brunoy.

LAVER James, *Nostradamus*, Penguin Books, Londres, 1942.
–*Nostradamus, the Future Foretold*, George Mann, Maidstone, 1973.

LEE MAC CANN, *Nostradamus, the man who saw through lime*, Creative Age Press, Londres, 1941 y Mc Graw Hill Ryerson Ltd, Toronto, Canadá,1989.

LEGRAND Jean-René, «Pronostics pour l'an 1959» en *Initiation et*

Science, nº XLVII, enero-marzo 1959, Omnium Littéraire, París.

Leoni Edgard, *Nostradamus*, Life and Literature, 1961.

–*Nostradamus and his prophecies.* Reedición con este título de la obra precedente, Bell Publishing Company, Nueva York, 1982.

Le Pelletier Anatole, *Les oracles de Nostradamus, astrologue, médecin et conseiller ordinaire des rois, Henry II, François II et Charles IX*, Le Pelletier impresor-tipógrafo, 40, rue d'Aboukir, París, 1867 (2 vol.). Reedición de Jean de Bonnot, París, 1976 (encuadernado en cuero).

Le Roux Jean, *La clé de Nostradamus, Isagoge ou Introduction au véritable sens des prophéties de ce fameux auteur*, Pierre Giffard, rue Saint-Jacques-près-les-Maturins, París, 1710.

Leroy Edgard, doctor, «Les Origines de Nostradamus», en *Mémoires de l'Institut Historique de Provence*, tomo XVIII, Marsella, 1941.

Sur un quatrain de Nostradamus.

–«Jaume de Nostredame et la tour de Canillac», en *Mémoires de l'Institut Historique de Provence*, tomo XIX, Marsella, 1942.

–*Pierre de Nostredame de Carpentras*, Comunicación al Institut Historique de Provence, 1948.

–«Nostradamus et le curé d'Argoeuvres», en *Cahiers de pratique médico-chirurgicale*, nº 5, Aviñón, 1939. Saint-Paul-de-Mausole en Saint-Rémy de Provence. Imprimerie Générale du Sud-Ouest, Bergerac, 1948.

–*Nostradamus, ses origines, sa vie, son oeuvre*, Imprimerie Trillaud, Bergerac, 1972. Reimpreso por Jeanne Lafitte, Marsella, 1993.

–*Romanin, les cours d'amour de Jehan de Nostredame*, Aviñón, 1933.

–Saint-Rémy de Reims, Marsella, 1937.

–*Nostradamus détective avant la lettre*, Aviñón, 1949.

–*Le l atin du tabellion provençal Jehan de Nostredame, notaire à SaintRémy-de-Provence dans les actes de 1501 à 1513*, Aviñón, 1961.

–«Saint-Paul-Tricastin et Saint-Paul-de-Mausole, Contribution à l'histoire d'une légende», en *Bulletin philologique et historique*, 1959.

LIGEOIX DE LA COMBE, *La Troisième Guerre Mondiale d'après les prédictions de Nostradamus*, Burdeos, 1961.

LOOG C. L., *Die Weisagungen des Nostradamus*, Berlín, 1921.

LOIRE Peter, *Nostradamus, the Millenium & Beyond, the prophecies to 2016*, A Labyrinth Book, 1993.

LORIOT Louis, *Entretiens de Rabelais et de Nostradamus*, Nogent-le-Rotrou, 1960 y París 1907, en *Revue des études rabelaisiennes,* tomo V, páginas 176 a 184.

MABILLE Pierre, «Nostradamus, ses prophéties, son temps», en *Inconnues,* Lausanne, 1955.

MABY Pascale, *Le dossier des prophètes, voyants et astrologues*, col. «Les chemins de l'impossible», Albin Michel, París, 1977.

MADELEINE Georges, *La prochaine guerre mondiale vue par Nostradamus,* éditions Proventia, Toulon, 1952.

MAGUELONE Jean, *Les prédictions de Nostradamus, interprétations, actualité, avenir jusqu'en 2025*, éd. De Vecchi, 1996.

MAIDY Léon-Gennain de, *Sur une inscription liminaire attribuée à Nostradamus*, Nancy, 1917.

MAN NEICE Louis, *L'astrologie*, París, Tallandier, 1966.

MAREUIL Jean de, *Les ultimes prophéties de Nostradamus*, éd. Jacques Grancher, París, 1994.

MARQUEZ DA CRUZ, *Profecias de Nostradamus*, éditions Cultrix, Sao Paulo, Brasil.

MARTEAU Pierre, *Entretiens de Rabelais et de Nostradamus*, 1690.

MÉNESTRIER François, *La Philosophie des images énigmatiques,* Lyon, 1694.

MÉRICOURT M. J., *Gesta Dei per Francos*, París, 1937.

MEZO Étienne, *Ainsi parlait Nostradamus*, Le Rocher, Mónaco, 1995.

–*Nostradamus géomètre de l'univers*, Le Rocher, Mónaco, 1996.

MONDOVI Pierre, «Un provençal hors du commun: Nostradamus», en *Racines*, nº 4, Aix-en-Provence, mayo 1979.

MONNIER, *Résurrection merveilleuse en 1877 de Michel de Nostredame*, varios folletos de 1889 a 1896.

MONTEREY Jean, *Nostradamus prophète du XX siècle*, La Nef, París, 1963.

MORIN Michel, *Nostradamus et la fin de notre siècle*, Les éditions Quebecor, Montréal, 1984.

–*Nostradamus, interprétation des prophéties pour 1993-1999*, Les éditions Québécor, Montréal, 1991.

MORIN Paul, *L'Apocalypse d'après l'écriture religieuse de la tradition égypto-judéo-chrétienne, La clef des prophéties de Nostradamus*, ciclostilado a cuenta de autor, 91800 Boussy-Saint-Antoine, 1984, inédito.

MOTRET, *Essai d'explication de deux quatrains de Nostradamus*, Nevers, 1806.

MOUAN L., *Aperçus littéraires sur César Nostradamus et ses lettres inédites à Peiresc*, en Mémoires de l'Académie, tomo X, Aix-en-Provence, 1873.

Moult Thomas-Joseph, *Prophéties perpétuelles, très anciennes et très certaines,* Almanaque del siglo XVII. Reedición por Éditions des Cahiers Astrologiques, Niza, 1941.

MOURA Jean y LOUVET Paul, *La Vie de Nostradamus*, Gallimard, París, 1930.

MURAISE Éric, *Du roi perdu à Louis XVII*, Julliard, París.

–*Histoire et légende du Grand Monarque*, col. «Les Chemins de l'impossible», Albin Michel, París, 1975.

–*Saint-Rémy-de-Provence et les secrets de Nostradamus*, Julliard, París, 1969.

–*Voyance et Prophétisme*, Fernand Lanore, París, 1980.

NÉCROMAN DON, *Comment lire les prophéties de Nostradamus*, éditions Maurice d'Hartoy, París, 1933.

NEYRAL Georges, *La Vraie Vie de Michel de Nostredame*, tesis, Toulouse, 1950.

NICOULLAUD Charles, *Nostradamus, ses prophéties*, Perrin et Cie, París, 1914.

NOORBERGEN René, *Nostradamus Predicts the End of the World*, Pinnacle Books, Windsor Publishing Corp., 1990.

NOSTRADAMUS César, *Poésies*, Colomiez, Toulouse, 1606-1608.

–*L'Entrée de la reine Marie de Médicis en sa ville de Salon*, Jean Tholosan, Aix-en-Provence, 1602.

–*Histoire et Chroniques de Provence*, Simon Rigaud, Lyon, 1614.

NOSTRADAMUS Michel, *Les prophéties de M. Michel Nostradamus*, principales ediciones:

–Macé Bonhomme, Lyon, 1555. Reimpreso por Les Amis de Michel Nostradamus, Roanne, 1984.

–Antoine de Rosne, Lyon, 1557, 1558.

–Olivier de Harsy, 1557.

–Barbe-Régnault, París, 1560.

–Pierre Rigaud, Lyon, 1566.

–Benoist Rigaud, Lyon, 1568.

–Charles Roger, París, 1569.

–Pierre Meunier, París, 1589.

–Benoît Rigaud, Lyon, 1594, 1596.

–Jean Poyet, Lyon, 1600.

–Benoist Rigaud, Lyon, 1605.

–Pierre Rigaud, Lyon, 1605, 1610, 1649.

–Claude La Rivière, Lyon, 1611, 1665.

–Vincent Sève, Beaucaire, 1610.

–Pierre Chevillot, Troyes, 1611.

–Simon Rigaud, Lyon, 1644.

–Pierre de Ruau, Troyes, 1649.

–Winckermans, Amsterdam, 1657.

–Jean Balam, Lyon, 1665.

–Jean Ribon, frente a la capilla Saint-Louis, París, 1669.

–Jean Huguetan, Lyon, siglo XVII.

–Jean Ianson, Amsterdam, 1668.

–Jean Besongne, Rouel, 1681.

–Pierre Abesson y Armand Solane, Burdeos, 1689.

–Besson, Lyon, 1691.

–Jean Viret, Lyon, 1697.

–Hermanos Garrigan, Aviñón, 1791.

–Peter van Duren, Amberes, 1792.

–Beauvert y Roussel, Clermont-Ferrand, 1792.

–Hermanos Bonnei, Aviñón, 1794.

–Moreau, Burdeos, 1796.

–Del impresor de Nostradamus, Salon-de-Provence, 1796.

–París, 1804.

–J. A. Joly, Aviñón, 1825.

–Pierre Chaillot, Aviñón, 1839.

–Delarue, París, 1852.

–Passard, París, 1857.

–Viuda Girard, Angulema, 1872.

–H. Douchet, Méricourt, 1903.

–Lambert-Gentot: *Nouvelles et curieuses prédictions de M. Nostradamus, pour sept ans depuis l'année 1818 jusqu'à l'année 1824*, Lyon, 1818.

–Landriot, Riom (siglo XIX).

–Facsímil de la edición de Cheville, Delarue, París, 1611.

–Facsímil de la edición de Amsterdam de 1668, éditions Adyar, París, 1936.

Prognostication nouvelle et prédiction protenteuse pour l'an 1555 composées par M. Nostradamus, Jean Brotot, Lyon (siglo XVI).

Démonstration d'une comete, Jean Marcorelle, Lyon, 1571.

Prognostication et prédiction des quatre temps pour 1572, Melchior Amoullet, Lyon, 1572.

Prophéties par l'astrologue du Très-Chrétien roy de France et de Madame la Duchesse de Savoye, E. Arnoullet, Lyon, 1572.

Lettres de maistre Michel Nostradamus de Salon-de-Crau--en-Provence à la Royne, mère du Roy, Benoist Rigaud, Lyon, 1566.

Almanach pour l'an 1573, avec les présages, Pierre, Roux, Aviñón, 1562.

Almanach pour l'an 1567, Benoist Odo, Lyon.

La grant prognostication nouvelle avec la déclaration ample de 1559, Jean Brotot, Lyon, 1558.

Almanachs des prophéties, P. N. Jausserand, Lyon, 1871-1872.

–*Prophétie ou révolution merveilleuse des quatre saisons de l'an*, Michel Jove, Lyon, 1567.

–*Traité des fardements et confitures*, A. Volant, Lyon, 1555.

–Paraphrase de C. Gallien, traduite par Nostradamus, Antoine du Rosne, Lyon, 1557.

–Excellent et très utile opuscule de plusieurs exquises receptes, Benoist Rigaud, Lyon, 1572.

–Prophéties sur Lyon, la France et le monde entier dans les premières années du XX siècle (5 fascículos), P. Bousset y M. Paquet, Lyon, 1907-1909.

–Les merveilleuses centuries et prophéties de Nostradamus (Ilustración en color de Jean Gradassi, 880 ejemplares numerados), éditions André Virel y Éditions Artisanales SEFER, Niza, 1961.

–Les prophéties de Nostradamus, Texto completo, libro Club des Champs Élysées, Éditions Baudelaire, París, 1967.

–Prophéties nouvelles de Michel Nostradamus trouvées dans sa tombe au moment de l'ouverture dans l'Église des Cordeliers de Salon pour 1820, 1821, 1822, 1823, 1824, 1825 et 1826, Imprenta de Calmen, impresor del Rey, 11, rue d'Angoulême, Toulon.

–Les prophéties de Nostradamus, texto completo, Les Cent un chefs d'oeuvres du génie humain, Prodifu, 5, rue Coq-Héron, París (sin fecha, hacia 1982).

–Les prophéties de Nostradamus, a cuenta de autor por Marc Billerey, Malfougasse (Alpes-de-Haute-Provence), 1973.

–Les prophéties de Nostradamus, ediciones sin fecha: Antoine Baudrand y Pierre André, Lyon, siglos XVI y XVII. Reimpresión de la edición de Pierre Cheville en Troyes, 1610, con el título de *Les vraies centuries et prophéties*, por Claude Boumendil, impresor-editor en Niza, 1982.

–Nostradamus, prophéties, J. C. 1. inc., Montréal (Québec), 1994.

–Traité des confitures, Christophe Plantin, Amberes, 1557. Reimpreso por Jean-Claude Bailly, Gutenberg Reprints, París, 1979.

–Des confitures, presentación y adaptación de Fabrice Guérin, Olivier Orban, París, 1981, editado en España, Barcanova, Barcelona, 1982.

–Guide des recettes magiques de Nostradamus et autres sages

contemporains, M.E.B., Milán, 1980 y Teorema, Barcelona, 1982.

–*Traité des confitures, la façon et manière de faire toutes confitures liquides, tant en sucre, miel, qu'en vin cuit*, reimpresión de la edición de Christophe Plantin en Amberes, 1557, Le Livre de France, Salon-de-Provence, 1990 (50 ejemplares numerados).

NOSTREDAME Jean de, *Les Vies des plus anciens et célèbres poètes provençaux qui ont fleuri du temps des comtes de Provence*, Basile Bouquet, Lyon, 1575.

NOVAYE baron de, *Aujourd'hui et demain*, París, 1905.

OPÚSCULOS que incluyen algunas cuartetas y la *Carta a Enrique, rey de Francia segundo*, con el título de *The Prophecies of Nostradamus,* Avenel Books, Crown Pubhishers, Inc., Nueva York, varias ediciones a partir de 1980: mismo texto y mismas ilustraciones, pero cubiertas distintas.

Nostradamus, his prophecies for the future, The Peter Pauper Press, ediciones Frank J. MacHovec, Nueva York, 1982.

PAGLIANI Coraddo, *Di Nostradamus e idi sue una poco nota iscrizione liminare torinen* en Della Rassegna Mensile n.º 1, Turín, 1934.

PARISOT F., *Le Grand Avènement précédé d'un grand prodige*, Typographie des Célestins, Bar-le-Duc, 1873.

PARKER Eugène, *La Légende de Nostradamus et sa vie réelle*, París, 1923.

PASTEUR Jean-François, *Hâe zal deze oorlog eindigen? Een belangwekkende ven actueele beschouwing op grond der Voorspellingen van Michel Nostradamus, gegeven* en «Les vrayes Centuries et Propheties», W.J. Ort-Drukker & Uitgever, Te's-Gravenhage, Holanda, 1940.

PATRIAN Carlo, *Nostradamus le profezie*, Edizioni Méditerranée, Via Flaminia, 158, Roma, 1978.

PAYOTTE François, *Messagers du futur et prophéties de Nostradamus*, éditions Norlaris, Montréal, 1993.

PELAPRAT Jean-Marie, «Varennes et 1792 sauvent Nostradamus», en *Historia*, n.º 397 bis: Voyance et prophéties, éditions Tallandier, París.

Pichon Jean-Charles, *Le Royaume et les prophètes*, Robert Laffont, París, 1960.

–*Nostradamus et le secret des temps*, Les productions de París, 1970.

–*Nostradamus descifrado*, editorial Plaza & Janés, Barcelona, 1975 y 1980.

Piobb P. V., *Le Secret de Nostradamus*, Adyar, París, 1927. Reeditado por éditions Dangles, París, 1945.

Prefacio del facsímil de la edición de Amsterdam, 1668, Adyar, París, 1936.

– *Le sort de l'Europe d'après la célèbre prophétie des papes de saint Malachie, accompagnée de la prophétie d'Orval et des toutes dernières indications de Nostradamus*, Dangles, París, 1939.

Platel d' Amorc Éric, N. D. *Résurgences*, éd. Verso, 23150 Ahun, 1994.

P. L. B. Bolen, *1981-2000, 20 ans qui transfigurent le monde*, éditions Voir et Découvrir, Bruxelles, 1981.

Pons Richard, *Reconversion d'un bâtiment industriel à Salon-de-Provence: l'usine Vînati*é, Memoria de arquitectura sobre un proyecto de museo Nostradamus, Salon, 1983, inédito.

Poulin Maurice, *Nostradamus enfin décodé! Le grand monarque messager du Verseau*, éd. Louise Courteau, Montréal, Canadá, 1985, col. «Les Carrefours de l'étrange».

Privat Maurice, *Le Grand Nostradamus*, Revista mensual, rue du Faubourg-Saint-Honoré, París, publicación de mayo de 1934 a febrero de 1939.

–*1937 année de relèvement*, Médicis, París, 1936.

–*1938 année d'échéance*, Médicis, París, 1937.

–*1939 année de reprise*, Médicis, París, 1938.

–*1940 prédictions mondiales, année de grandeur française*, Médicis, París, 1939.

–*La fin de notre siècle et la vie du futur grand monarque d'après Nostradamus*, Floury, París, 1939.

Putzien Rudolf, *Fried unter volkern? Die Weisagungen des M. Nostradamus und ilire Bedeutung fur Atomzeitalter*, Drei Eichen Verlag, H. Jissener. Munich, 1958, 1968 y 1981.

RANDI James, *Le vrai visage de Nostradamus, les prophéties du mage le plus célèbre du monde*, James Randi 1990 y 1993.
–*The Mask of Nostradamus. The Prophecies of the World's Most Famous Seer*, Prometheus Books, Buffalo, Nueva York, 1993 y éditions du Griot, París, 1993.

REED Clarence, *Great Prophecies about the War*, Faber and Faber, 24, Russel Square, Londres, 1941.

REVUES, *Nostradamus, revue de science conjecturale; L'Avenir international, politique, social, financier*, Revista semanal, 5, rue, Bergère, París, 1933.

REYNAUD Jean-Lucien, *Nostradamus n'a pas menti*, conferencia, Villed'Avray, 1948.

REYNAUD-PLENSE, *Les vraies centuries et prophéties de Nostradamus*, a cuenta de autor, Salon-de-Provence, 1939 y 1940.

RIGAUX Abbé, cura de Argoeuvres, *Notes sur la vie de Michel Nostradamus recueillies par le R. P. Jean de Saint-Étienne*, Imprimerie Henri Douchet, Méricourt, 1906.
L'abbé Rigaux interprète de Nostradamus, Imprimerie Yvert, Amiens, 1936.

ROBB Steward, *Nostradamus on Napoleon, Hitler and the Present Crisis*, Ch. Seribner Sons, Nueva York, 1941.
–*Nostradamus on Napoleon*, The Oracle Press, Nueva York, 1961.
–*Prophecies on World Events by Nostradamus*, Liveright Publishing Corporation, Nueva York, 1961.
–*Nostradamus and the End of Evils Begun*, Longmeadow Press, Nueva York, 1984 y 1991. La misma obra que la precedente. ¡Sólo ha cambiado el título!

ROBERTS Henry, *The Complete Prophecies of Nostradamus*, éditions Henry Robert Great Neck, Nueva York, 1971. Edición japonesa: Kasuko Daijyo, bajo la dirección de Hideo Huchida, ediciones Tama, Tokyo, 1975.
Reedición: *Nostradamus Co.*, Oyster Bay, Nueva York, 1981 y Panther Books, 1985.

ROBIN Jean, *Réponse de Nostradamus à monsieur de Fontbrune*, éditions de la Maisnie, París, 1981.

ROCHETAILLÉ P., *Prophéties de Nostradamus. La clef des centu-*

ries, son application à l'histoire de la III République, Adyar, 1939.

ROISON Michel de, «Ulrich de Mayence, maître de Nostradamus», en Aesculape, n.º 4, año 52, 1969.

«Plus fort que Nostradamus: Ulrich de Mayence», en *Constellation*, n.º 199, noviembre 1964.

ROLLET Pierre, *Interprétation des hyéroglyphes de Horapollo*, ediciones Ramoun Bérenguié, Aix-en-Provence, 1968.

ROMI, «Ils trahissent tous Nostradamus», en *Historia*, n.º 420, noviembre 1981.

ROUDÈNE Alex, *Les Prophéties, vérité ou mensonges?*, col. «Mondes magiques», ediciones de l'Athanor, París, 1976.

ROUELLOND DE ROUELONDIÈRE DE CHOLLET, *La Prophétie de Rouellond, manuscrit du XVI siècle*, Victor Pipeau, Beauvais, 1861.

ROUVIER Camille, *Nostradamus*, La Savoisienne, Marseille, 1964.

RUIR Émile, *Le grand carnage d'après les prophéties de Nostradamus de 1938 à 1947*, Médicis, París, 1938.

–*L'Écroulement de l'Europe d'après les prophéties de Nostradamus*, Médicis, París, 1939.

–*Nostradamus, ses prophéties, 1948-2023*, Médicis, París, 1947 y 1948.

–*Nostradamus, les proches et derniers événements*, Médicis, París, 1953.

RUZO Daniel, *Les derniers jours de l'Apocalypse*, Payot, 1973.
Los últimos días del Apocalipsis, Michel Schultz, n.º 21. México.

–*Le Testament de Nostradamus*, Le Rocher, París, 1975 y 1982.

SABY Édouard, *Le destin du monde selon les prophètes*, Baneton-Thiolier, París, 1945.

SAINT-HILAIRE, *Ainsi parla Nostradamus*, Rossel éditions, Bruselas, 1982.

SALAZAR J. P. y DE ANDREIS J. R., *Nostradamus: astrólogo y profeta*, Obelisco, Barcelona, 1981.

SAN ANTONIO, *Les prédictions de Nostraberus*, Fleuve Noir, París, 1974.

SCHAEDEL J., *L'Oriflamme*, periódico del Cercle Philosophique Jovialiste, Bruselas, 1987. Manuscrito fotocopiado. Varios números.

SÈDE Gérard de, *Les secrets de Nostradamus*, Julliard, París, 1969.

SIRIS Odette, *Les prophéties, éditions De Vecchi*, París, 1992.

SPICA-CAPELLA, *La clef des prédictions nostradamiques*, édition des Soirées Astrologiques, 1841.

TAMIZEY DE LARROQUE, *Les correspondants de Peiresc: César Nostradamus. Lettre inédites de Salon à Peiresc en 1628-1629*, Typographie Marius Olive, Marseille, 1880.

TARADE Guy, «La Clef des centuries de Nostradamus», en Pégase, n.º 3, 1974.

–*Les dernières prophéties pour l'Occident*, col. «Les Énigmes de l'Univers», Robert Laffont, París, 1979.

–*Nostradamus, la prophétie du grand monarque*, ed. Claire Vigne, 1995.

TARADE Guy & SCHREYER Alexandra, *Le dernier secret de Nostradamus*, Les Presses de la Cité, París, 1993.

TORNE-CHAVIGNY H., *réédition des prophéties de Nostradamus en 1862 et augmentée en 1872.*

–*Interprétation de 30 quatrains*, Prospectus, 1860.

–*L'histoire prédite etjugée par Nostradamus*, 3 volúmenes, Burdeos, 1860.

–*Tableau de l'histoire prédite et jugée*, Affiche, 1862.

Distintos opúsculos

Les lettres du grand prophète.

Henri V à Anvers.

Nostradamus et l'astrologie.

Les Blancs et les Rouges.

La Salette et Lourdes.

La mort de Napoléon III.

Mac-Mahon et Napoléon IV

Le roy blanc et la fusion.

Prophéties dites d'Olivarius et d'Orval.

Portraits prophétiques d'après Nostradamus, Poitiers, 1871.

L'Apocalypse interprétée par Nostradamus, 1872.

Almanach du grand prophète Nostradamus pour 1873.

Nostradamus éclairci ou Nostradamus devant Monseigneur Dupanloup, Saint-Denis-du-Pin, 1874.

Ce qui sera d'après le grand prophète Nostradamus, suivi de l'Almanach pour 1878.

Influence de Nostradamus dans le gouvernement de la France, 1878.

Concordance de Nostradamus avec l'Apocalypse, Veuve Dupuy, Burdeos, 1861.

TOCHARD Michel, *Nostradamus,* Grasset, París, 1972 y éditions Celt, col. «Histoire des personnages mystérieux et des sociétés secrètes», París, 1972.

–«Les Prophéties de M. Nostradamus», en *Historia,* especial, n.º 44, 1974.

TRONC DE COUDOULET, *Abrégé de la vie de Nostradamus suivi d'une nouvelle découverte de ses quatrains,* J. Audibert, Aix-en-Provence.

VAN GERDINGE, «Le Nez de Cléopâtre», en *Messidor* (revista del «cristo» de Montfavet-Vaucluse), n.º 29, Montfavet, 1951.

VERDIER DU, *Les vertus de notre maistre Nostradamus,* Ginebra, 1562.

VIAUD Jean, «1999, Un tournant dans l'histoire des hommes», en *Constellation,* n.º 166, febrero de 1962.

VIDEL Laurent, *Déclaration des abus, ignorances et séditions de Michel Nostradamus,* Aviñón, 1558.

VIGNOIS Élisée du, *Notre histoire racontée à l'avance par Nostradamus,* París, 1910.

–*L'Apocalypse, interprète de la Révolution, d'après Nostradamus,* Noyon, 1911.

VOGEL Cyrille, *Saint Césaire d'Arles,* 1937.

VOLBEN A., *After Nostradamus,* Neville Spearinan, Londres, 1973, 1975, 1977, 1980, 1981.

–*Nostradamus und die grossen Weissagungen,* Lângen-Muller Verlag, Munich y Viena, 1975, 1977, 1982.

–*Die grossen Weissagungen über die Zukfunt der Menscheit, Nostradamus aktuell,* Bastei-Lübbe, Sachbuch, 1982.

–Dopo Nostradamus, le grandi profezie sul futuro dell'uma-nita, Edizioni Mediterranée, Roma, 1982.

VREEDE Mr. Dr. W. L., *De Profetieën van Nostradamus*, N. V. Ser-vire-Den Haag, Holanda, 1941.

WARD Charles A., *Oracles of Nostradamus*, Londres, 1891.

WILLOQUET Gaston, *La vérité sur Nostradamus*, éditions Tradi-tionnelles, París, 1967.

WOLLHERR Andrée, *Nostradamus, Profezeiungen bis zum Jahr 2000, vom Computer entschlüsselt*, Sachbuch Aktuell, Freu-denstadt, 1981.

WINKLER B., *Nostradamus und sei Profezeiungenjùr das zwan-zigste Jahrundert*, Gorlitz, 1939.

WOLLNER Christian, *Das Mysterium des Nostradamus*.

WOOLF H. I., *Nostradamus*, Londres, 1944.

WULLGARDNER Werner, *Nostradamus Prophecies*, Felmar, Ma-drid, 1981.

YRAM, *Prophéties connues et prédictions inédites*, prefacio de Papus, L'Édition d'Art, París.

ZÉVACO Michel, *Nostradamus* (novela), Fayard, París, 1909 y Livre de Poche, n.º 3.306.

ZOLAR, *Les mystères de la nature, les prophètes Nostradamus, la lecture dans les feuilles de thé, les plantes, les chandelles*, Po-che Select, Presse Select Itée, Montréal, 1975.

DOCUMENTOS RADIOFÓNICOS, TELEVISIVOS Y CINEMATOGRÁFICOS

GUIÓN DE LA METRO-GOLDWYN-MAYER Inc.: *What do you think?* (Nostradamus). A Carey Wilson short de Carl Dudley, 7.7.1938.

GUIÓN DE LA LOEW'S Inc.: *Nostradamus IV: Save film! Help win the war!* De Richard Landau, Culver City (California), 11.11.1942. Serie televisada en la que Nostradamus es utili-zado para devolver la moral a las fuerzas armadas americanas.

GUIÓN DE LA METRO-GOLDWYN-MAYER Inc.: *Predictions of Nostradamus, world astrologer of the early period, which have been applied to modern day events.* De de Vallon Scott, abril 1944.

GUIÓN DE LA METRO-GOLDWYN-MAYER Inc.: *Lets ask Nostradamus –the prophecies of Nostradamus regarding the French Revolution–.* 16.1.1953.

GUIÓN DE LA METRO-GOLDWYN-MAYER Inc.: *Nostradamus and the queen* (Catalina de Médicis). 13.10.1953.

GUIÓN DE PELÍCULA: *Nostradamus APOCALYPSE 1999.* Sobre una idea de Edgar Oppenheimer y Christian Ardan. Guión original, adaptación y diálogos de Michel Lebrun y Rinaldo Bassi, 1981. Proyeto abandonado.

EMISIÓN DE RADIO «TRIBONE DE L'HISTOIRE»: *Nostradamus: la vérité.* Una evocación de Alain Decaux, con André Castelot y Jean-François Chiappe, con la participación de Jean-Charles de Fontbrune, realizada por Georges Gravier, difundida por France Inter el 3 de octubre de 1981.

PELÍCULA: *Nostradamus 1999.* Producida por David L. Wolper, una película de Robert Guenette, con Orson Welles y Richard Butler en el papel de Nostradamus. Warner Bros., 1981. Adaptado por Jean-Charles de Fontbrune. Difundida en France, en cassette vídeo, por Warner Home Vidéo, 1982.

EMISIÓN DE TELEVISIÓN «LES DOSSIERS DE L'ÉCRAN»: *Catherine de Médicis.* Según la obra de Jean Orieux. Primera parte emitida el 18 de abril de 1989 y la segunda parte el 19 de abril de 1989. Antenne 2. Con la participación de Jean-Charles de Fontbrune.

CASSETTES VÍDEO

Nostradamus l'avait prédit. Les dossiers de Jean-Paul Rouland, A. C. Production, 1991.

Nostradamus, cinq siècles de prédictions terrifiantes. Et ce n'est pas fini. Película realizada por Roger Christian, guión de Knut Boeser, con Tcheky Karyo, Amanda Plummer, Rutger Hauer, F. Murray Abraham y Julia Ormond. Metropolitan Film & Video.

Índice

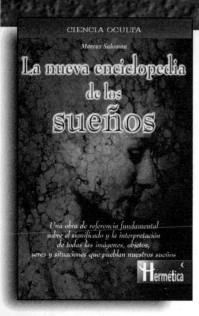